| 스웨덴 공중보건 250년사 |

Social change and health in Sweden:
250 years of politics and practice

|복지국가 스웨덴을 낳은 **노르딕 정신의 역사**

스웨덴 공중보건 250년사

얀 순딘·샘 빌네르 지음 신영전·박세홍 옮김

Social change and health in Sweden: 250 years of politics and practice

한울
아카데미

Social change and health in Sweden
250 years of politics and practice
by Yan Sundin and Sam Billner

Copyright ⓒ 2007 by Swedish National Institute of Public Health
Korean Translation Copyright ⓒ 2012 by HanulMplus Inc.
All rights reserved.

이 책의 한국어판 저작권은 역자를 통한 저작권자와의 협의로 한울엠플러스(주)에 있습니다.
저작권법에 의해 한국 내에서 보호를 받는 저작물이므로 무단전재와 무단복제를 금합니다.

| 한국어판 서문 |

스웨덴의 사회 변화와 건강

19세기 초 영국의 유명한 목사이자 경제학자, 인구학자인 토머스 맬서스Thomas Malthus(1766~1834)는 궁핍과 감염성 질환으로 사망률이 증가해 인구 성장이 정체 상태에 가까워진 가난한 국가의 예로 스웨덴을 꼽았다. 당시 스웨덴은 유럽의 주요 산업국가들에 비해 분명 경제적으로 덜 발달해 있었다. 스웨덴의 평균 기대여명life expectancy은 35세 정도로 낮았다. 영국 대도시들 역시 건강하지 않은 환경에 있었지만, 스웨덴의 영아 사망률은 영국보다 유의하게 높았다. 하지만 100년도 지나지 않아 상황이 매우 달라졌다. 스웨덴은 기대여명이 영국과 프랑스(55세)보다 5년 더 길며, 동시대 국가들 중에서 영아 사망률이 가장 낮은 나라가 되었다(10% 미만).

이 책은 20세기 동안 스웨덴이 '스칸디나비아 복지국가'라는 명칭을 어떻게 얻게 되었는지에 대한 이야기를 풀어내고, 18세기 이래 스웨덴 사회의 뿌리와 그 발전 과정을 탐색한다. 이야기의 첫머리에서부터 모든 답을 보여주려 해서는 안 되지만, 몇 가지 단서를 언급하려고 한다. 우선, 19세기 이후로 건강의 경향이 긍정적으로 나타나게 된 중요한 이유 중 하나는 스웨덴이 권력 다툼이 치열했던 유럽에서 지리적으로 주변부에 있었다는 사실이다(이는 스웨덴 사람들도 종종 간과하는 것이다). 이런 이유로 1814년 이후 스웨덴은 전쟁이나 내전을 겪지 않았다. 다음으로, 1850년 이후 급속한 산업화 시대에 스웨덴은 철강과 목재를 주로 수출하는 교역 조건 아래 매우 많은 이윤을 남겼다. 이러한 붐으로 지방에서 이주해 온 사람들에게 제재소, 제지 공장, 철강업, 기계 공장 등 충분한 일거리가 제공되었다. 그러나 위생 관점에서 보면 이와 같은 급속한 성장이 곧바로 축복으로 이어지지는 못했는데, 당시 열악했던 산업 환경이 사망률을 높이는 결과를 낳았기 때문이다.

우리가 이 이야기를 통해 보여주려는 것은, 한 사회가 복지, 건강, 약자 돌봄을 위한 수단을 어떻게 조직하고 관리하는지에 따라 급격한 사회적·경제적 변화가 야기하는 긍정적·부정적 영향의 정도가 달라진다는 점이다. 스웨덴의 제도 역사의 한 부분을 보기 위해 개신교 교회가 세속 정부를 지원하던 17세기로 돌아가 보면, 당시 교회는 읽기 의무교육을 도입해 모든 이에게 읽는 법을 배우도록 했다(쓰기는 제외). 이것은 사회적인 신분 이동의 중요한 수단이 되었을 뿐 아니라 18세기에 출현하기 시작한 건강을 다룬 대중 권고가 널리 확산되는 데 절대적인 기여를 했다. 읽기 의무교육은 어린이를 포함한 모든 개인에 대해 매년 시험 기록부 자료를 남겼는데, 이 기록부는 1749년부터 계속되어온 인구조사에서 사망 원인, 성, 연령에 따른 사망자의 수를 산출함으로써 인구의 위험을 기록하는 데 유용하게 활용되었다. 또 인구학적 정보를 담은 유일한 자료원이 되었고, 우리가 이후 250년에 대한 정밀한 시계열을 제시할 수 있도록 해주었다. 이에 더해 현대의 통계학자, 경제학자, 의학자들은 사망률의 패턴과 원인, 가능한 치료법을 알아보기 위해 이 데이터를 이용했고, 이 덕분에 그들은 당국이 앞서가는 공중보건public health 정책을 펼치도록 합리적인 조언을 할 수 있었다. 무엇보다도 무섭도록 높은 어린아이들의 사망률을 낮추는 것을 도울 수 있게 되었다.

스웨덴은 인구밀도가 낮은 국가였기 때문에 중앙 당국이 세밀한 부분까지 관리하기가 매우 어려웠다. 시민과 농민은 마을과 지역의 행정에 많은 권리와 책임을 부여받았다. 교육, 복지, 건강을 위한 제도는 대부분 지역에 기반을 두었고(현재까지도 그렇다), 최소한의 승인만을 필요로 하거나 암묵적으로 보장되었다. 이것은 일찍이 19세기 후반부터 천연두 예방접종 캠페인, 영아 모유 수유, 알코올 남용을 막기 위한 캠페인과 위생 조치, 그리고 현대 복지 체계의 탄생이 성공적으로 이루어질 수 있는 요인으로 작용했다. 그런 비영리단체들은 개척자, 비정부적 성격의 자발적 종교 집회, 정화운동, 노동조합, 정치 정당이 되어갔다. 그들은 보통선거권 도입을 위한 개혁이 있기 전인 20세기 초반의 수십 년 동안 권리가 박탈된 노동자와 여성을 대변했다. 오늘날 보편적 복지를 위한 몇 가지 제도는 당연히 공공 기관이 해야 할 것들로 간주된다. 그러나 실업과 질병을 대비한 보험의 경우는 자발적인 기초하에 시작되었다가 나중에 공공 제도의 모형으로 전환된 것이다. 또 다른 예로, 모자 돌봄 센터는 지역 공공 기관에 의해 운영되기 전에 자선단체들이 운영을 시작했다. 정부는 복지를 위한 계획의 핵심 요소들을 완전히 이해하고 받아들였으며, 재정과 관리에 관한 대부분의 결정을 국민이 선출한 지역 광역 단위의 대표들에게 위임했다.

제2차 세계대전이 끝난 뒤에는 주요 정당들이 모든 시민의 복지를 위한 연대책임이라는 발상을 담론의 일부로 받아들였다. 1990년대에 복지국가에 대해 신자유주의적 비판이 강하게 가해졌던 짧은 시기를 거치고, 모든 정당은 구체적인 수준과 지원의 형태에서는 의견을 달리하더라도 다시 (2010년 총선거 이전까지의 선거 사례가 보여주듯이◆) 복지국가의 이상을 고수하겠다고 선언했다.

이 책을 한국어로 번역하는 데 동의하는지를 알려달라는 요청을 받았을 때 당연히 우리는 이 책이 오늘날 다른 국가에 어떤 소용이 있을지 자문했

◆ 2010년 총선에서는 다시 보수 연합이 다수를 차지했다. 향후 정책 기조의 변화에 대해서는 추가적인 관찰이 필요하다.

다. 물론 가장 명백한 답은, 이 책에서 단일한 사례에 관한 지식 그 이상의 무언가를 얻어낼 수 있을지는 독자가 결정할 문제라는 것이다. 하지만 우리는 급격한 사회 변화와 복지와 건강 간의 관계에 관심을 두는 국제적 네트워크의 동료들과 협력하면서, 시·공간과 사회적·경제적·문화적·정치적 환경에 좌우되는 개별 이야기라 해도 더 일반적인 지식에 값진 단서를 제공할 수 있으리라 믿게 되었다. 사회 변화는 어디에서나 진행되는 과정이며, 이 과정 중에 특정한 패턴이 반복해 나타난다. 특히 복지 관점에서 볼 때 급격한 변화는 누가 기회를 그러쥘 수 있는가에 따라, 그리고 누가 '잉여 인구'의 일원이 되느냐에 따라 승자와 패자를 양산하는 경향이 있다. 대부분의 사례를 보면, 시골에서 도시로, 또는 한 나라에서 다른 나라로의 극심한 지리적 이동은, 떠난 지역에는 생산성이 높은 일원이 고갈되는 새로운 과제를 낳고 과열된 지역에는 성장의 문제를 야기한다. 여성이 좀 더 '유연한' 젠더gender 역할을 가지는 데 비해, 남성은 여성보다 변화의 부정적인 영향에 더 격렬하게 반응하는 경향이 있다. 오래된 기준과 규칙이 종종 쓸모없어지고 있고, 이런 현상은 패자들에게 일탈감을 안겨준다. 교육은 개인적 수준과 전체적 수준 모두에서 변화를 잘 받아들이도록 만드는 가장 긍정적인 요인이었다. 변화를 보여주는 인구학적·사회적 데이터에 접근하는 것은 문제를 식별하고 가능한 해결법을 찾는 데 필수적인 기반이다. 복지와 건강을 위한 좋은 제도들은 문제를 파악하고 정책의 방식과 행위를 새로운 환경에 적용할 수 있어야 한다. 그것은 패자에게 닥칠 부정적인 결과들을 줄이는 데에 대한 대중적 동의를 높일 수 있으며, 공동체의 신뢰감, 그리고 사회 안녕을 촉진하는 공동의 사회 자본social capital에 기여할 수 있다.

마지막으로 분명하게 한 번 더 언급해야겠다. 스웨덴의 사례와 같은 어떤 한 가지 사례가 다른 공간, 다른 시기에 청사진으로 사용될 수 있다고 믿는 것은 아주 순진한 일일 수 있다. 그러나 이 책의 이야기는 단순한 통계적 수치를 넘어 각 나라의 정확한 유형과 원인의 특이한 메커니즘을 찾고, 더 나아가 사회적 과정과 문제, 그리고 개선책의 보편적 패턴을 보여주려는 연구자, 정치가, 복지 담당자의 노력에 도움이 될 것이다.

2010년 8월 스웨덴 린셰핑Linköping에서
얀 순딘Jan Sundin, 샘 빌네르Sam Willner

| 영어판 서문 |

　스웨덴의 기대여명이 18세기 중반 평균 35세에서 새 밀레니엄 시대에 들어 약 80세로 증가한 것은 눈부신 성과이다. 이것은 질병, 의학, 경제적·사회적·문화적·정치적 조건 간의 상호작용이 만들어낸 한 편의 작품이다. 이 이야기 안에서 보이는 어떤 경향은 유럽의 공중보건 정책과 그 결과물의 융합이지만, 지역적 환경 역시 건강한 삶을 위한 조건에 적지 않은 영향을 미쳤다. 스웨덴의 공중보건 역사도 마찬가지이다. 이 책에서 우리는 스웨덴 내에서 또는 스칸디나비아 환경에서 형성된 것, 그리고 외국에서 받은 영향과 유입된 정책을 모두 강조한다.

　이 주제로 스웨덴어 책을 완성한 후, 스웨덴 국립보건원에 있는 우리 후원자와 공동 연구자들은 스웨덴 밖에서도 이 이야기에 관심을 가질 것이라고 했고 우리는 이 의견에 동의했다. 우리가 염두에 두는 독자들은 세계 여러 나라의 동료들로, 관련 분야 학생과 복지·건강 정책의 실무자이다. 스웨덴 국립보건원에 있는 우리 친구들, 특히 원장인 군나르 오그렌Gunnar Ågren과 각 연구 책임자인 크리스테르 호그스테드Christer Hogstedt, 베른트 룬드그렌Bernt Lundgren, 그리고 현재 국가보건복지위원회Socialstyrelsen 조사관인 헨리크 모베리Henrik Moberg는 건설적인 비판과 제안을 제공했고, 이들의 의견은 책 내용을 개선하는 데 많은 도움이 되었다. 베른트 룬드그렌은 7장에서 오늘날의 스웨덴 공중보건 정책에 관한 부분을 작성하기도 했다. 관리자인 엘리자베트 욘손-스베드베리Elisabeth Jonsson-Svedberg는 참고문헌을 엔드노트 시스템으로 정리했고, 베른트 룬드그렌은 책의 최종 편집을 책임졌다. 하지만 이들은 우리의 주관적인 해석을 존중했고, 따라서 저자로서 책임과 설명의 의무는 전적으로 우리에게 있다.

우리는 수많은 모임과 워크숍, 그리고 개인적인 대화를 통해 스웨덴과 외국의 학계 동료들에게 배운 전문적인 지식을 이용할 수 있었다. 패트리스 부델라이스Patrice Bourdelais, 앤 하디Anne Hardy, 르네 로웬슨René Loewenson은 준비 단계의 원고를 읽고 우리에게 어떤 식으로도 값을 매길 수 없는 도움을 주었다. 로린다 아브레우Laurirda Abreu는 우리를 비롯한 다른 학자들에게 '포에닉스 테마틱 네트워크PHOENIX Thematic Network'를 통해 경험을 나눌 수 있는 풍부한 기회를 제공했다. 블라디미르 시콜니코프Vladimir Shkolnikov, 미키 코프라Mickey Chopra, 데이비드 샌더스David Sanders는 우리가 스웨덴의 경험을 다른 시대, 다른 공간의 사건과 비교하도록 독려했다. 다양한 학문 분야를 대표하는 '테마 건강과 사회Tema Health and Society'의 동료들은 건강과 사회의 발전을 학제 간 관점에서 보도록 도와주었다. 마지막으로 게리 왓슨Gary Watson과 존 패로John Farrow는 무수한 오류를 교정했으며, 모호한 표현을 검토했고, 원문을 영어로 옮겨주었다. 이들을 비롯해 여기에 따로 밝히지 않은 모든 이에게 감사를 드린다.

끝으로, 건강과 사회의 상호작용에 관해 더 많이 배우기 위해 세계 곳곳에서 린셰핑 대학교로 온 석사 과정 학생들에게 이 책을 헌정한다. 세미나 자리에서 생생하게 토론을 펼치고, 격식 없는 대화를 나누며, 어려운 문제를 붙잡고 사람들의 복지에 변화를 가져오려고 노력하는 그들의 훌륭한 패기에 선생으로서 우리는 커다란 영감을 받았다.

2007년 12월 스웨덴 린셰핑에서
얀 순딘, 샘 빌네르

| 추천사 |

    지난 2세기 반 동안 스웨덴이 보여준 인구통계치의 빠른 향상은 여러 요인 덕분이었다. 특히 몇 가지 공중보건public health 정책이 중요한 구실을 했는데, 1749년부터 국가 차원에서 국립 교회를 통해 정기적으로 인구통계를 수집한 것이 그중 하나이다. 교회는 천연두 예방을 위해 일찍부터 많은 사람들이 예방접종을 받는 데 중요한 역할을 담당했고, 산전産前 관리, 보건의료healthcare에 대한 무상 접근, 주류 제한 정책, 사고 예방과 금연 캠페인에서도 주도적인 역할을 했다. 하지만 사회보장, 높은 교육 수준, 여성과 남성의 높은 고용 수준, 지역 및 주거 보조금 등의 보편적인 복지 정책 전략 덕택에 삶의 수준이 높아진 것도 그에 못지않게, 아니 그 이상으로 중요했다.

    2003년 스웨덴 의회Riksdag에서 제정한 법령에 따라 스웨덴 국립보건원Statens folkhälsoinstitut은 스웨덴 공중보건 정책의 실행을 지원하는 책임을 맡아 왔으며, 결과뿐 아니라 그 과정에서도 큰 성과를 이루었다. 이 정책의 내용과 성과는 2005년 공중보건 정책 보고서의 요약본으로 출간되었을 뿐 아니라 영문으로도 만들어져 ≪스칸디나비안 공중보건학회지Scandinavian Journal of Public Health≫(volume 32, supplement 64; eds. C. Hogstedt, B. Lundgren, H. Moberg, B. Pettersson and G. Ågren)에 실렸다. 또한 스웨덴 국립보건원은 스웨덴 공중보건 연구의 평가에도 기여했는데, 이와 관련한 내용 역시 2005년도 ≪스칸디나비안 공중보건학회지≫의 다른 부록(supplement 65)에 실려 있다.

    오늘날의 공중보건 정책과 그 결과가 어떻게 가능했는지는 수십 년, 심지어는 수 세기 전의 역사와 경험으로 설명될 수 있다. 따라서 우리는 2005년 린셰핑 대학교Linköpings universitet 교수 얀 순딘과 부교수 샘 빌네르를 비롯한 여러 사람의 협력으로 스웨덴의 건강을 역사적 관점에서 다룬 책(스웨덴어판, eds. J. Sundin, C. Hogstedt, J. Lindberg and H. Moberg)을 출간하게 되어 매우 기뻤다. 그리고 얀 순딘 교수와 샘 빌네르 부교수에 의해 지난 250년간의 사회 변화와 건강 발전의 관계에 초점을 맞춘 요약·수정본(영어판)까지 내게 되어 더욱 기쁘게 생각한다. 스웨덴 국립보건원의 베른트 룬드그렌, 크리스테르 호그스테드, 헨리크 모베리는 저자들과 토의하고 책 작업을 진행하는 책임을 맡았다.

2003년 스웨덴의 새로운 공중보건 정책은 생활습관 요인과 같은 구조적 결정 요인에 초점을 두어 세계적으로 많은 주목을 받고 있다. 이 정책은 글로벌화된 세계의 건강 증진을 담은 세계보건기구World Health Organization(이하 WHO)의 방콕 헌장, 유럽 지역의 만성질환 예방과 관리를 위한 WHO의 전략뿐 아니라 WHO의 사회적 결정 요인 위원회Commission on Social Determinants에서 언급되기도 했다. 이 책이 이 정책의 배경과 맥락을 이해하는 데 기여하리라는 것이 우리의 희망이다.

한 나라의 역사적 교훈이 무비판적으로 다른 나라에 이전되거나 미래를 결정하는 근거로 사용될 수는 없다. 그러나 상이한 정책이 보여주는 효과의 가능성은 그 맥락 속에서 차이점과 유사점을 비교함으로써 드러날 수 있다. 우리는 이 책이 정책을 비교하거나, 공중보건 정책 입안자, 연구자, 행정가, 현장 근무자를 교육하는 데 유용하게 쓰이기를 바란다.

2007년 12월 스웨덴 외스테르순드Östersund에서
스웨덴 국립보건원장 군나르 오그렌Gunnar Ågren

차례

- 한국어판 서문 _ 스웨덴의 사회 변화와 건강 · 5
- 영어판 서문 · 10
- 추천사 · 12
- 스웨덴 공중보건의 주요 조직, 정치단체, 인물 · 16
- 스웨덴 공중보건사 연표 · 18

1장 서론 21
1. 서론 / 2. 개관 / 3. 공중보건 250년사 / 4. 1750년 이후의 건강 변천사 / 5. 목표, 개념, 관점

2장 계몽주의 시대 이전: 신의 손안에서의 삶과 죽음 51
1. 서론 / 2. 국가, 교회, 국민 / 3. 전쟁 / 4. 흑사병 / 5. 요약: 계몽주의 시대 이전의 공중보건

3장 중상주의, 계몽주의, 그리고 역학의 탄생 65
1. 서론 / 2. 통계에 따른 사망률 / 3. 기근 / 4. 남성과 여성 / 5. 도시와 시골 / 6. 과학, 학회, 계몽된 목사들 / 7. 스웨덴 최초의 소아과 의사의 대중 권고 / 8. 계몽된 지방 의사가 지목한 적들 / 9. 지방 행정, 읽기 능력, 교회의 훈련 / 10. 요약: 계몽주의 시대가 남긴 공중보건의 유산

4장 전환기의 사회: 인구의 증가, 프롤레타리아화, 기대여명의 증가(1800~1870년) 95
1. 전환기의 사회 / 2. 역학적 추세 / 3. 어린이와 성인 / 4. 남성과 여성 / 5. 지역적·사회적 격차 / 6. 물적 결핍과 사망률 / 7. 보건행정, 지방 의사, 조산사 / 8. 공중보건과 지방 행정 / 9. 천연두 예방접종 / 10. 모유 수유, 영아 돌봄, 청결 / 11. 산업사회 시기 이전의 도시 위생 / 12. 콜레라: 마지막 대규모 유행병 / 13. 독한 술, 사회질서, 건강 위험 / 14. 사회통제와 낙인화: 성매매 여성의 감독 / 15. 요약: 역학적 혁명의 첫 번째 단계―복합적 요인들

5장 산업화와 위생주의(1870~1920년) 133
1. 서론 / 2. 역학적 추세 / 3. 남성과 여성 / 4. 사망률의 지역적·사회적 격차 / 5. 의학 지식의 성장과 의료 제도 / 6. 국립 통계 기관, 스웨덴 통계청 / 7. 산업화, 이데올로기, 복지국가 / 8. 산업보건 / 9. 지역 문제로서 보건의료행정 / 10. 도시 위생주의 / 11. 도시의 물: 지역 사례 두 가지 / 12. 술 관련 법률과 잡역 노동자 / 13. 자선 활동: 인도주의적 원조와 사회적 통제 / 14. 자선 활동과 공공 기관 / 15. 대중운동: 새로운 사회의 사회적·정치적 풀뿌리 / 16. 요약: 위생주의, 경제적 성장과 사회적 안정화

스웨덴 공중보건 250년사
복지국가 스웨덴을 낳은 노르딕 정신의 역사

6장 두 전쟁 사이에서: 스웨덴 복지국가를 향해(1920~1945년) 173
　1. 서론 / 2. 역학적 레짐 / 3. 사회적·지역적 격차 / 4. 모자 보건의료의 제도화 / 5. 공중보건 임무를 수행하는 지역 간호사 / 6. 결핵과의 싸움 / 7. 브라트 시스템: 적절한 연대 / 8. '사회의학'의 도움으로 사회문제를 해결하기 / 9. 사회적 유토피아: 과학적 믿음과 개입주의 / 10. 도시에서 시골의 건강 위험으로: '더러운 스웨덴' 시골로 가다 / 11. 복지국가의 탄생 / 12. 요약: 기대여명의 증가, 복지와 사회 위생

7장 복지 정책과 의학 발전의 수확기(1945~2006년) 201
　1. 서론 / 2. 역학적 경향 / 3. 남성과 여성 / 4. 건강의 사회적 차이 / 5. 사망률의 지역 간 차이 / 6. 복지국가를 위한 수확기 / 7. 도시화, 주택 뒤기와 '100만 호' 프로그램 / 8. 생의학의 발전 / 9. 경제위기 시기의 보건의료 서비스 / 10. 직업, 환경의 건강 위험 인자 / 11. 스웨덴 공중보건원 / 12. 역학, 위험 인자, 건강 / 13. 경제의 구조 조정, 사회 스트레스, 건강 / 14. 몸 돌보기, 완전한 몸의 이상, 시장 상품으로서의 건강 / 15. 전 지구적 개인주의 세계에서의 스웨덴 공중보건 / 16. 포괄적 스웨덴 공중보건 정책 / 17. 건강: 타협의 영역 / 18. 요약: 복지 정책의 수확기

8장 결론: 과거로부터의 교훈 239
　1. 서론 / 2. 사회적 결정 인자와 건강: 스웨덴의 예 / 3. 건강과 사회적 대응 / 4. 건강과 사회 변동 / 5. 스웨덴과 이웃 나라들: 수렴하는 체계 / 6. 스웨덴의 역사와 오늘날의 세계 / 7. 건강, 그리고 역사로부터의 교훈

부록 스웨덴의 성·연령보정 사망률과 사망률에서의 성비(1750~2000년) 285

옮긴이 후기 아직도 북방의 빛은 빛나는가? 289
부언 스웨덴 보건의료 체계와 최근의 정책 변화 307

스웨덴 공중보건의 주요 조직, 정치단체, 인물

이반 브라트 Ivan Bratt(1878~1956) 의사이자 주류 구매 배급 체계의 창시자.

안데르스 베르슈 Anders Berch(1711~1774) 웁살라 대학 최초의 경제학 교수.

프레드리크 테오도르 베리 Fredrik Theodor Berg(1806~1887) 최초의 스웨덴 통계청 장관.

아브라함 베크 Abraham Bäck(1713~1795) 의사이자 스톡홀름 의사협회의 회장이며, 린네의 가까운 친구.

중도당 Centerpartiet 초기에는 스웨덴 농민당이었다. 1913년 농민연합bondeförbundet으로 설립되었다가 1957년 중도당으로 명칭을 변경했다.

안데르스 쉬데니우스 Anders Chydenius(1729~1803) 신부이자 계몽주의 철학자, 하원의원.

의사협회 Collegium Medicum ⇒ 국가보건복지위원회 참조.

요한 오토 하그스트룀 Johan Otto Hagström(1716~1792) 지방 의사이자 린네의 제자.

페르 알빈 한손 Per Albin Hansson(1885~1946) 스웨덴 사회민주당의 당수이자 스웨덴 총리. 복지국가 스웨덴의 가장 대표적인 인물이다.

요한 헬스테니우스 Johan Hellstenius(1834~1888) 스웨덴의 통계학자.

올로프 신베리 Olof Kinberg(1873~1960) 법의학 정신과 의사.

란드스팅 landsting ⇒ 지방정부 참조.

칼 폰 린네 Carl von Linné(1707~1778) 스웨덴 밖에서는 린네우스Linnaeus로 알려져 있다. 의사, 식물학자, 동물학자이며 현대 분류학의 아버지이다.

지방정부 스웨덴 지방정부의 초기 형태는 교회 업무 및 비종교적 업무를 관장하던 일반 교구 모임sockenstämma, 모든 자유 농민들 앞에서 지방 판사가 판결을 진행하던 농촌 지역 지방 법원ting 또는 이에 해당하는 도시 마을의 판결 기구rådstuga에서 시작되었다. 1862년의 지방정부 개혁으로 병원에 대한 책임을 맡는 광역 지방정부lansting가 설립되었다. 도시 지역에서 기초 지방정부kommun는 해당 지역의 의료 지도 체계, 조산사, 격리 병동과 보건의료위원회를 담당했다.

국가의료위원회 Medicinalstyrelsen ⇒ 국가보건복지위원회 참조.

군나르 미르달 Gunnar Mydal(1898~1987) · **알바 미르달** Alva Mydal(1902~1986) 스웨덴 복지국가를 설계한 가장 유명한 부부.

국가보건복지위원회 Socialstyrelsen 1813년 국가보건위원회Sundhetskollegium에 의해 의사들의 연합체가 국가 기구인 의사협회로 교체되었다. 다른 중요 조직인 외과학회Chirurgiska Societeten는 해산되고 새 기구로 통합되었다. 1877년 국가보건위원회는 국가의료위원회로 변경되면서 전 의료 전문 인력 및 조직을 관할하고 병원을 담당했다. 위원회를 지원하기 위해 지방 의료 지도관의 모든 광역 지방정부를 시찰했다. 1912년에는 국가사회위원회가 설립되었고, 이 기구가 1960년대에 국가의료위원회와 합병되어 국가보건복지위원회가 되었다.

루드비그 '루베' 노드스트룀 Ludvig 'Lubbe' Nordström(1882~1942) 작가, 저널리스트, 방송인.

악셀 옥센셰르나 Axel Oxenstierna(1583~1654) 스웨덴 총리.

닐스 로젠 폰 로젠스타인 Nils Rosén von Rosenstein(1706~1773) 조가이며 웁살라 대학의 교수. 현대 소아과학의 아버지로 불린다.

로드스투가 Rådstuga ⇒ 지방정부 참조.

다비드 슐츠 폰 슐첸하임 David Schultz von Schultzenheim(1732~1823) 국가보건위원회의 초대 회장.

스웨덴 사회민주당 Sveriges socialdemokratiska arbetareparti 1889년에 설립되었으며, 스웨덴에서 가장 오래되고 가장 규모가 큰 정당이다.

스웨덴 통계청 Statistiska centralbyrån 1749년 공적 기록을 수집하기 위한 목적으로 설립된 타벨베르케트Tabellverket가 1860년 통계 자료의 수집과 처리를 위한 전국적 조직인 스웨덴 통계청으로 교체되었다. 통계 자료는 인구학적 상태뿐 아니라 상업 부문과 무역, 사법 체계를 비롯한 다른 영역의 활동들도 포함한다.

아우구스트 스트린드베리 August Strindberg(1849~1912) 소설가이자 극작가.

국가보건위원회 Sundhetskollegium ⇒ 국가보건복지위원회 참조.

스웨덴 주류소매조합 Systembolaget 스웨덴의 주류 독점 판매는 19세기 중반부터 시작되었지만 공식 주류 독점 소매상은 1955년에 설립되었다. '예테보리 시스템'은 19세기 후반에 세계적으로 많은 주목을 받았다. 이것은 1865년 예테보리 지역에서 시작된 것으로, 시가 술집 또는 주류 판매상을 운영하도록 하는 판매 독점권을 포함하고 있었다. 이 개입은 주류 판매에서 오는 사적 이윤 추득을 감소 또는 제한하여 주류 소비를 억제하거나 줄이기 위한 것이었다. 이후 스웨덴 대부분의 지역에서 이 시스템을 도입했고, 1905년부터는 공식적으로 모든 주류 판매가 정부가 관리하는 기업에 의해 이루어졌다. 1917년 이반 브라트Ivan Bratt가 주류 배급 제도를 확립했다.

타벨베르케트 Tabellverket ⇒ 스웨덴 통계청 참조.

에사이아스 텡네르 Esaias Tegnér(1782~1846) 스웨덴 출신 작가이자 주교로, '평화, 백신, 감자'라는 관용구를 만들었다.

팅 Ting ⇒ 지방정부 참조.

쿠르트 발리스 Curt Wallis(1845~1922) 의사이자 하원의원.

페르 바르엔틴 Pehr Wargentin(1717~1783) 스웨덴 왕립 과학 아카데미의 서기.

칼 요수아 브레트홀름 Carl Josua Wretholm(1800~1870) 스웨덴 북쪽 끝 하파란다 지역의 의사.

스웨덴 공중보건사 연표

▶ 전염병　▷ 정치적 발전

1300	1348~1350 ▶ 유럽에서 흑사병이 시작되어 스칸디나비아로 퍼짐	
1400		
1500	1520 ▷ 구스타브 바사(Gustav Vasa)가 덴마크의 왕 크리스티안 2세(Christian II)에게 승리를 거두며 덴마크를 중심으로 한 연합을 종결지음	
	1572 전염병이 돌던 해에 네덜란드인 왕실 의사에 의해 스웨덴어로 된 최초의 의학 도서가 간행됨	
	1593 ▷ 웁살라 교회 회의(Uppsala Synod)에서 스웨덴 루터파 교회를 제정함	
1600	1663 의사들의 연합인 의사협회가 설립됨(최초의 기구는 1744년에 설립)	
1700	1710~1713 ▶ 스웨덴에서 마지막으로 흑사병이 창궐함	
	1739 스웨덴 왕립 과학 아카데미(Kungliga Vetenskapsakademien) 설립	
	1749 오늘날 스웨덴 통계청(Statistiska centralbyrån)의 전신인 기록 수집 단체 타벨베르케트(Tabellverket)가 설립됨, 교구 목사들이 표를 만들기 시작했음	
1800	1809 ▷ 핀란드가 러시아의 영토에 귀속됨	
1810	1813 국가보건위원회(Sundhetskollegium) 설립	
	1816 천연두 방지를 위한 의무예방접종법이 도입됨	
1820		
1830	1839 스웨덴 의학협회가 ≪위생(Hygiea)≫ 저널을 창간함	
1840	1842 의무교육 도입	
1850		
1860	1862 ▷ 지방정부 개혁으로 란드스팅(landsting) 설립(병원에 대한 전반적인 책임을 맡는 광역 지방정부)	
1870	1878 국가의료위원회(Medicinalstyrelsen) 설립	
1880	1889 산업위해법령(Yrkesfarelagen)이 시행에 들어감	
1890	1890 모든 광역에 지방 의사 대표가 임명됨	
	1891 스웨덴 최초로 폐질환 환자를 위한 요양소를 개원함	
1900	1904 국립의학연구소(Statsmedicinska anstalten) 설립	
	1904 국가결핵방지협회(Svenska nationalföreningen mot tuberkulos) 설립	
	1907 세균학 연구소 설립	

1910	1912 국가사회위원회 설립
	1913 국민 기초 연금이 한정적으로 도입됨
	1917 국립 세균학 실험실(Statens Bakteriologiska Laboratorium) 설립
	1918~1920 ▶ 스페인독감 대유행
	1919 중앙정부가 기초 지방정부와 광역 지방정부에 잘 훈련받은 지역 간호사를 고용하기 위한 목적의 보조금을 지급하는 안이 도입됨
1920	1921 ▷ 남성과 여성에게 보편적이고 평등한 투표권을 보장하는 최초의 상하원 보통선거 실시
1930	1935 장애인들에게 불임술을 시행하는 안이 법제화됨(1970년까지 폐지되지 않음)
	1938 스웨덴 공중보건원(Statens institut för folkhälsan) 설립
	1938 ▷ 고용주와 고용인 간에 살트셰바덴(Saltsjöbaden) 협약이 체결됨
1940	1946 모든 시민이 생활 가능한 정도의 최소한의 노령 연금을 받음
	1947 보편적 자녀 보육 수당이 도입됨
	1949 산업 안전 및 보건법이 시행됨
1950	1951 3주간의 법정 휴가가 도입됨
	1955 주류 배급 시스템(motbokssystemet)이 폐지됨
	1955 강제 의료보험 제도 도입
1960	1960 9세 의무교육 제도 도입
	1965~1974 100만 호 프로그램이 시행됨
	1968 국가보건위원회와 국가사회위원회가 합쳐져 국가보건복지위원회(Socialstyrelsen)가 됨
	1969 의약품 판매를 정부가 독점하는 안이 도입됨
1970	1971 스웨덴 공중보건원이 폐지됨
	1975 낙태가 합법화됨
	1977 작업환경법이 시행됨(1991년 개정)
1980	1987 공중보건협회(Folkhälsogruppen) 설립
1990	1992 국립공중보건협회(Folkhälsoinstitutet) 설립[2001년 7월 1일 명칭을 스웨덴 국립보건원(Statens folkhälsoinstitut)으로 변경하고 2007년 7월 1일에는 스톡홀름에서 외스테르순드로 옮김]
	1993 스웨덴 감염성질환관리협회(Smittskyddsinstitutet) 설립
	1995 ▷ 스웨덴이 유럽연합(EU)에 가입함
	1997 국가공중보건위원회(Nationella folkhälsokommittén) 설립, 위원회의 최종 보고서를 2000년 정부에 제출함
2000	2003 스웨덴 의회가 스웨덴 포괄적 공중보건 정책을 채택함

일러두기

1. 이 책은 J. Sundin, C. Hogstedt, J. Lindberg, H. Moberg(eds), *Svenska folkets hälsa i historiskt perspektiv* (Stockholm: Swedish National Institute of Public Health, 2005)의 영문판인 J. Sundin, S. Willner, *Social change and health in Sweden: 250 years of politics and practice* (Stockholm: Swedish National Institute of Public Health, 2007)을 옮긴 것입니다.

2. 원문에 있던 각주는 [원주]로 표시했으며, 이 외는 옮긴이가 부연한 것입니다.

3. 출처주는 [1], [2], [3] … 으로 표시했으며, 각 장 끝 부분에서 해당 문헌을 확인하실 수 있습니다.

1장

서론

1. 서론

이 책은 최근 스웨덴에서 출간된 책(스웨덴어판)의 축약본이며, 세계의 독자들이 더 잘 이해할 수 있도록 하기 위해 일부 내용을 수정·추가했다.[1] 책의 내용은 스웨덴 공중보건의 250년사를 돌아보는 역사 여행이며, 전통적 농경사회에서 '탈산업화 시기'까지 스웨덴이라는 국가의 변천을 살펴보았다. 비록 이 책이 스웨덴의 경험에 기반을 두고 있긴 하지만, 한 국가의 역사를 넘어 국제적 관점에서 다루어졌다는 점을 말하고 싶다. 당연히 스웨덴은 다른 유럽 국가들로부터 고립되지 않았으며, 공중보건의 아이디어나 정책은 유럽적 맥락에서 구체화되고 실행되었다.

우리는 이 책의 독자가 유럽뿐 아니라, 과거의 건강 문제들이 여전히 해결되지 않고 남아 있는 경제적으로 덜 발달한 나라에 살면서 자신이 속한 지리적 공간과 다른 나라들을 비교해보고자 하는 전공 학생들이기를 바란다. 또한 더 많은 중견 연구자들이 이 분야의 지식에 기여하길 바란다. 각자의 상황은 대부분 (다른 나라와 비교하기에 적합하지 않을 만큼) 독특하며, 역사는 현재의 문제에 대해 미리 만들어진 해답을 제공하지 않는다. 그렇지만 한 역사적 시기와 지리적 공간을 다른 상황과 비교하는 작업을 통해 정책 입안자들은 건설적 사고에 도움이 되는 얼마간의 교훈과 양식을 얻을 수 있을 것이다.

2. 개관

첫 번째 장에서는 간단히 개관하면서 몇 가지 중요한 관점, 개념, 출발점을 제시하는데, 이는 당연히 다양한 분야의 주제들에 대한 분석이 가능하도록 모든 관점을 모아놓은 것이 될 것이다. 각 장은 서로 다른 역사적 시기를 다루면서 그 시기의 건강 상태 및 건강 정책과 관련이 있는 몇 가지 특징적 사건들을 강조하고 설명할 것이다. 이야기는 근대 초기에서 시작해 18세기 계몽주의 시대로 옮겨가고, 체계화된 공중보건 정책 탄생과 개입의 시기인 19세기를 지나, 지난 100년 동안 이루어진 현대 복지국가의 탄생까지 다룬다. 마지막 장은 각 장의 결과에 대한 요약과 고찰을 담고 있다.

    책 전체를 통해 지역 간·도농 간 격차와 사회적 지위, 교육, 성별, 일차 집단,◆ 사회적·문화적 차이 등과 같은 요인들을 살펴봄으로써 시대를 넘어서는 사회적 결정 요인과 건강의 특성을 규명할 수 있을 것이다. 자료가 남아 있는 경우, 사망률이나 기대여명 같은 측정 지표를 종속변수로 사용하여 그 당시 누가 승리자였고 패배자였는지를 확인할 것이다. 건강 정책과 결과는 과학적·이데올로기적·정치적 요인과 연관이 있다. 보건의료 영역에서 이루어진 사회의 중요한 몇몇 노력과 개입 역시 이야기의 일부를 차지할 것이다. 마지막 장에서는 앞서 제시된 개념 및 관점들과 관련이 있는 주요 관찰 소견과 분야별 결과를 요약할 것이다.

    오늘날 세계의 역사는 지리적으로 다른 여러 곳에서 동시에 일어나는 양상을 보인다. 하지만 어느 한 시점에 각 사회는 경제적·인구학적·역학적 발전에서 매우 다른 단계에 위치했으며, 이는 그 사회에 속한 구성원의 건강과 생존에 영향을 미쳤다. 물론 차이가 많겠지만, 스웨덴의 경험은 오늘날 발전 단계에 있는 국가들이 처한 상황과 연관 지어 논의될 것이다. 우리

◆ 가족과 같이 소규모의 개인적 집단을 말한다. 이와 반대로 일시적이고 기능적이며 교체 가능한 집단을 '이차 집단'이라고 한다.

는 급격한 사회 변동 시기와 같은 특정한 조건하에, 서로 다른 시기와 장소에서도 유사한 양상을 보이는지 살펴볼 것이다. 모든 독자가 우리의 가정과 결론에 전적으로 동의하지 않을 수 있지만, 우리는 전문가로서의 경험을 통해 생각과 사실을 주고받는 것이 가치 있다고 믿으며, 이런 접근법이 역사를 특정한 사건의 단순한 기록이 아니라 현시대의 발전에 대한 이해를 돕는 도구가 될 수 있다고 확신한다.◆

3. 공중보건 250년사

이야기는 14세기 중반 유럽 전역을 휩쓴 전염병인 흑사병의 유행에서 시작한다. 스웨덴의 경우, 전쟁, 흉년과 함께 늘 반복적으로 발생하던 다른 전염병들과 마찬가지로 '흑사병' 역시 질병으로 간주했으며, 17세기 이전 중앙정부 차원에서 공중보건학적 예방 조치를 취했다는 역사 자료는 거의 남아 있지 않다. 당시에는 전염병 유행이 신의 뜻이라는 것이 지배적인 견해였다. 유럽 남부보다는 늦었지만 스웨덴 역시 전염병 확산을 억제하기 위해 노력했는데, 검역 도입과 국경 지역을 따라 확립한 방역선◆◆이 대표적이다.

18세기 중상주의와 계몽주의의 영향하에서 공중보건에 대한 정부 기관의 관심은 눈에 띄게 커졌다. 초기의 중요한 조치 중 하나는 1749년부터 사망률과 사망 원인에 관해 신뢰할 수 있는 자료를 확보하고 인구집단의

◆ [원주] 일례로 M. Chopra, J. Sundin, S. Willner(2004)의 기고문 참조.[2]
◆◆ 전염병이 발생한 곳에 치는 교통 차단선.

건강을 개선하는 적절한 조치를 취하기 위해 정기적으로 국가 수준의 인구 동태 통계를 수집하는 기관을 설립한 것이다. 이는 우리에게 연령과 성별 구분을 가능하게 해주고, 중요한 역사적 시기를 포함하는 국가 수준의 사망률 변화를 추적할 수 있게 해주었는데, 이것이 우리가 지난 250년에 초점을 맞춘 주된 이유이기도 하다. 그리고 이 시기에 지방 의사 제도와 산파 제도를 통한 모유 수유, 영아 돌봄 개선을 위한 대규모 정보 제공 캠페인이 이루어졌다.

19세기 초에는 사망률이 여러 해 동안 지속적으로 낮아졌다. 동시대의 관찰자들에 따르면 이는 '평화, 백신, 감자'에 의한 것이었다. '평화'는 나폴레옹 전쟁 이후의 영구적 평화 시기이고, '백신'은 19세기 초의 포괄적 천연두 백신 도입이며, '감자'는 농업혁명으로 농장의 생산성과 생산량이 증가한 것을 말한다. 이 세 가지 요인은 건강 개선에 기여하는 중요한 조건을 함축하고 있다. 그런데 어린이와 거의 모든 연령대의 여성이 이런 개선의 혜택을 받는 동안, 중년 남성의 사망률은 지속적으로 높은 상태를 유지했다.

다른 서유럽 사회와 달리, 19세기 후반 스웨덴의 산업혁명은 도시 환경이 급속히 팽창하던 짧은 혼란기를 제외하면 사망률 수치에 심각하게 나쁜 영향을 미치지는 않았다. 이 시기에 기대여명을 증가시킨 한 가지 중요한 요인은 도심 지역을 개발할 때 동시에 진행한 대규모 위생 개혁으로, 특히 효과적인 하수 처리 시스템 설계와 신선한 식수 공급이었다. 또 이 시기에 대다수 국민의 생활환경이 개선된 것은, 무엇보다 대중운동을 통한 '질서정연함 ording och reda'◆이라는 새로운 이상의 확산과 과도한 음주로 인한 건강 문제를 줄이기 위해 중앙정부가 도입한 금주법 덕분이었다.

◆ 스칸디나비아의 중요한 문화 중 하나로, 조화롭고 질서 있게 잘 정리되는 것을 의미한다.

제1차 세계대전과 제2차 세계대전 사이, 즉 1920~1930년대에 복지국가를 위한 첫걸음이 시작되었다. **인민의 집**Folkhemmet,◆ 즉 누구라도 홀로 방치되지 않는 개입주의적 사회의 이상이 점점 더 보편적인 상이 되었다. 같은 시기에 덜 매력적인 사례로 '과학적 우생학scientific eugenics'이라는 미명 아래 인구 정책이 도입되었다.

전후 기간에 보건의료 전반 및 주간 간호 서비스가 확대되고 다양한 형태의 사회보장이 도입되면서 '스칸디나비안' 복지국가 모형이 완전히 실현되었다. 산업 보건은 고용주와 노동자 간의 법률 및 협상에서 고려해야 하는 사안이 되었다. 예방·치료 의학 역시 항생제와 백신의 도입, 심장학과 종양학 분야의 기술 발전 등을 통해 인구의 건강 개선에 기여했다. 그 시기의 예방적 건강 정책은 19세기에 이루어진 '위생주의hygienism'와 같은 구조적 접근보다는 개인의 생활습관 요인에 영향을 미치고 변화를 주려는 시도에 점점 더 관심을 가졌다.

4. 1750년 이후의 건강 변천사

1749년에 최초로 스웨덴 국민의 인구학적 상태가 학문의 한 분야로 제도화 되었다. 그해에 오늘날 스웨덴 **통계청**Statistiska centralbyrån의 전신인 **타벨베르케트**Tabellverket가 설립되었으며, 스웨덴은 (당시 스웨덴의 식민지였던 핀

◆ 영어로는 'People's Home'이며, 우리말로는 '인민의 집'(신정완), '국민의 집'(최연혁), '국민의 가정'(변광수) 등으로 표현되고 있다. 스웨덴 사민당 당수 페르 알빈 한손(Per Albin Hansson, 1885~1946)이 1928년 전당대회에서 처음 발표한 이래 사민당의 장기 집권기(1932~1976년)에 사회경제 정책의 핵심이 되었다. "사회 계층 간의 장벽을 넘어 모든 이에게 안락한 가정을 만들어주고자 하는 포괄적 복지 개념의 함축적 표현"이다. 변광수, 『북유럽사』(대한교과서, 1988).

그림 1-1 | 스웨덴의 인구 변천(1750~2000년)

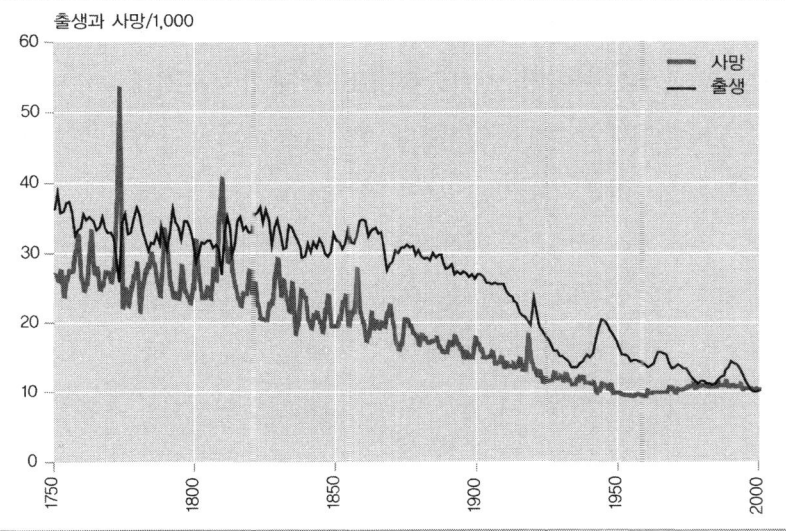

자료: Historisk statistik för Sverige. Del 1, Befolkning(Historical statistics of Sweden. Part 1, Population statistics) 1720~1967. Befolkningsstatistik(Population statistics), www.scb.se.

란드를 포함해) 국가 차원에서 인구통계 자료의 정기적 수집을 체계화한 최초의 국가가 되었다. 이는 우리에게 지난 250년간의 성별과 연령을 고려한 사망률 추이를 추적할 수 있는 특별한 기회를 주었다. 그 배경에는 과학으로 질병과 사망을 예방할 수 있다는 계몽주의 시대의 낙관적 시각과 결합된 18세기 지배 계층의 정치·경제 정책이 있었다. 교구 목사들은 매년 교구민 중 연간 사망자의 수를 연령, 성별, 사망 원인에 따라 취합해 보고하고, 인구 구성도 성별과 일정 간격의 연령에 따라 보고하도록 명령받았다.[3]

인구 변천 모형은 출생·사망률과 인구 발달 과정의 관계를 역사적 관점에서 보여준다. 스웨덴 인구통계 덕택에 우리는 이 상호작용을 250년 이상 추적할 수 있었다. 처음에는 출생률과 사망률 둘 다 높았다(〈그림 1-1〉). 출생 수가 사망 수보다 다소 높은 상태가 되면서부터 인구는 당연히 증가했다. 일시적으로 사망률이 갑작스레 치솟으면서 출산율을 초과할 때(1772~1773년, 1808~1809년)에는 인구가 잠시 감소하기도 했다. 사망률의 영구적 하락은 19세기 초에 시작되었는데, 동시에 출산율이 높은 상태로 유지되면서 실질적인 인구 증가를 이끌어냈다. 한편 1870년대의 산업혁명은 출생률의 감소를 가져왔고, 이것은 같은 시기 대규모 인구가 스웨덴에서 미국으로 이동한 것과 함께 인구 성장세를 다소 누그러뜨렸다. 20세기 동안 출생률 변동, 사망률 감소와 이민은 인구 변동을 결정하는 주요 요인이었다. 출생률의 극적인 감소는 1930년대 '인구 폭발population crisis'에 관한 경고가 나오면서부터 시작되었으며, 인구 문제에 대한 상당한 관심이 대중적 논쟁으로 이어졌다.[3] 서유럽 내에서도 국가 간의 인구학적 변천 양상이 크게 다르다는 것은 잘 알려진 사실이다. 18세기 중반부터 20세기 후반까지 영국과 프랑스에서도 스웨덴과 마찬가지로 사망률이 점차 낮아지는 경향을 보였다. 19세기 중반 이런 경향이 앞의 두 나라에서는 일시적으로 중단되었으나, 스웨덴에서는 그렇지 않았다. 출생률에서 이 차이는 더 잘 드러난다. 프랑스에서는 18세기 중반부터 출생률이 계속 감소한 반면, 스웨덴과 영국의 출생률은 19세기 후반 감소세에 접어들기 전까지 상대적으로 높은 상태를 유지했다.[4]

출생률·사망률의 감소와 함께 나타난 인구 변천의 또 다른 결과는 고령자 수의 증가이다. 1750년 인구 중 65세 이상의 비율은 6%였지만, 2000년에는 17%로 증가했다. 주의할 점은 20세기 후반에 사망률 곡선(〈그림 1-1〉)이 상승한 것은 (비록 1960~1970년대 중년 남성의 사망 수가 증가하긴 했어도) 주로 고령자의 비율이 증가한 데서 기인한 것이지 건강 손실에 따른 결과 때문은 아니라는 것이다.

출생률이 의미 없다는 말은 절대 아니나, 공중보건의 관점에서 사망률은 가장 유의미한 현상일 것이다. 첫째, 과거의 높은 출산율은 임신과 출산 과정에서의 높은 사망 위험과 연결되어 있었다. 둘째, 높은 출생률은 급격한 인구 증가에 기여하는데, 맬서스주의적 시각◆에 따르면 식량 생산이 불어나는 인구의 수요를 충족할 만큼 충분히 빠르게 증가하지 않으면 사망률이 상승하는 경향이 있다. 그러나 훗날의 연구는 맬서스주의적 결론과 그 일반화에 의문을 제기한다. 무엇보다도 인구로 인한 압박이 커질수록 더 집중적인 농업 생산이 가능해지는 것으로 나타났다.[5] 맬서스는 좁은 땅만으로 소수의 농업인이 훨씬 많은 사람을 먹여 살리게 한 농업 생산성 향상을 불러온 기술 발전을 무시했거나 내다보지 못했던 것이다.[6]

역학적 변천 모형에 따르면, 세계의 여러 나라는 사망 원인과 관련한 양상이 몇 가지 다른 역사적 단계로 나타났고, 이것은 인구 변천기의 사망률 변화와 연관되어 있었다.[7, 8] 첫 번째 단계는 '역질과 기근의 시대'이다. 스웨덴에서는 18세기 중반부터 추적할 수 있는데, 감염성 질환과 일반적으로 높은 수준의 사망률로 인한 극적인 인구 변동이 있었다. 사망률이 최고점에 오른 것은 전염병 때문이었고, 전염병은 농작 실패나 전쟁과 함께 빈번히 발생했다. 두 번째 단계는 '유행병 감퇴기'이다. 스웨덴의 경우 19세기 초부터 20세기 초까지가 여기에 해당하는데, 이 기간에 전반적으로 사망률이 감소했고 전염병의 발생 빈도와 강도가 줄어들었다. 감염성 질환이 주를 이루던 양상도 줄기 시작했다. 세 번째 단계, 즉 '퇴행성 인조 질환man-made disease 시대'는 현재까지도 계속 진행 중이며, 이것은 역사적으로 사망률이 낮다는 점이 특징이다. 이 시기에 이르러 감염성 질환이 사망 원인에 상대적으로 적은 영향을 미쳤고, 그 대신 심혈관 질환이나 암 같은 비감염

◆ [원주] 영국의 정치경제학자이자 대중 평론가인 토머스 맬서스의 이름을 딴 것이다.

표 1-1 | 시기별 평균 기대여명(1751~2002년)

시기	0세		15세		50세		65세	
	남성	여성	남성	여성	남성	여성	남성	여성
1751~1790년	33.7	36.6	40.5	43.1	18.2	19.6	10.0	10.5
1851~1855년	40.5	44.6	42.0	45.5	17.9	19.8	9.6	10.4
1901~1910년	54.5	57.0	49.8	51.5	23.2	24.0	12.8	13.7
1951~1960년	70.9	74.1	58.0	60.7	25.5	27.5	13.9	15.0
1998~2002년	77.3	82.0	62.7	67.4	29.3	33.3	16.6	20.0

자료: Befolkningsstatistik, Del 4, Födda och döda, civilståndsförändringar m.m.(Population statistics. Part 4, Vital statistics) 2002, Statistics Sweden.

성 질환과 손상이 주된 사망 원인이 되었다.

공중보건 발달의 새로운 단계를 보면, 1970년대부터 서구 사회에서 일어난 개인 행태, 특히 식이와 흡연 행태의 변화와 더불어 심혈관 질환 치료의 획기적인 개선으로 사망률이 감소했다.[9] 젊은 연령 집단의 사망률이 점차 낮아지면서 사망으로 이어지지 않는 다른 건강 문제들, 예를 들어 알레르기나 스트레스, 정신건강 문제가 점점 더 주목받게 되었다. 한편 일부 국가들(특히 남아프리카 지역)에서는 에이즈HIV/AIDS◆의 대규모 감염이 가장 심각한 문제인데, 이를 통해 감염성 질환이 여전히 공중보건에 실질적 위협이라는 사실을 알 수 있다. 또 다른 예는 구소련 지역에서 남성 기대여명이 급격히 감소하고 결핵이 증가한 것이다.

평균 기대여명의 증가는 유럽 역사에서 가장 극적인 성과이다. 18세기 중반 스웨덴에서 출생 시 기대여명은 35세 정도였고, 20세기 초 기대여명

◆ HIV는 인간 면역결핍 바이러스(human immunodeficiency virus)의 약자로, 통칭 후천성면역결핍증(acquired immunodeficiency syndrome: AIDS)을 야기하는 바이러스이다. HIV에 감염되면 HIV 검사에서는 양성을 보이지만, 반드시 후천성면역결핍증으로 발전하는 것은 아니다. 따라서 이 두 용어는 전문적으로 구별해 사용해야 하나, 이 책에서는 그 차이가 중요하지 않으므로 통칭 용어인 '에이즈'로 번역했고, 필요에 따라 이를 구별하여 번역하거나 영문을 병기했다.

은 55세까지 증가했다. 하지만 100년 후인 2000년에 남성은 77세, 여성은 82세로 증가했다(〈표 1-1〉). 일반적으로 여성이 남성보다 오래 산다. 과거에 사망률은 영아와 고령자층에서 가장 높았으며, 이 같은 영아와 어린이의 높은 사망률은 기대여명을 낮추는 강력한 요인이었다. 18세기 후반에 15세가 될 때까지 생존한 젊은 남성 또는 여성의 남은 평균 기대여명은 40년을 겨우 넘었다. 다시 말해 그 당시 사람들은 간신히 50번째 생일을 맞을 수 있었던 것이다. 오늘날에는 50~60세가 될 때까지도 사망률이 매우 낮은데, 이는 생애 첫 몇 년간의 사망률이 극적으로 감소했기 때문이다. 그런가 하면 어린이와 젊은이, 그리고 성인의 사망률도 지난 세기에 주목할 만큼 감소했다. 일례로 15세에서의 평균 기대여명은 20세기 초 약 50년에서 21세기로의 전환기에 65년까지 증가했다.

5. 목표, 개념, 관점

복잡한 과정을 거쳐 짧고 통합적인 이야기를 기술할 때는 일정한 사실과 패턴, 관점이 무엇보다 중요하다. 이러한 목표, 개념, 관점의 일부가 여기에 소개되어, 왜 특정한 사건, 요인, 양식이 강조되어왔는지를 이해하는 데 도움을 줄 것이다. 먼저 몇 가지 전문 용어에 대해 설명할 필요가 있다. '공중보건'은 인구집단의 건강 상태, 그리고 인구집단의 건강을 개선하기 위한 집합적 노력까지를 포함해 이들의 건강에 영향을 미치는 요인, 이 두 가지 의미로 사용된다. 우리는 이 광범위한 정의를 받아들인다. 그러나 (병원 또는 다른 곳을 통한) 개인을 대상으로 하는 보건의료individual healthcare의 조직적·사회적 역사에 대해서는, 순수한 의학적 '치료therapy'가 단지 최근이 되어서야 우리가 사는 지역의 기대여명을 연장하는 데 유의미하게 기여했다는 토머스 맥퀸Thomas McKeown의 명제◆로만 간단하게 언급할 것이다.[10] 하지만 우리는 의과학과 의학 전문가들이 우리의 이야기에서 탁월한 역할을 수행했다고 주장하게 될 것이다.

부와 건강의 상호 의존성

개인과 집단 모두에서 더 많은 부는 더 나은 건강을 의미한다. 국가 또는 사회집단의 번영과 건강 사이에는 양의 상관관계가 존재한다. 높은 소득과 교육 수준은 거의 모든 형태의 질환 위험을 줄인다. 그러나 소득은 집단이 그들의 건강 보호에 필요한 기본적인 물적 자원을 얻을 수 있는 충분한 경제적 자산을 보장받을 때 건강과 양의 상관관계를 가진다. 세계 여러 나라와 미국의 주州를 대상으로 소득 불평등을 연구한 리처드 윌킨슨Richard Wilkinson은, 특정 사회에서 심한 사회적 격차는 건강에 큰 불평등을 만들 뿐 아니라, 부유한 사람들까지 포함한 사회 전체의 건강 상태(평균 기대여명)에 부정적 영향을 미친다고 보고했다. 윌킨슨은 불평등이 부정적인 사회심리적 영향을 낳으며, 이것은 부유한 계층에서도 그러하다고 주장했다. 그의 결과는 생태학적 오류 가능성과 상대적으로 약한 상관관계 때문에 비판을 받기도 한다. 물론 어떤 설명을 만들어낼 때 하나의 변수를 사용하는 것은 항상 위험하다. 윌킨슨의 연구에서는 특정 조건에 놓인 특정 국가에서 연관관계를 찾을 수도 있는데, 예를 들어 미국의 기대여명은 그 평균 국내

◆ 1970년대 말 토머스 맥퀸은, 결핵 사망률은 치료제가 등장하기 훨씬 전부터 감소하기 시작했으며, 따라서 이는 의학 기술의 발달 때문이 아니라 결핵균의 전염력이 약해졌기 때문이거나 부와 위생, 영양 상태의 개선으로 결핵균에 대한 저항력이 높아졌기 때문일 수 있다고 주장했다.

총생산에 비해 낮다. 복지를 만들거나 그것을 분배하는 방식의 차이에 따라 소득 재분배의 효과가 다르게 나타날 수 있다. 복지 체계와 공중보건 정책 및 제도에 대한 추가적인 분석은 이 이슈를 더 분명히 보여줄 수 있을 것이다.[11, 17]

아픈 사람들은 종종 건강한 이들에 비해 재화나 서비스를 생산하는 데 기여할 능력이 적다. 17세기 후반 및 18세기 유럽의 경제학자들은 인구의 연령별 구성, 그리고 어린이와 성인 노동의 사회적 가치와 어린이와 노년층을 돌보는 데 드는 비용을 비교하는 것과 같은 인구학적 지표들을 산출하기도 했다.[18] 이러한 계산 방식은 냉소적이고 투박해 보이기는 하지만, 생산성이 있는 집단과 의존성이 있는 집단의 비가 국가나 가구에 미치는 영향에 대한 관찰에 기초하고 있었다. 그리고 생산성이 있는 집단의 비가 클수록 모든 이들이 생존을 위한 적절한 생활수준을 누릴 가능성은 더 커진다.

경제학자들과 역사학자들은 건강이 사회 전체에서 중요한 자원이라고 지적해왔다. 어린이와 성인의 사망률이 낮고 연령 구조가 균형 잡힌 건강한 인구집단은 경제성장과 연관이 있다. 1749년부터 신뢰성 높은 인구 데이터를 생산해온 스웨덴의 자료가 이 이론을 설명하기 위해 사용되어오고 있다. 19세기 전반 영아와 어린이의 사망률이 감소할 때 인구는 증가했지만, 이 시기에는 의존적인 어린이 집단만이 늘어났다. 사망률 감소가 지속될수록 불균형이 나타났는데, 이는 증가한 인구집단 내에서 프롤레타리아, 실업자, 빈민의 비중이 커지고 인구집단의 규모와 연관을 가지는 경제성장은 느렸기 때문이다. 유년기에 생존한 최초의 대규모 세대가 단지 소비하는 데 그치지 않고 생산을 할 수 있게 되었을 때 성장이 진행되기 시작했다. 19세기 말에는 더 바람직한 양상이 보이기 시작하는데, 가족계획이 태어나는 자녀의 수를 감소시켰지만 인구집단의 재생산을 위협하는 정도까지는 되지 않았다. 이런 생산/의존 비율의 양호한 양陽의 경향은 지속되었고, 20세기 후반까지 급속한 경제성장으로 뒷받침되었다. 이후 출생률의 감소가 (더는 노동력이 없는 노령 인구의 비율 증가와 결합하여) 이 비율을 떨어뜨렸고, 이와 함께 경제성장률이 천천히 낮아지기 시작했다. 그러나 최근의 몇십 년은 미래를 예측하는 데 도움이 될 만한 경향을 구성하기에는 너무 짧은 기간이다.

인구집단의 연령 구조와 경제성장 간의 높은 상관관계는 중년층의 비중이 클 때 나타나는 경향이 있으며, 급속한 성장의 가장 좋은 예측 요인이다. 이를 설명하는 가설은 그 집단이 교육 수준과 경험 덕분에 더 생산적일 뿐 아니라, 그들이 삶에서 경제 상태가 좋은 단계에 접어들었기 때문이며, 미래의 생산성을 위해 부분적으로 저축과 투자를 해왔기 때문이라고 말한다. 서구의 다른 국가들 및 OECD 국가들과 비교할 때에도 비슷한 결론을 얻을 수 있다. 다만 미국은 예외인데, 지속적인 이민으로 경제성장에 적합한 인구 피라미드를 유지하기 때문이다. 출생률과 이민이 연령 분포에 영향을 미치는 주요 요인이기는 하지만, 건강은 대다수 국가에서 여전히 중요하다.

따라서 자신의 기술과 효용을 번영시키지 못하고 어린 나이에 사망할 경우, 근로 가능 인구집단의 사망률이 높을 경우, 모든 집단(너무 일찍 은퇴하도록 강제당한 노령 인구를 포함)에서 건강이 나쁠 경우, 그 사회의 생산/부양의 비는 낮아지고 투자율과 경제성장률도 점차 낮아지게 될 것이다.[19, 21]

인적 자원으로서의 '문화 자본'

자원에는 비물질적 자원도 있는데, 돈으로 구매하거나 교환할 수 없는 것들, 또는 최소한 그렇게 하기가 어려운 것들이 그렇다. 이것들 역시 공중보건에 의미 있는 영향을 미친다. 이 분야의 연구에 헌신해온 일부 학자들은 이 자원을 **상징 자본**symbolic capital이라고 명명한다. 프랑스의 사회학자이자 철학자인 피에르 부르디외Pierre Bourdieu는 자신이 **문화 자본**cultural capital이라고 묘사한 것에 대해 양육과 삶의 경험으로 제공된 '지식knowledge' 또는 '실천에 의한 지식knowledge by doing', '암묵적 지식tacit knowledge'이라고 설명한다.[22, 24] 그것은 현실 속에서 또는 자신을 둘러싼 사람들의 인식 속에서, 특히 자신이 자칭 엘리트에 속한다면 그 '특별한 사람들'의 특정 맥락하에 있는 지배적인 인식 속에서 "어떻게 일이 만들어지고 작동하는지"에 관한 지식이다. 또한 그것은 어떤 문화, 사회집단, 지역사회에 속하기 위해 알아야 하거나 가져야 하는 사회적 기술을 말한다. 따라서 수학 문제를 어떻게 푸는지를 아는 것부터 저녁 식사 자리에서 적당한 화제를 이야기하는 것이나 상황에 맞는 적절한 옷을 갖추어 입는 것까지, '그들 중 하나'가 되는 데 중요한 것은 무엇이든지 문화 자본이 될 수 있다.

부르디외는 건강이 문화 자본이나 지식에서 얻게 되는 이점(예를 들어 어떻게 자녀를 잘 먹이는지, 또는 어떻게 개인의 건강을 보호하기 위한 유용한 정보에 접근하는지)과 어떤 관계에 있는지에 대해서는 구체적으로 논하지 않았다. 그의 주요 관심사는 어떻게 문화 자본이 ― (체화한) 훈육과 (제도화한) 정규 교육을 통해 ― 적합한 집단에, 적합한 일에, 영향력과 명성에 진입할 수 있게 하는지에 관한 것이었다. 하지만 문화 자본은 가치와 행동 방식에 의해서도 건강에 간접적인 영향을 미친다. 예를 들어 이상적인 신체에 대한 관점은 여러 집단에서 다양하게 인지된다. 역사적으로 신체의 이상적 형태는 수시로 변해왔다. 그 예로 유럽 초상화의 역사를 들 수 있다. 중세풍 그림의 대상은 호리호리한 데 반해, 풍채 있는 인물들이 그려졌던 17~18세기 바로크 시대에는 살찐 몸이 부의 상징이었다. 같은 시기의 민속화에서 농부와 노동자를 상대적으로 왜소하게 그리고 있다는 점이 이를 더욱 돋보이게 한다. 오늘날 과체중은 건강의 주요 문제로서 문화적 인식을 비롯한 많은 요인에 의해 야기되는 것으로 간주된다. 동시에 '비만'과 같은 용어들이 낙인stigma 현상을 조장하기도 하는데, 특정 집단에 대해 무식한 또는 덜 교육받은 자들이라는 꼬리표를 붙이는 것이다.

북미와 유럽에서의 흡연에 대한 태도가 이것의 또 다른 예를 보여준다. 제1차 세계대전과 제2차 세계대전 사이에 흡연은 상류층과 중산층 남성(그리고 나중에는 여성까지)의 '세련된' 습관이었으며, 나중에는 미디어와 상업 광고를 통해 파이프 담배나 코담배 흡연자였던 다른 사회집단에게도 전파되었다. 그러나 대부분의 공중보건 캠페인에서 의학적으로 위해하다고 지적하고 있는 오늘날, 흡연은 '배운 사람들' 사이에서는 상대적으로 드문 현상이 되었으며, 스트레스가 많고 임금이 적은 직업에 종사하는 교육 수준이 낮은 사람들이나 하는 것으로 낙인찍혔다. 이렇게 정의할 경우, 문화 자본은 사람들의 지위, 복지, 건강에 영향을 미치는 적극적 요인이 된다.

인적 자원으로서의 '사회 자본'

문화 자본은 사회적 진공상태에서 형성되지 않는다. 이것은 공식적인 제도와 가족에 의해 제공될 뿐 아니라, 요람에서 무덤에 이르는 동안 만나게 되는 다른 비공식적 집단이나 네트워크에 의해 제공되기도 하는데, 자발적 협회, 교회, 노동조합, 정당, 친교 모임, 이웃, 친구, 직장 동료 등이 그것이다. 문화 자본은 서로 다른 네트워크로의 문을 열고, 서로 다른 네트워크는 서로 다른 형태의 문화 자본을 길러내고 조성한다. 간단히 말해 사회 자본은 한 사람이 태어나 삶을 살아가는 과정에서 여러 네트워크로 이어지는 개인의 연계가 만들어내는 산물이다. 문화 자본과 마찬가지로, 사회 자본도 자원봉사나 무료상담처럼 시간과 노력(투자 또는 '상징적 선물')을 필요로 한다. 물질적 선물이 교환될 수도 있지만, 이것들의 진정한 가치는 (기본적으로) 돈으로 측정될 수 있을 뿐 아니라 상징적 가치로도 측정된다. 사회 자본은 (고립과 반대로) 소속감, 동질성, 보장의 느낌을 갖게 하고, 따라서 더 많은 자신감을 제공한다. 공유된 문화 자본, 동질의 규범과 믿음은 네트워크를 강화하고 구성원의 상호 신뢰에 기여하는 값진 자산이다. 그러므로 네트워크는 가끔 문제가 발생했을 때 도움을 줄 수 있을 뿐 아니라 사회심리적 상태에도 긍정적으로 기여한다. 따라서 '좋은' 사회 자본은 개인 또는 국가의 건강에 이로울 수 있다고 믿을 만한 근거가 분명히 존재한다.

경제 자본은 때로는 손쉽게 '돈을 지불하는 방식으로' 사용되지만, 지불과 동시에 줄어들며 잘못된 투자 때문에 소진될 수도 있다. 문화 자본과 사회 자본 역시 투자를 필요로 하지만, 이것들은 사용해도 줄어들지 않는다. 따라서 사회 자본과 문화 자본은 개인과 사회를 위한 '지속 가능한' 자산이다. 하지만 이 말은 사회조직에 문제가 있을 때에도 개인이나 집단 또는 사회 전체의 사회 자본이 상처를 입거나 줄어들거나 사라지지 않는다는 의미는 아니다.

사회 자본, 공동체, 정부, 그리고 건강

부르디외에 따르면, 개인과 집단은 살아가는 데 필수적인 이익을 챙기고 한 세대에서 다른 세대로 영향력과 지위와 권력을 재생산하도록 돕기 위한 수단으로 다양한 형태의 자본을 사용한다. 미국의 정치학자 로버트 퍼트넘Robert Putnam은 지역사회, 사회적 네트워크, 그리고 그것들이 정치적 삶과 경제 발전에 미치는 영향에 관심을 가졌다.[25] 그는 두 가지 형태의 사회 자본에 대해 이야기했다. 첫 번째는 **결속형 사회 자본**bonding social capital으로, 사회적·문화적으로 동질한 집단에서 주로 나타나며 이 네트워크의 첫째 목적은 일원들의 동질성과 이익을 강화하는 것이다. 유럽 근대 초기 기술자들의 길드guild가 결속형 사회 자본의 전형적인 예인데, 그들은 길드를 통해 자신들의 이익을 방어하고 다른 이들을 특권에서 배제했다. 부르디외의 문화 자본과 사회 자본은 결속형 사회 자본의 형태로 가장 많이 관측된다. 그런데 퍼트넘에 따르면, **연결형 사회 자본**bridging social capital을 만드는 네트워크도 존재한다. 이 네트워크는 한정된 목표를 가지는 덜 동질적인 집단으로 이루어지며, 세부적인 가치에도 중점을 덜 둔다. 예를 들어 지역사회의 시민들은 자기 자녀들이 이용하는 놀이터나 스포츠 클럽을 맡아 돌본다. 그들의 연결 속성은 사람들을 한데 모으게 하고, 더 큰 사회에 공동으로 소속되어 있다는 느낌을 키우며, 다른 집단, 다른 가치, 다른 생활방식에 열린 마음가짐을 갖도록 분위기를 만든다. 이런 네트워크는 꼭 지역을 기반으로 하지는 않으며, 전 국민 수준의 연합도 가능하다. 퍼트넘은 연결형 사회 자본이 정치적 참여, 지역사회 신뢰, 경제 발전, 더 나아가 건강에도 필수적인 요소라고 주장했다.

스웨덴의 정치학자 보 로스테인Bo Rothstein은 사회 자본이 시간의 경과에 따라 그 형태가 변화하기는 하지만, 적극적인 정부에 의해 강화될 수 있다고 주장했다.[26] 마이클 울콕Michael Woolcock, 스티븐 쿠니츠Stephen Kunitz 같은 이들도 이와 비슷한 생각을 했다.[27, 29] 영국의 역사학자 사이먼 스레터Simon Szreter는 각기 다른 형태의 사회 자본들의 기능과 그 영향에 대해 이야기했다.[30, 31] 그는 결속형 사회 자본과 연결형 사회 자본의 차이를 부정하지는 않지만, 결속형 사회 자본의 부정적 영향의 가능성에 더 무게를 둔다. 다른 이들을 배제하려는 목적을 가진, 심지어 자신들이 싫어하는 구성원 일부에 대해 조치를 취하려는 조직이나 네트워크의 사례들이 관찰되기 때문이다. 이런 사람들의 활동은 사회에 도움이 되지 않는다. 한편 비공식적 엘리트 결속을 통해 부르디외가 밝혀낸 권력의 재생산도 함께 고려되어야 한다.

스레터는 **연계형 사회 자본**linking social capital을 만들어내기 위해 노력한 정부와 단체들의 의지와 시도를 강조한다. 이 세 번째 형태는 사람 간의 연대라는 일반적인 이데올로기를 공유하는 네트워크, 협회, 조직 내에 존재한다. 결속형 사회 자본과 연결형 사회 자본은 '횡적'으로 작용하지만, 연계형 사회 자본은 '종적'으로 작용하여 '가진 자'가 '못 가진 자'를 돕는다. 스레터의 관점에 따르면, 모든 수준의 정치적·공적 당국은 이 연계형 사회 자본에 참여할 수 있다. 이것은 사회 전체에 진정으로 혜택이 돌아가기 위해서는 비공식적 네트워크와 자발적 단체들이 단지 자신의 이익만을 대변하는 것이 아니라 동시대의 시민들을 위한 연민을 가지고 행동해야 한다는 것을 의미한다. 스레터가 제시하는 역사적 근거는 그의 조국인 영국의 19세기를 관찰해 얻은 것이다. 그는 이전의 자유방임주의laissez faire 정책이 (부유층만이 아닌 국가 전체에 혜택이 돌아가는) 공중보건과 복지 개혁으로 이동하는 것을 관찰했다. 여기서 스레터는 자신이 관측한 것이 다른 사회, 다른 역사적 시기에도 부합한다고 주장한다. 정부와 조직이 이런 가치를 불어넣고 강화하지 못한다면, 신뢰와 안전 수준은 떨어지고 시민들이 배제적 형태인 결속형 사회 자본으로 향하도록 부추기게 될 수도 있다.

이 관점에 따르면, 정치와 공적·사적 제도는 필요로 하는 사람들을 위한 가치 있는 사회 자본을 만들 수도 있고, 반대로 훼손할 수도 있다. 하지만 그 과정에서 무엇보다 중요한 부분을 차지하는 것은 이데올로기일 것이다. 결론적으로 공식·비공식 제도들은 다음과 같은 것에 영향을 미칠 수 있다.

- 경제 자본의 재분배
- 문화 자본의 형태, 양과 질, 재분배
- 사회 자본의 형태, 세기, 재분배
- 정치 자본의 세기, 재분배
- 보건의료와 건강 관련 서비스의 양과 질, 재분배

각각의 사례에 대해 질적인 평가가 필요하지만, 이 책에서 우리는 '사회 자본'을 예측을 위한 일반 이론의 한 핵심 요소로 보기보다는 분석적 개념으로 보려 한다. 다시 말해 다양한 형태로 존재하는 사회 자본은 개인 또는 집단의 복지와 건강에 여러 가지 긍정적·부정적 결과를 낳을 수 있다. 이것들의 함의는 시간과 공간의 특정 맥락과 조건에 달려 있다.

인적 자원과 건강: 요약

사회조직은 특정한 역학적 환경 아래에서 경제 자본, 문화 자본, 사회 자본이 사회심리적·생의학적 메커니즘과 상호작용하는 과정을 통해 인간의 건강에 영향을 미친다. 사회적·경제적 변화는 이러한 과정에 개입하고 개인이나 인구집단의 건강을 좋게 또는 나쁘게 만든다. 서로 다른 인적 자원을 단순한 하나의 모형에 집어넣을 때, 우리는 건강을 첫 번째 자원 또는 자본으로 간주해야 한다. 우리는 건강이 개인에게 중

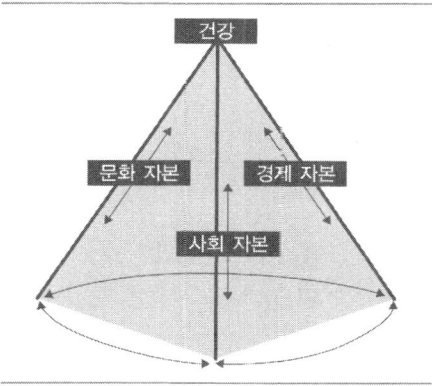

그림 1-2 | 건강과 경제 자본, 문화 자본, 사회 자본

자료: Jan Sundin.

요한(때로는 제일 중요한) 자원일 뿐 아니라 건강한 인구집단이 가정, 지역, 국가의 부에 필수적이라고 결론지었다. 건강이 나쁘다는 것은 생산성이 낮다는 것을 의미하고, 지불 주체가 개인, 가정, 지역사회, 정부, 그 누구든지 간에 치료와 처치에 더 많은 비용을 내야 한다는 것을 뜻한다. 하지만 건강이 지켜진다면 노동과 돈은 사람의 안녕에 필요한 다른 시급한 항목에 쓰일 수 있다.

경제·문화·사회 자본은 여러 가지 방식으로 건강을 강화하며, 반대로 건강 역시 한 개인에게 이런 수단을 획득할 수 있도록 돕는 자원이 된다. 〈그림 1-2〉는 개인, 사회집단, 국가의 분석적 요소들을 보여준다. 건강 또는 세 기둥 중 하나를 강화하면 피라미드의 다른 부분까지도 강화하는 긍정적 과정이 시작될 수 있다. 네 가지 요소 중 하나가 심각하게 약화된다면 나머지 셋에도 부정적 영향이 미치고, 때로는 악순환이 발생해 피라미드 전체가 무너질 수 있다. 피라미드는 사회에 그 근간을 두고 있고, 사회는 이것을 둘러싸고 있으며 건강에도 영향을 미친다. 만약 (경제적·정치적 요인에 의한) 사회 변동이 일어나면 그 사회 자체에 긍정적이거나 부정적인 영향

을 미치는 과정이 밖으로부터 시작될 수 있다. 종종 거시적 수준에서의 정체 모를 힘이 이 과정을 주도하는데, 19세기 초 스웨덴의 농업 변화로 인구가 증가한 것이 그 한 가지 예이다. 이 사례는 나중에 (이야기의 후반부에서) 다루게 될 것이다.

사회 변동, 젠더와 건강

사회 계급만이 건강과 연관을 가지는 것은 아니다. 건강 수준의 유의한 차이는 남성과 여성 사이에도 보이는데, 이에 대해 추가적인 논의가 필요하다. 오늘날 현대사회에서 공식적으로 인정된 질병(예를 들어, 질병 보험 데이터에 기록된 것)과 자신이 평가하는 건강 문제, 두 가지 모두가 동년배의 성인 남성보다 여성에서 더 많이 보고된다. 이런 경향은 20세기 초의 역사적 연구에서도 나타난다. 이에 대한 해석이 몇 가지 존재하는데, 그중 하나는 생물학적·환경적 요인 때문에 두 성별의 질병 전개가 다르다는 것이다. 또 다른 설명은 여성이 자신의 질병을 표현하는 경향이 더 강하다는 것이다. 즉, 여성이 공식적 보건의료 서비스를 더 자주 찾고 병가를 더 자주 내며 설문지에 더 잘 반응한다는 것이다. 하지만 신뢰할 만한 자료에 기반을 둔 만족스러운 해석을 찾기란 쉽지 않다. 오랜 역사에 걸쳐 남성의 사망률은 여성의 사망률보다 항상 높았으며, 이것은 어린이(특히 신생아)와 성인 모두에서 마찬가지였다. 그런가 하면 문화나 사회 시스템이 여성 인구를 차별적으로 대하는 지표가 종종 관측되는데, 예를 들어 (영아 살해까지 갈 만큼) 여아를 기피하거나 여성에게 가혹한 삶의 조건이 주어지는 경우가 그렇다.

어떤 학자도 두 성별의 건강 차이가 생물학적 요인 때문일 수 있다는 점을 부인하지는 않는다. 그 예로, 유년기에 남자아이가 여자아이보다 높은 사망률을 보이는 것은 남자아이의 폐가 덜 발달해서이거나 여자아이가 X 염색체를 쌍으로 가지고 있어 감염으로부터 더 잘 보호되기 때문이라고 설명해왔다.[32] 출산 시의 합병증은 산모의 사망을 일으키기도 하는데, 한때 이것이 스웨덴의 15~45세 여성의 중요한 사망 원인이었고, 위생이 열악한 사회나 보건의료 체계가 덜 발달한 사회에서는 여전히 이것이 문제가 되고 있다. 그러나 성인 여성의 사망률은 적극적인 임신·출산 시기를 제외하고는 일반적으로 동년배 남성의 사망률보다 낮다.

비록 생물학적 요인들이 일부 차이를 설명하기는 하지만, 나타난 많은 근거 중 대부분은 남성과 여성의 불평등한 사회적·문화적 역할이 원인이 된 것이다. 남성과 여성의 사망비는 시·공간과 연령대에 따라 다양한 경향을 보인다. 많은 문화권에서 남성과 여성의 절대 사망률absolute mortality rate과 절대 사망률의 남성/여성 비는 혼인하지 않은 집단에 비해 혼인한 집단에서 더 낮다. 그리고 이 차이는 도시 지역에서 더 빈번히 나타난다(설령 이 차이가 시간과 사회적 환경에 많이 좌우된다 해도 말이다). 더 나아가 이 변이는 사회적·문화적 배경이 남성과 여성의 생존율에 다르게 영향을 미치며, 심지어 동일한 사회적·경제적 집단 내에서도 그러하다는 결론을 뒷받침한다.

남성과 여성에게 사회적·문화적으로 구축된 역할, 위치, 자원을 말하는 젠더는 서로 다른 형태의 개인 인적 자원('자본')을 이해하기 위해 고려되어야 한다. 셰일라 라이언 조핸슨Sheila Fyan Johansson은 '긍정적 권리'와 '부정적 권리'라는 두 개념을 사용하여, 이것들의 역할과 자원이 어떻게 건강에 영향을 미치는지에 대한 이해를 돕는다.[33] 권리는 젠더 역할에 따라 남성과 여성에게 주어진 특권과 경제·문화·사회 자본의 형태로 나타난다. 긍정적 권리는 건강을 향상하는 자원이다. 우리가 다른 형태의 자본들을 정의하면서 강조했듯이, 이것은 옷, 좋은 집, 음식을 사는 수단, 건강에 좋고 나쁜 음식이나 기호품(마약, 주류, 담배)에 대한 지식, 그리고 문화적·사회적 환경과 훈육 덕분에 '선물로 받은' 습관 등이 될 수 있다. 반대로 부정적 권리는 너무 많은 식량을 소비하거나 건강에 해로운 약물을 사게 될 가능성들로 구성된다. 그런 의미에서 젠더와 건강은 특정한 문화적·사회적 맥락과 연관된 긍정적·부정적 권리의 복잡한 결합체가 되었다.

일반적으로 남성은 여성보다 경제 자본에 대해 더 큰 통제력을 지니는 경우가 많은데, 직접적으로는 사적 소유물의 주인이 되거나 그들의 사업 및 정치에서 가지는 지배력을 통해 간접적으로 행사한다. 그런데도 남성의 사망률이 여성보다 높은 것은 건강에 부정적인 젠더 요인들이 원인이 되기 때문이다. 남성의 역할과 자원은 그들을 더 많은 위험(전쟁, 교통사고, 무분별한 생활습관)에 놓이게 한다. 당시 여성의 낮은 사회적 지위, 그리고 어린이와 가정의 주요 돌봄 제공자로서의 여성의 이미지는 때로 그들이 식량이나 다른 물적 재화에 접근하는 것을 제한하고 동시에 더 조심스러운 생활 습관을 지니도록 만든다.

왜 독신인 사람, 특히 독신 남성이 기혼자보다 기대여명이 더 짧은지를 설명하는 한 가지는 **선택적 요인**selective factor이다. 선택적 요인의 설명에 따르면, 그들이 결혼하지 못하거나 이혼하게 된 것은 건강이 나쁘거나 결혼 시장에서 덜 매력적인 존재이기 때문이다. 이 요인은 부분적으로 진실일 수 있으며, 특히 건강한 남성의 생활습관은 결혼 여부와 직접적으로 양의 상관관계를 가진다. 음주 문제나 다른 위험한 행태를 지닌 남성은 배우자를 찾는 데 성공하기 힘들거나, 그들처럼 건강에 무관심한 태도를 보이는 배우자를 만날 가능성이 높다. 미혼자(특히 남성)의 사망률은 20세에서 45

세 사이에 증가하는 경향이 있는데, 이것은 덜 건강한 사람이 결혼 시장에서 '남겨진 존재'가 된다는 의미일 수 있다. 배우자를 잃은 남성 또는 여성의 높은 사망률은 그들 자신과 배우자 둘 다에게 해당하는 부정적 요인에 의한 것일 수 있다.

미혼자/기혼자의 사망비가 모든 연령대에서 증가하는 것은 '지연된 사망 효과 delayed mortality effect' 때문이기도 하다. 지연된 사망 효과란 결혼하지 않아서 또는 이혼하거나 미망인이 되어 생기는 정신적 외상에 따른 사회심리적 문제에서 나온 효과를 말한다. 현대 사회학의 아버지인 에밀 뒤르켐 Émile Durkheim은 결혼이 남성의 **사회통제**를 강화하고 이들에게 가족의 부양자이자 보호자로서의 **책임감**을 부여한다고 주장했다.[34] 결혼 의식은 더 긍정적인 사회적 역할과 지원적 네트워크로의 진입을 의미한다. 뒤르켐의 시각으로 볼 때 결혼은 개인 자산을 넘어서는 삶에서의 긍정적인 목표라는 의미를 제공한다. 전통에 따라 여전히 많은 여성이 결혼하기 전부터 배우자를 돌보고 책임지는 사람이 되도록 교육받는다. 여성들은 어린 나이부터 매일매일의 생존에 필요한 자제심과 실용적 기술을 익힌다. 역사적 연구와 현대의 연구들 역시 남성이 '사업적 분야 business side'를 담당하는 동안 여성은 가정의 사회적 네트워크에서 가장 사적인 부분을 '관리'하는 것으로 보고해왔다. 위기 시기에 여성은 해결책을 마련하고 상황을 개선하는 데 (남성보다) 더 많은 능력을 가지는 것으로 보이며, 이는 종종 다른 여성들과의 협력 속에서 이루어진다.

결혼 시장에서의 선택과 결혼이 가져다주는 혜택, 두 가지 모두 기혼자들의 낮은 사망률에 대한 그럴듯한 해석이다. 시간과 공간에 따른 편차가 존재하는 것은 각기 다른 사회적·경제적·문화적 조건이 젠더 차이에 영향을 미친다는 것을 보여준다. 단기적 관점에서 급속한 변화는 종종 남성의 기대여명에 더 부정적인 결과를 낳는다. 많은 사회에서 성공한 남성은 경제적으로 부유해야 하고, 여성을 만나 아이를 가지며 가정을 보호하고 유지해야 한다. 이 역할에 맞는 생활을 하지 않는 것은 사회 자본의 결핍을 의미한다. 이는 왜 사회적 격변기에 성인 남성의 사망률이 증가하는지, 특히 취약한 사회 네트워크를 가진 미혼 남성에게서 그러한지를 설명할 수 있다. 그들은 자신의 부족함을 보상하기 위해 약물, 알코올 중독, 폭력 등의 하위문화와 관련이 있는 위험을 무릅쓴다. 그러므로 사회적·의학적 문제가 남성이 노동시장에서 자신의 입지를 가질 때나 결혼 적령기에 나타나기 시작한다는 추론은 논리적이다. 사회 변화가 빈번하게 일어나는 도시 지역에서 그 변동은 다른 지역으로부터의 이주, 정착의 어려움, 익명성,◆ 건강에 대한 규범과 선택의 혼재 등의 형태로 나타나는데, 이러한 곳에서 일부 남성 집단은 쉽게 밀려나게 된다.

소결

지금까지 이야기한 분석적 개념들과 관점들은 주로 현대의 연구와 사고의 결과물이다. 여전히 우리는 구체적인 맥락하에서 생겨난 조건에 관심을 기울이는 것이 과거의 사건과 패턴을 이해하는 데 도움이 된다고 생각한다. 그리고 사회의 물적 자원이 언제나 그 사회 시민의 복지와 건강의 중요한 결정 요인이라고 본다. 이 자원들의 지속적인 재분배는 승자와 패자를 양산한다. 그러나 이런 변화는 사회적 진공상태에서 일어나는 것이 아니

◆ 익명성은 지역적·혈연적 결합의 붕괴로 사회통제가 미치지 않는 도시 사회에서 가장 뚜렷하게 나타나는 현상 중 하나이다.

다. 기본적인 경제적 조건 이외의 다른 요인들도 중요하다. 문화 자본이나 사회 자본 같은 개념은 사람들의 안녕과 생존을 돕는 사회적 관계와 메커니즘을 밝히는 데 도움이 된다. '연계형 사회 자본'은 지방과 중앙, 공공 부문과 민간 부문에서 이념, 정책, 제도가 어떤 역할을 하는지 이해하는 데 도움이 되는 개념이다. 인간 경쟁의 장은 흔히 '계급' 또는 '사회집단'으로 묘사된다. 하지만 개개인의 건강 분포를 분석할 때 똑같이 중요하게 다루어야 하는 사회관계들도 존재하는데, 젠더가 바로 그 예이다.

최종적으로 우리는 '권력', 즉 개인에 의해 사용되거나 다른 개인들, 집단, 사회가 한 개인이나 한 집단에 불리하게 행사하는 권력이 누가 사회의 혜택을 받을 수 있는지에 영향을 미칠 수 있다는 피에르 부르디외의 의견에 동의한다. 문화·사회 자본에 대한 부르디외의 분석은 더 복잡한 형태의 권력 또는 영향력이 프랑스 엘리트를 대변하는 상대적으로 폐쇄적인 '사회적 장social field' 내에서 세대 간 이전을 통해 재생산될 수 있다는 사실에 관한 그의 호기심에서 비롯한 것이다. 결국 그는 권력과 영향력은 모두 이들이 권력을 가지기 위해 자원을 생산하는 수단이라고 보았다. 따라서 권력은 모든 개인이나 집단에 동등하게 분배되지 않으며, 더 많은 자원은 더 많은 권력을 낳는다. 제도는 공공연하게 또는 은밀하게 개인에게 권력을 행사할 수 있다. 제도는 개인 자신 또는 다른 이들이 건강하고 부유한 삶을 영위할 수 있는 가능성을 높이거나 감소시킨다. 금전, 지식, 사회적 보호와 같은 자원의 상대적 결핍도 건강 상태가 좋을 수 있는 가능성을 줄인다. 현대 공중보건 정책이 사람들에게 자신의 생활 조건과 건강을 개선할 수 있도록 하는 전략인 '역량 강화empowerment'를 강조할 때 동시에 '역량 축소disempowered' 집단의 존재도 함께 확인된다.

이런 관점들을 염두에 두면서 다음 장에서는 죽음과 질병에 대항하기 위한 공적 조직화의 시도가 남부 유럽에서 스웨덴으로 전해졌던 근대 초기로 돌아가 볼 것이다.

1장 참고문헌

[1] Sundin J, Hogstedt C, Lindberg J, Moberg H, eds. Svenska folkets hälsa i historiskt perspektiv [The health of the Swedish people in a historical perspective]. Stockholm: Swedish National Institute of Public Health; 2005.

[2] Chopra M, Sundin J, Willner S, eds. Health and Social Change. Past and Present Evidence. Hygiea Internationalis 2004;4(1). Published electronically at: http://www.ep.liu.se/ej/hygiea/.

[3] Guteland G, Holmberg I, Hägerstrand T, Karlqvist A, Rundblad B. Ett folks biografi: befolkning och samhälle från historia till framtid [The biography of a people – past and future population changes]. Stockholm: Liber; 1983.

[4] Bourdelais P. L´âge de la vieillesse: histoire du vieillissement de la population. Paris: Éditions Odile Jacob; 1997.

[5] Boserup E. The conditions of agricultural growth: the economics of agrarian change under population pressure. London: Allen & Unwin; 1965.

[6] Cypher J, Dietz J. The Process of Economic Development. London: Routledge; 1997.

[7] Omran AR. The epidemiological transition theory revisited thirty years later. World Health Statistics Quarterly 1998;51:99~119.

[8] Omran AR. The epidemiological transition: a theory of the epidemiology of population change. The Milbank Memorial Fund Quarterly 1971;49:509~538.

[9] Vallin J, Meslé F. Convergences and divergences in mortality. A new approach to health transition. Demographic Research, Special Collection 2004;2:1~44.

[10] McKeown T. The dream of medicine: dream, mirage or nemesis? Princeton: Princeton University Press; 1979.

[11] Kawachi I, Kennedy BP, Glass R. Social capital and self-rated health: a contextual analysis. American Journal of Public Health 1999;89(8):1187~1193.

12. Leon DA, Walt G, Gilson L. Recent advances: International perspectives on health inequalities and policy. BMJ 2001;322:591~594.

[13] Marmot M, Wilkinson R, eds. Social determinants of health. Oxford: Oxford University Press; 1999.

[14] Wilkinson RG. Unhealthy societies: the afflictions of inequality. London: Routledge; 1996.

[15] Mackenbach JP. Income inequality and population health: evidence favouring a negative correlation between income inequality and life expectancy has disappeared. BMJ 2002;324:1~2.

[16] Wilkinson RG. The impact of inequality: How to make sick societies healthier. New York: The New Press; 2005.

[17] Marmot M, Siegrist J, eds. Social inequalities in health: new evidence and policy implications. Oxford: Oxford University Press; 2006.

[18] Johannisson K. Det mätbara samhället: statistik och samhällsdröm i 1700-talets Europa [Society in numbers: statistics and utopias in 18th century Europe]. Stockholm: Norstedts; 1988.

[19] Hertzman C, Siddiqi A. Health and rapid economic change in late twentieth century. Social Science Medicine 2000;51:809~819.

[20] Lindh T, Malmberg B. Age structure effects and growth in the OECD, 1950~1990. Journal of Population Economics 1999;12:431~449.

[21] Lindh T, Malmberg B. Population change and growth in the Western world, 1850~1990. Working paper for SSHA Conference 2000.

[22] Bourdieu P. Le capital social: notes provisoires. Actes de la Recherche en Sciences Sociales 1980;31:2~3.

[23] Bourdieu P. The forms of capital. In: Richardson J, ed. Handbook of Theory and Research for the Sociology of Education. New York: Greenwood; 1985.

[24] Bourdieu P. Raisons Pratiques. Sur la théorie de l'action. Paris: Éditions du Seuil; 1994.

[25] Putnam R. Bowling alone: the collapse and revival of American community. New York: Simon & Schuster; 2000.

[26] Rothstein B. Social capital in Scandinavia. An introduction. Scandinavian political studies 2003;26(1):1~26.

[27] Woolcock M. Managing risk, shocks, and opportunity in developing economies: the role of social capital. In: Ranis G, ed. Dimensions of development. New Haven Connecticut: Yale Center for Int. and Area Studies; 2000.

[28] Woolcock M. Using social capital: getting the social relations right in the theory and practice of economic development. Princeton: Princeton University Press; 2002.

[29] Kunitz S. Accounts of social capital: the mixed health effects of personal communities and voluntary groups. In: Leon D, Walt G, eds. Poverty, inequality and health. An interna-

tional perspective. Oxford: Oxford University Press; 2001.
[30] Szreter S. The state of social capital: bringing back in power, politics and history. Theory and Society 2002;31(5):573~621.
[31] Szreter S. Health and wealth: Studies in medical history. Rochester, New York: University of Rochester Press; 2005.
[32] Waldron I. Sex differences in human mortality: the role of genetic factors. Social Science Medicine 1983;17(6):321~333.
[33] Johansson SR. Welfare, mortality and gender: continuity and change in explanations for male/female mortality over three centuries. Continuity and change 1991;6(2): 135~177.
[34] Durkheim É. Le suicide. Paris: Presses universitaires de France; 1991.

2장

계몽주의 시대 이전

신의 손안에서의 삶과 죽음

1. 서론

오랜 세월 스웨덴은 도시 거주자가 매우 적은 농업사회였으며, 수렵과 고기잡이를 통해 자연이 그들에게 제공한 것에 의지하며 살던 시절도 있었다. 15세기에 5,000명 이상이 거주하는 도시는 수도 스톡홀름Stockholm뿐이었다. 이 수는 17세기가 시작되던 때에 9,000여 명에 다다랐다. 그 후로 상업 부문이 팽창하고 국제·국내 무역이 성장하는 등 발트제국Balt諸國의 수도 기능을 수행하면서 스톡홀름의 인구는 17세기 중반에 5만 명까지 늘어났다. 하지만 이후 100년 동안 성장이 정체했고, 18세기 중반까지 인구는 6만 명 정도에 그쳤다. 17세기 말 남쪽의 말뫼Malmö(1750년 약 5,000명)와 남서쪽의 예테보리Göteborg(1750년 약 1만 명)가 오늘날의 스웨덴 국경 내에서는 가장 중요한 지방 도시였다. 다른 소도시town들은 도시city라기보다는 큰 마을과 같았으며, 향토 수공예, 무역, 시와 교회 행정 관리가 주를 이루었다.

2. 국가, 교회, 국민

넓은 토지에 거주하는 귀족 계층이 중세 시대에 등장했지만, 이들은 인구의 1%도 되지 않았다. 귀족은 성직자(극소수), 소도시 주민(인구의 1~2%), 인구 대다수를 차지한 농부와 함께 네 개의 계급 중 하나가 되었다. 각 계급은 특별한 경제적 특권을 가졌고 점차 '국회'의 네 구성원 중 하나로 인정받게 되었다. 1750년 당시 (오늘날의 국경 내에서) 180만 명도 되지 않는, 인구가 희박한 나라에서 강력한 중앙정부를 확립하기란 쉬운 과제가 아니었다. 중세 시대의 일상은 비공식적으로 관리가 이루어지거나, 교회나 **팅**ting (지역 판사가 모든 자영농을 대상으로 이끄는 시골의 지방법원), **로드스투가** rådstuga(소도시에 위치한 지방법원) 등과 같은 지방 조직에 의해 관리되었으며, 간혹 드물게 왕권이 개입되기도 했다. 질병이 발생하더라도 전통의학적 믿음의 틀 안에서 다루어지거나 수도원을 통해 치료가 이루어졌다. 당시 '공중보건'은 이론적으로나 실제적으로나 여전히 미지의 개념이었다.

1520년 구스타브 바사Gustav Vasa(구스타브 1세)가 덴마크 왕 크리스티안 2세 Christian II에게 거둔 승리로 덴마크와의 연합이 종결되었지만, 두 번의 내전과 몇 차례 전투를 통해 외부의 적에게서 가문의 왕권을 공고히 확립하는 데에는 거의 한 세기가 걸렸다. 구스타브는 1560년에 사망했고, 그의 아들 에리크 14세Erik XIV가 뒤를 이었다. 10년도 못 되어 에리크는 강압적으로 폐위되어 투옥되었고, 그의 동생인 요한 3세Johan III로 교체되었다. 요한은 폴란드의 왕도 겸했던 그의 아들 시기스문드Sigismund에게 왕위를 물려주었다. 그러나 시기스문드는 가톨릭 신자였고, 종교 문제는 또 다른 내전이 일어나는 원인이 되었다. 1593년 웁살라 교회 회의Uppsala Synod에서 스웨덴은 이제부터 영원히 프로테스탄트 국가라고 선언했고, 구스타브의 셋째 아들 칼 9세Carl IX가 왕좌에 올랐다. 이것이 종교적 정통파 시대의 시작이었다. 덴마크의 왕들이 여전히 자신들을 진정한 계승자로 자처하고 있었지만, 칼 9세와 그 아들인 구스타브 2세 아돌프Gustav II Adolf는 왕권 강화에 노력했다. 스웨덴 교회가 헤게모니를 유지하기 위해 왕을 필요로 했다면, 왕 또한 그들의 이념적 지원이 필요했다. 17세기 말 이 관계는 왕에게 매우 유리한 쪽으로 기울었다. 칼 11세Carl XI와 칼 12세Carl XII는 자신들이 신이 인정하는 세속적 국가와 교회 둘 다의 확고한 군주라는 교리를 확립했다.

그 시기에 국가와 교회는 교구 수준에서 매우 분명한 관계를 가지고 있었다. 교구 목사가 이끌었던 교구 모임과 장로회의 의사록은, 이들 조직이 세속적·종교적 문제를 다루었으며 왕과 주교 둘 다의 명령을 집행했다는 것을 보여준다. 물론 이따금 이익의 충돌이 일어났다. 만약 국가의 기본적 이익과 요구가 위태로울 때에는 명령과 무력을 행사할 수 있었다. 그러나 대부분의 경우에는 이해의 공유, 협상과 타협을 통해 시스템이 작동하도록 하는 것이 더 효과적이었다. 국가, 교회, 국민의 삼각관계는 두 세기 이상에 걸쳐 지방정부의 형태로 확립되었다.

북유럽의 강국이 되어 그 위치를 유지하려는 스웨덴의 야망은 강한 군대 외에도 관료 체계의 성장을 필요로 했다. 이것은 구스타브 1세의 치세(1523~1560년)가 시작되자마자 나타났다. 그의 손자인 구스타브 2세 아돌프와 수상 악셀 옥센셰르나Axel Oxenstierna는 왕이 임명한 대표들에 의해 관리되는 (오늘날 중앙위원회와 지방정부 당국에 해당하는) 행정부의 규모와 범위를 현대화하고 확장하는 일을 계속했다. 이들은 2,000개 이상의 교구와 읍에서 목사, 농부, 시민과 함께 교회와 세속의 일상적 문제를 처리했다.

실제로 국가의 모든 경제적 자원은 중앙 관료 체계와 (특히) 전쟁 비용에만 쓰여야 했으며, 건강과 사회복지 정책을 위해서는 거의 사용되지 않았다. 개혁 시대 이전, 교회는 병자와 극빈자를 돌보는 중세 시대의 기관에 재원을 지원하고 이를 관리했다. 교회 재산에 대한 왕의 '국유화' 및 수도원 폐쇄와 함께 이들 기관은 국가 기관으로 교체되면서 16세기에 점차 사라졌다. 그러나 그다음 세기 흑사병이 창궐하던 시기에 중앙 당국은 검역에 착수하고 예방 수단을 강구하기 위해 행정 체계를 이용했다. 위생 수단을 동원하고 각종 활동을 시도하는 과정이 때로는 너무 늦어 감염이 창궐하기도 했지만, 전염병에 대항하는 싸움은 계속되었고, 이는 19세기 읍과 도시들을 파괴하던 유행병에 대항하는 대표적인 활동 모형 가운데 하나가 되었다. 그것은 죽음과 질병을 예방하기 위해 사회가 책임과 능력을 가지고 새롭게 접근하는 방법의 상징이 되었다.

중앙정부가 성장하여 생긴 효과 중 잘 알려진 것은 의료 분야의 행정적 전문주의가 확대된 것이다. 1663년에 **의사협회**Collegium Medicum가 설립되었는데, 처음엔 의료 전문직의 명성을 유지하고 엉터리 치료를 근절하기 위해 만들어진 사적인 전문직 연합이었다. 그러나 시간이 지나면서 이들이 수행해야 하는 정부의 지시가 점차 늘어났다. 이 조직은 18세기에 확대되었고, 최초의 정관이 1744년에 지정되었다. 우리는 17세기 초부터 정부로부터 급료의 일부를 받는 소수의 지방 의사가 존재했다는 사실을 확인했다. 1686년 의사협회는 스톡홀름에서 '전통 조산사traditional birth attendant'로 알려진 이들을 관장하기 위한 최초의 통치 법령을 만들었다. 이것은 수도에 있는 조산사들의 훈련 과정과 관련 규정을 담고 있었다. 지방의 보건의료에서 이 조직의 크기는 보잘것없었는데, 소수의 지역 의사가 광대한 지리적 영역을 책임져 오랫동안 극소수의 주민만이 서비스의 혜택을 받을 수 있었다. 그러나 협회들은 훗날 공중보건 지식과 정책을 위한 중요한 역할을 수행하는 기관이 성장하는 데 기반이 되었다.

3. 전쟁

젊은 남성에게 군인이 되어 전쟁터에 나간다는 것은 매우 위험한 운명이었다. 지난 150년에 걸친 역학적 격변기epidemiological revolution 이전에는 과밀한 군대 막사와 열악한 위생 조건이 공기, 물, 음식, 또는 쥐, 벼룩, 이를 통한 감염의 확산을 촉진했다. 그 결과 발진티푸스, 회귀열, 이질, 장티푸스, 천연두와 같은 전염병이 유행했다. 심지어 말라리아와 나병도 발생했다. 흑사병의 경험에서 보았듯이, 장거리 무역은 감염성 질환의 중요한 전달 경로였다. 치명적인 유행병의 확산을 야기하는 가장 명백한 두 가지 요인은 전쟁과 흉작이었다. 일반적으로 전쟁 시기에 사망률이 극적으로 치솟은 것은 전쟁터의 사망자 때문이 아니었다. 그보다는 군인들이 주둔하는 시설의 열악한 환경이 이질과 장티푸스 등 음식 및 수인성 질환을 야기했고, 감염된 이를 통해 확산되는 발진티푸스나 회귀열 등이 유행할 수 있는 훌륭한 토양을 제공했기 때문이다.

중세 스웨덴에서도 몇 번의 파괴적인 전쟁이 있었지만, 동원할 수 있는 군사 자원의 수는 제한적이었다. 그러나 16세기에 중앙집권적 국가가 탄생하면서 왕은 더 많은 징집병을 동원하고 더 많은 세금을 걷으며 더 큰 함대를 만들고 더 많은 용병을 고용하며 더 오랫동안 전쟁을 치를 수 있었다. 군대 규모가 커지고 군영에서 장기간을 보내게 되면서 유행성 질병의 적합한 서식지가 생겨나 파괴적인 결과를 낳았는데, 16세기 말 핀란드 영토에서 벌어졌던 스웨덴과 러시아의 전쟁 기간에 있었던 일들이 그 예이다. 상황은 17세기에도 개선되지 않았다. 수많은 전쟁으로 점철된 이 시기에 국가가 참여한 가장 긴 장기전은 30년 전쟁이었다. 극단적인 예로 스웨덴 북부의 교구인 뷔그데오Bygdeå를 들 수 있다. 1620~1630년대 이 지역 교구에서 징집되어 전쟁터로 보내진 군인의 약 95%가 전사했다.[1]

4. 흑사병

유럽의 주변부에 위치한 스웨덴은 주로 항만과 국제무역을 통해 대륙

기사가 죽음과 체스를 두고 있다.
잉마르 베리만의 영화 〈제7의 봉인〉 중에서.

지역과 접촉했다. 이렇게 유럽 대륙과 접촉했다는 사실은 스웨덴 사람들이 소름 끼치는 전염병의 유행에서 자유롭지 못했다는 것을 의미하며, 여기에는 흑사병도 포함된다. 제2차 세계대전 이후에 자란 스웨덴 사람들에게는 잉마르 베리만Ingmar Bergman(1918~2007) 감독의 1957년작 〈제7의 봉인Det sjunde inseglet〉이 아마도 가장 인상적인 '어두운' 중세의 이미지를 체험하게 해줄 것이다. 영화는 안토니우스 블록이라는 한 기사가 십자군 전쟁에서 막 돌아오면서 시작된다. 피할 수 없는 운명 앞에서 죽음을 늦추기를 소원하는 그는 검게 차려입고 낫을 든 무서운 존재인 죽음과 체스를 둔다. 그의 주위에서 사람들이 흑사병으로 죽어간다. 많은 사람들이 범죄와 성욕으로 고통받는 동안 수도승과 고행자들이 열을 지어 걷고 있다. 영화의 제목뿐 아니라 중심 사상 역시 요한계시록의 계시를 나타낸 것이다. 신은 인간들의 과거의 죄를 벌하며 마침내 일곱 번째 봉인을 열어 구원한다.

땅의 임금들과 왕족들과 장군들과 부자들과 강한 자들과 모든 종과 자유인이 굴과 산들의 바위틈에 숨어 산들과 바위에게 말하되, "우리 위에 떨어져 보좌에 앉으신 이의 얼굴에서와 그 어린 양의 진노에서 우리를 가리라. 그들의 진노의 큰 날이 이르렀으니 누가 능히 서리요" 하더라.◆

6세기 이후로 다양한 형태의 전염병이 있었다는 증거가 있다. 가장 파괴적인 유행병이었던 흑사병◆은 1330년대 초반 중국에서 시작되어 무역 경로를 따라 아시아를 거쳐 1347년 지중해의 항구까지 왔으며, 1349년 노르웨이에 도달했다. 중세의 어느 자료에 따르면, 흑사병은 상선을 타고 한자동맹Hansa同盟◆◆ 도시인 베르겐Bergen으로 와 1년 안에 스웨덴에 도달했다. 당시 사람들에게 면역력이 없었던 까닭에 흑사병은 아무런 저항을 받지 않고 급속히 퍼졌으며, 10년 사이에 당시 100만이 못 되던 스웨덴 인구의 30~40%(추정)가 사망했다. 더 치명적인 형태의 새로운 질환의 출현 가능성은 차치하더라도, 흑사병이 이렇게 급격히 확산되고 치명적이었던 것은 동아시아와의 장거리 무역 증대와 전쟁, 그리고 농업의 위기와 높은 조세로 인한 인구의 전반적인 저항력 저하 때문이었다. 전염병은 몇 차례의 주기로 스웨덴에 되돌아왔으며, 매번 위협적이었지만 마지막 유행이었던 1710~1713년의 유행이 가장 치명적이었다. 계몽주의 시기인 18세기 이전, 인류와 환경은 신의 의지에 따라 결정된다는 믿음이 퍼져 있었다. 이런 믿음은 대규모 유행 시기에 효과적인 설명 방식이었다. 신과 같은 초자연적 존재가 죄지은 사람들에 대한 벌로써 질병을 보낼 수 있었다. 또 그들의 왕이 신의 명령에 복종하지 않았을 때 흉작, 기근, 역병이 국가 전체를 쓰러뜨릴 수 있었다. 우리는 그러한 예 중 하나를 성경에서 찾을 수 있다. 다윗왕이 이스라엘 인구가 얼마나 많아졌는지 알기 위해 인구조사를 준비하자, 신은 그의 오만함에 격노하여 전염병을 보냈고 많은 사람을 죽게 했다. 이와 비슷한 예가 『일리아스Ilias』에서도 나오는데, 분노한 아폴론의 화살이

◆ [원주] 요한계시록 6장 15~17절.
◆ [원주] 훗날 스웨덴 역사에서 'Digerdöden'(the Great Death)이라 불린다.
◆◆ 13~17세기에 북유럽의 발트 해와 북해를 중심으로 형성되었던 교역 동맹.

그리스인들에게 전염병을 퍼뜨려 그들을 전멸시킨 것이다. 회개와 참회만이 그 상황에 도움이 되거나 고통을 덜게 할 수 있다는 희망이 중세 고행자들 사이에 퍼져 있었다. 이런 믿음의 체계 아래에서 죄를 짓는 것은 신체 건강에 치명적이었다.

　마술도 보호나 치료를 위해 사용될 수 있었지만, 그것으로 세상을 예측하기는 어려웠다. 죽음과 질환은 언제든 누구에게나 갑자기 닥칠 수 있었다. 인간은 자신의 마지막 운명에 대한 권한이 거의 없었지만, 삶의 규칙은 분명했다. 즉, 인간이 신의 율법을 따랐다면 최선을 다한 것이다. 종교적 규범은 영혼을 구하기 위한 것일 뿐 아니라 불필요한 고통과 죽음을 근절하기 위한 것이기도 했다.

　게다가 히포크라테스Hippocrates(기원전 약 460~370년)와 갈레노스Galenos(기원후 약 129~199년)의 가르침이 중세 의학에 상당한 영향을 미쳤으며, 심지어 19세기에도 그러했다. 고대의 의학 이론은 한 개인이 건강한 삶을 영위할 때 자신의 건강을 유지할 수 있다는 믿음을 옹호했다. 자신의 건강을 지키는 것이 우선 개인에게 달려 있다는 것은 오랫동안 지탱된 믿음이었다. 결론적으로, 국민을 기근과 위험에서 보호하려는 여러 가지 공중보건학적 시도, 즉 질병을 예방하고 좋은 건강 상태를 촉진하는 집합적 노력은 250여 년 전까지만 해도 북유럽에서 찾아보기가 매우 어려웠다. 중세 문학의 가장 유명한 작품 중 하나인 보카치오Giovanni Boccaccio의 『데카메론Decameron』에는 피렌체의 흑사병을 피하기 위해 길을 떠나는 여행자의 무리가 등장하는데, 이렇게 병을 피해 도망가는 것이 당시 전염병에서 자신을 구할 수 있는 가장 일반적인 방법이었다는 것을 보여준다.

　흑사병을 비롯한 전염병의 유행은 14세기 초부터 이탈리아의 중세 도시국가들이 자국민을 전염병에서 보호하기 위한 최초의 체계적인 개입을 시도하도록 만들었다. 박테리아나 바이러스에 대해 아무것도 알려지지 않았지만, 병이 사람에서 사람에게 전파될 수 있다는 것이 관찰되었다. 유행병과 싸우기 위해 우선적으로 감염자의 차단을 시도했는데, 감염자들이 도시에 접근하는 것을 허용하지 않고 감시선을 그어 자신들의 영토를 보호하는 조치를 시행했다. 시정부는 언제, 어디에서 유행병이 발생했는지 모니터링을 했으며, 선박의 선원들이 감염 지역에서 왔을 때는 상륙을 금지했다. 선박이 해안에 닻을 내리고 감염으로부터 안전하다고 간주될 때까지 기다리게 하는 것을 뜻하는 검역quarantine은 '40일'을 의미하는 프랑스어에서 유래했다. 그 밖의 예방 조치로, 유행병이 있었던 주택을 훈증소독했고, 의사들은 감염에서 자신을 보호하기 위해 특수한 옷을 입었다.

스웨덴에서 유행병 확산을 방지하기 위해 공적으로 조직된 수단은 남부 유럽에 비해 한참 늦게 등장했는데, 스웨덴의 대다수 마을이 매우 작았고(인구가 수백 명에 불과했다), 따라서 자원도 적었기 때문이다. 17세기 이전에 대륙으로부터 일부 예방과 관련한 지식이 전해지긴 했지만, 감염의 확산을 억제하기 위한 규제를 실행하고 강제하기 위해 왕이 가진 권한으로 동원할 수단이 적었다. 전염병이 돌던 해인 1572년에 네덜란드인 왕실 의사에 의해 스웨덴어로 된 최초의 의학서가 간행되었다.[2] 이 책은 질병에 대항하기 위해 "빈부 노소를 가릴 것 없이 정부의 조언과 도움에 충실히 따르도록 할 방법"에 대해 기술하고 있다. 그리고 다음과 같은 성경 구절이 제목에 덧붙여졌다. "사람이 죄를 지으면 창조주의 눈에 거슬리게 되니 의사의 신세를 지게 마련이다."◆ 16세기 말의 이 책과 그 후속작은 사회 구성원 중 글을 읽을 수 있는 일부를 대상으로 했다. 대다수 사람에게 자신을

◆ 집회서 38장 15절.

보호하는 방법에 관한 유용한 조언은 신의 분노나 처벌을 방지하는 것 외에 얻기 힘들었다고 해도 과언이 아니다. 유행병은 종종 앞으로 일어날 일의 징조로 간주되었다. 조언은 대개 치료법을 설명했는데, 질병이 발생하기 전이나 발생한 후에 먹을 수 있는 약재에 관한 것이었다. 현대의 관점에서 봤을 때 이런 치료법은 그다지 효과적이지 못했을 것으로 보인다.

그런가 하면 감염된 자들에게서 거리를 유지하고 때때로 특별한 감시자를 두어 외국 방문객을 경계하라는 권고가 있었다. 위생 상태를 좋게 만드는 것이 감염을 막는 적절한 수단으로 가끔 언급되었다. 조언 중 한 가지가 17세기에 당국에 의해 법령으로 채택되었는데, 전염병으로 사망한 사람들을 지정한 장소에 묻도록 하는 것이었다. 이러한 전염병 묘지는 19세기 콜레라 묘지의 원형이었다. 그러나 이 법령은 바람직한 매장에 관한 보편적인 종교적 믿음을 위반한 것이었다. 교회 주변의 묘지에 묻히는 것은 미래의 부활을 위한 필수 조건이었다. 그래서 가끔 사망한 사람의 친지들이 이 명령에 거부해 소란이 일기도 했다. 구성원들의 믿음과 종종 부딪힌 다른 조치로는 돌아다니는 사람들을 차단하기 위해 세운 장애물과 전염병이 발생한 집을 훈증소독하는 것이었다. 규제에 반발하는 이러한 대중의 반응은 흑사병을 비롯한 전염병이 유행하던 18세기 초 스웨덴 남부의 스코네Skåne 지방에서 확인된다.[3]

정부가 유행병으로 초래되는 문제들을 줄이기 위해 조치를 취해야 했지만, 스웨덴에서조차 그때까지는 개인이 자신을 보호할 수 있고 그래야 한다는 믿음이 강했다. 다른 대안들이 있었는데도 여전히 유행병이 발생했을 때 가장 좋은 대처법은 달아나는 것이었다. 외국에서 오는 감염의 추적, 격리, 검역, 감염 지역 주위에 방역선을 설치하고 외부 방문객을 감시하는 것이 점점 일반화되었다. 유럽의 검역 체계는 18세기에 확장되어 터키 왕국의 국경에서 특히 강력하게 이루어졌는데, 이곳이 동방에서 오는 빈번한 감염 통로였기 때문이다. 스웨덴에서는 이와 같은 조치를 러시아와의 접경 지역에서 행했으며, 당시 다른 유럽 국가들처럼 허가 없이 국경을 지나려는 자들은 경고 없이 사격하겠다고 공포했다. 18세기 유럽에서 흑사병의 소멸을 설명하기 위해 자주 인용되는 표현은 흑사병 벼룩의 주 운반책인 검은쥐가 갈색 쥐에 의해 쫓겨났다는 것이다. 1713년 이후로 러시아를 통해 스웨덴에 들어오는 것을 금지한 것처럼, 앞에서 언급한 격리 조치가 유럽의 흑사병 퇴치에 기여했다는 것은 매우 설득력이 있다.

5. 요약: 계몽주의 시대 이전의 공중보건

흑사병에 대한 선제적 대처 수단이 중세 이탈리아와 16세기 스페인에서 대규모로 이루어졌다. 감염자 격리, 검역, 방역선은 흑사병 같은 유행병의 상륙을 방지하려는 시도였다. 국가가 개입할 근거를 찾는 일은 쉬웠다. 모든 새로운 유행병이 국가의 부와 사회 안정을 위협했기 때문이다. 유행병의 확산 방지를 위한 성공적인 개입 사례는 1720~1722년 프로방스Provence와 마르세유Marseille에서 있었다.

스웨덴은 중세와 근대 초기의 대규모 흑사병의 유행으로부터 보호되지 못했으며, 유행병과 싸우려는 공공의 노력도 17세기 이전까지는 거의 효과를 보지 못했다. 이렇게 대응이 늦어진 데는 몇 가지 이유가 있었다. 스웨덴은 지리적으로 주변에 있었고, 영토는 방대하지만 1km²당 거주민의 수가 적었다. 16세기 중앙정부가 제대로 모양을 갖추면서 이들은 자원의 대부분을 왕정의 요구와 국경 안팎에서 벌어진 전쟁에 사용했다. 17세기 발트제국으로의 확장은 여전히 자원의 대부분이 군사적 목적으로 사용된다는 것을 의미했지만, 한편으로 지방의 일에 커다란 영향을 미친 관료 체계가 필요해졌다. 흑사병을 막기 위한 좀 더 종합적인 공적 대응은 비교적 늦게 나타났으며, 17세기 후반까지만 하더라도 그렇게 효과적으로 이루어지지 않았다. 하지만 유럽의 다른 지역과 마찬가지로 흑사병에 대한 대처 방식은 훗날 다른 유행병에 공중보건이 개입할 때 모형이 되었다.

일반적으로 계몽주의 시대 이전까지 건강은 신의 선물이며, 질병과 죽음은 한 개인이나 민족, 국가 전체 또는 그 지도자의 죄에 대한 신의 처벌이라고 여겼다. 따라서 신의 뜻에 따라 사는 것, 그리고 자신의 죄를 뉘우치는 것이 질병에 대항하는 가장 효과적인 예방 수단으로 간주되었다. 새로운 '세속적' 아이디어들은 16세기 초 대륙에서 생겨나고 확립되었다. 인류가 흑사병을 비롯한 유행병에 대처하기 위한 예방적 조치를 취하는 것을 신이 원할지도 모른다는 일부 주장도 있었으나, 이 아이디어는 18세기 전까지는 스웨덴에서 확고한 발판을 얻지 못했다. 적극적으로 유행병의 본질을 밝혀내고 그 지식에서 결론을 도출하며 사람들의 편익을 위해 낙관적으로 그 지식을 사용하려고 노력하는 것은 새로운 세대의 몫이었다.

2장 참고문헌

[1] Lindegren J. Utskrivning och utsugning: produktion och reproduktion i Bygdeå 1620~1640 [Conscription and exploitation: production and reproduction in the parish of Bygdeå 1620~1640]. Diss. Uppsala: Uppsala University; 1980.
[2] Ottosson PG. Pestskrifter i Sverige 1572~1711 [Plague booklets in Sweden 1521~1711]. Linköping: Linköping University; 1986.
[3] Persson B. Pestens gåta: farsoter i det tidiga 1700-talets Skåne [The mystery of plague: epidemics in early 18th century Scania]. Diss. Lund: Lund University; 2001.

3장

중상주의, 계몽주의, 그리고 역학의 탄생

1. 서론

1718년 칼 12세가 사망한 후, 북유럽의 강자이자 '신의 가호' 아래 독재 왕국으로 군림했던 스웨덴의 시대는 종말을 고했다. '자유의 시대'가 이 시기를 대체했는데, 이 기간에 국회의 네 계급 사이에서 정치적 권력이 안정을 찾았고 국가의 지배권을 확고히 하는 좀 더 세속적인 아이디어가 널리 퍼졌다. 오랫동안 농업이 주를 이루었던 이 국가에서 점차 제조업 부문(대부분은 제철업, 일부는 직물업)이 성장하고 있었다. 경제학 용어인 **중상주의**는 힘과 번영이라는 명목 아래 국가의 성장을 의제화했다. 땅과 땅을 경작하는 사람, 기계와 장비를 만드는 사람, 특히 무기를 제작하는 사람은 국가의 가장 중요한 자원이었다. 건강한 대규모 인구집단은 필수적인 자산이었다. 이 인적 자본은 노동과 생산을 하고, 세금을 내며, 전시에 이용될 수 있었다. 인구집단과 인구집단 내의 변화를 기록·보관하는 것은 중상주의 재정 접근법의 일부였다. 스웨덴이 윌리엄 페티 William Petty(1623~1687)가 '정치적 산술'이라 명명한 이와 같은 셈 방식을 만들어낸 유럽 최초의 국가는 분명 아니었지만, 그것은 통계와 추정에 대한 관심을 높이는 결과를 낳았다. 이러한 양상은 16~17세기 프랑스와 이탈리아에서 이미 시도된 것이었다. 영국에서는 1662년 존 그랜트 John Graunt가 『사망표에 관한 자연적·정치적 관찰 Natural and Political Observations upon the Bills of Mortality』이라는 제목으로 연구 결과를 출판했다. 스웨덴에서는 안데르스 베르슈 Anders Berch(1711~1774)가 이와 같은 접근을 시도한 대표적 인물이다. 그의 노력 중 한 가지 예를 들면, 그는 농장 노동자가 경제에 기여하는 정도를 한 사람이 일하기에 충분한 연령이 될 때까지 그 사람에게 필요한 투자와 비교한 평균값을 계산하여 파악했다. 의사들은 (더 많은 자원을 사용할 수 있다면) 얼마나 많은 사람을 살리고

페르 바르엔틴은 1749년부터 스웨덴 전역의 읍과 교구에서 인구학적 자료를 수집하고 분석한 최초의 통계 기관인 타벨베르케트의 초대 수장이었다.
자료: IBL bildbyrå.

생산을 늘릴 수 있는지 추계했다. 질병은 경제적 손실로 간주되었으며, 좋은 건강 상태를 인도주의적 가치로 보기보다는 사회에 필요한 경제 자본으로 여겼다.[1, 3]

이런 목적과 함께 각 교구의 상세한 인구 등록 덕택으로 오늘날 스웨덴 통계청의 전신인 **타벨베르케트** Tabellverket가 1749년에 설립되었다. 이는 분모를 전체 인구로 하는 전국 단위의 지속적 시스템으로는 최초의 사례였다. 스웨덴의 모든 교구에서 인구 변화(사망표)와 비교(인구표)에 관한 연간 통계가 수집되었다. 기관의 설계자이자 대표적인 인물은 스웨덴 왕립 과학 아카데미Kungliga Vetenskapsakademien의 서기였던 페르 바르엔틴Per Wargentin(1717~1783)이었다. 바르엔틴은 국제 흐름의 영향을 받아 독일인 요한 페터 쥐스밀흐Johann Peter Süssmilch(1707~1767)가 출판한 인구통계와 이 분야의 유명한 작업들을 참조했다. 다른 나라들(당시 스웨덴에 속해 있었던 핀란드는 제외)이 거의 100년 후에야 동일한 정보를 수집하기 시작했던 것에 비해, 타벨베르케트와 그 후속 기관들은 몇백 년간의 인구학적·역학적 발전을 연구할

3장 중상주의, 계몽주의, 그리고 역학의 탄생

특별한 기회를 스웨덴에 제공했다.[3] 통계 공식이 한 시기에서 최종 연도인 1859년까지 다소 다양한 형식으로 기록되었지만, 매달 태어나는 출생 수(남, 여, 적출 또는 서출 여부), 사산아의 수, 연령과 성별에 따른 성혼 및 사망 수를 지속적으로 확인할 수 있다. 1830년이 될 때까지 목사들은 종합적인 사망 원인이 포함된 사망표를 작성해야 했는데, 각 열에는 (당시 용어에 따른) 사망의 세부 원인을, 각 행에는 연령과 성별에 따라 사망을 분류했다. 사망 위험을 산출하기 위해 성별, 연령, 지위나 직업에 따른 인구의 구성을 나타내는 특별한 표(초기에는 매년 수집되다가 이후 3년마다, 그리고 1775년 이후에는 5년마다 수집되었다)를 사용했다.

계몽과 '이성理性'은 이제 사람들이 자연 관측을 통해 안녕과 더 나은 건강을 만드는 방법을 배울 수 있게 하고, 배워야만 하게 만드는 지도 원리가 되었다. 자연과학자와 의료 전문가들은 국가의 요구에 부응하는 귀중한 공헌자로서의 역할을 요구받아 이를 수행했다. 이것이 교구 통계에 현대적 아이디어와 지식에 따라 조직된 방대한 연간 사망 원인표가 포함된 이유이다. 스웨덴 왕립 과학 아카데미 의장인 아브라함 베크 Abraham Bäck(1713~1795)는 1749년 최초의 표를 산출할 때 유용한 목록을 개발하는 데 착수했다. 발진티푸스, 이질, 백일해, 천연두, 홍역 등의 질병은 대체로 구분이 가능했기 때문에 고유한 카테고리를 부여받았다. 그리고 약간 모호한 다른 사례들의 경우, 특정 질병명보다는 가슴 통증, 급사 slag◆ 같은 증상을 물었다. 당시의 기록에 따르면, 'slag'는 영아의 갑작스러운 사망을 의미했다. 모든 목사가 표에 기입할 내용을 결정할 수 있는 실력을 가지고 있었던 것

◆ 영어판에서는 이를 'stroke'로 번역하는데, 스웨덴 원문은 'slag'라는 단어를 쓰고 있다. 'slag'에는 '뇌졸중'이라는 의미도 있지만, 문맥상 여기에서는 '급사' 또는 '갑작스러운 죽음'이 더 적절해 보인다.

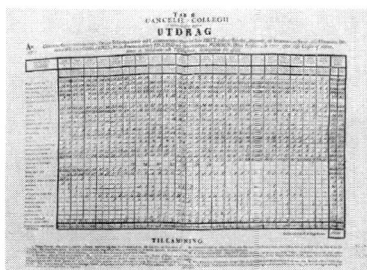

사망 원인(종), 병자의 연령과 성별(횡)에 따른 스웨덴인의 사망 보고표(1750년, 핀란드 포함). 천연두와 홍역 같은 일부 범주는 현대 용어로도 구분이 가능하며, 다른 것들은 단지 증상에 속한다.
자료: Arne Orregård, Statistics Sweden.

은 아니었다. 그래서 영아의 상당수가 '알려지지 않은 어린이 질병'으로 사망했다고 적혀 있었다. 그렇지만 이 표는 당시 생명을 위협하는 것들이 무엇이었는지를 보여주었고, 국가가 무엇을 해야 하는지에 대한 논의를 불러일으켰다.◆

2. 통계에 따른 사망률

우선 이런 자료는 국가 안보에 매우 중요한 것으로 간주되었기 때문에 기밀로 관리되었는데, 이것은 스웨덴만의 경우는 아니었다.[2] 그러나 곧 보고서 내용이 스웨덴의 일반 대중에게도 알려졌다. 당국과 의사들은 인구 증가가 더딘 것이 주로 높은 사망률, 특히 어린이의 사망률이 높기 때문이라는 것을 확실히 알게 되었다. 표를 작성하는 임무를 맡았던 교구 목사들도 대규모의 영아 사망이 이미 잘 알려졌거나 아직 잘 모르는 다양한 질병

◆ [원주] 추후에 이러한 표의 형태로 보고되던 사망 원인들은 불행히도 특정 유행병으로 한정되었는데, 이는 우리가 1830~1911년의 상세한 통계를 가지고 있지 않다는 것을 의미한다. 그러나 읍과 도시에서는 도시 의사들의 진단에 기초한 사망 통계 보고서가 있었으며, 지방에서는 1911년까지 여전히 교구 목사가 주요 자료원이었다. 그러므로 지방 연구들이 통계의 부족을 다소 보완할 수 있다.

들에 의해 일어나고 있다는 것을 알게 되었다. 게다가 빈번하게 재발하는 유행병이 어린이에게만 나쁜 영향을 끼치는 것이 아니라 모두에게 영향을 미친다는 것을 보여주었다.

18세기 중반에는 영아 5명 중 1명 이상이 12개월이 되기 전에 사망했으며, 영아기에 해당하는 이후 몇 년 동안에도 천연두, 백일해, 그리고 다양한 위장 감염 등으로 사망할 위험이 매우 높았다. 많은 어린이가 천연두에 감염될 위험에 놓여 있었고, 유병률은 종종 20%를 넘었다. 18세기 후반 약 30만 명이 천연두로 사망했는데, 대다수가 어린이였다.[4] 하지만 살아남았다고 해도 흉터, 시력 상실, 관절염, 뇌염 등의 합병증에 시달렸다.

생애 초기(출생 후 4년간)의 고비를 넘기고 살아남았다는 것은, 비록 오늘날보다는 더 큰 위험이 있겠지만 그래도 50세 생일을 맞을 기회가 있다는 것을 뜻했다. 하지만 소모성 폐질환, 고열hetsig feber, 폐열bröstfeber과 같은 감염 관련 요인으로 사망하는 것은 성인들 사이에도 흔했다. 우리는 이런 진단이 얼마나 정확한지 알지 못하기 때문에 해석에 신중해야 한다. 하지만 증상을 종합적으로 기술한 내용을 보면, 그들이 주로 폐결핵, 장티푸스, 호흡기 감염 질환을 언급했던 것으로 보인다.[5] 오늘날 사망의 주된 요인인 악성종양과 심혈관 질환은 확인이 더 어렵지만, 그것 또한 틀림없이 발생했을 것이다. 항상 존재하는 결핵 감염은 급성 유행성 질환만큼이나 많은 생명을 앗아갔을 것이다. 재발성 감염recurrent infection◆의 공격과 대규모 집단의 영양부족이 여기에 더해지면 의심의 여지 없이 광범위하게 저항력을 낮추고 사망 위험을 높였다.

전쟁은 18세기와 19세기 초반까지도 계속해서 희생자를 낳았다. 몇몇

◆ 결핵의 경우 재발이 흔한데, 이를 '재발성 감염'이라고 한다.

유럽 국가들은 수년 동안 기근을 맞았으며, 1740년대 초반에 사망률이 상승했다.[6] 흉작과 전쟁이 동시에 발생한 1740년대 초에 작성된 스웨덴 교회의 교적부는 많은 교구에서 사망률이 최고에 달했다는 것을 보여준다. 한 가지 예로, 1741~1743년 러시아와의 전쟁에 연관되었던 발틱 해군에 복무한 군인들의 사망률도 매우 높았다. 1789년과 1808~1809년의 사망률의 최고점도 주목할 만하다. 이때는 사망률이 높아졌던 마지막 시기로, 역학적 변천에서 첫 단계의 마지막 지점이라고 할 수 있다. 이때 이후 사망률이 낮아지는 시기로 이어졌지만, 특정 연령 집단에서는 위기의 시대였던 1770년대보다도 높은 사망 수준을 보여주었다. 특히 징병 적령기의 남성이 심하게 영향을 받았다(부록 '스웨덴의 성·연령보정 사망률과 사망률에서의 성비' 참조). 그러나 일반 시민도 사망률 증가의 영향을 받은 것으로 보인다.

3. 기근

1860년대 초 스웨덴의 통계학자 요한 헬스테니우스Johan Hellstenius(1834~1888)는 산업사회 이전 시기의 스웨덴에서 흉작과 높은 사망률 간의 상관성을 보여주는 논문을 발표했다. 1772~1773년은 극심한 흉년이 강타한 때였는데, 타벨베르케트가 설립된 이래로 가장 높은 총사망률을 기록했다. 사망자 수는 전년도와 비교했을 때 7만 명이 넘게 증가했다. 사망 원인 보고서에 따르면, 이 시기는 굶주림으로 사망한 사람의 수가 세 자릿수에 달한 유일한 해였다.[7] 그런데 통계 자료는 기근 관련 위기 시기에 기아로 인한 직접적 사망이 전체 사망률의 단지 일부분만을 차지했다는 것을 보여준다. 대다수는 감염성 질환 — 아마도 이질이나 그 밖의 위장 감염, 발진티푸스

등 – 으로 사망했다. 기근 위기와 연관된 유행병에 의한 사망자가 증가한 것은 아마도 어느 정도는 영양실조로 저항력이 감소한 데에 기인했을 것이다. 그러나 당시의 다른 국가들과 마찬가지로, 대부분은 기근 시기에 노동 인구의 이동과 방랑 생활로 감염이 확산되었기 때문이다.[8]

당시 일반 인구집단의 영양 상태는 사람들이 굶주린 정도는 아니었지만 식이가 매우 불균형했던 것으로 보인다. 대개는 곡물(빵과 죽)이 주를 차지했고 19세기에도 감자가 주를 이루었으며, 신선한 야채와 고기 섭취율은 상대적으로 낮았다.

4. 남성과 여성

태어난 지 12개월 안에 사망할 위험은 여자아이보다 남자아이가 더 높았다. 이런 양상은 오늘날에도 여전한데, 아마도 남자아이가 생존하는 데 불리한 생물학적 요인을 가지고 있기 때문일 것이다. 남성 사망률에서 보이는 특정한 성향은 어린이와 청소년에서도 주요한 양상으로 나타났다. 초기 유년기를 포함한 모든 연령 집단에서 이 성향에 기여하는 강력한 요인은 남성에게서 사고로 인한 사망률이 높다는 점이다. 익사는 사고사 요인 중 가장 빈번한 것이었다. 이것은 젠더 간의 행동 방식 차이가 생애 초기에 확립되었다는 것을 뜻하며, 여자아이에 비해 남자아이를 기르는 방식이 아이를 물리적 위험에 더 많이 노출시키는 경향이 있다는 것을 의미한다.

과거 사람들은 병에 더 잘 걸리고 '약한' 여성이 왜 초기 유년기에는 남성보다 더 건강한 것처럼 나타나는지를 설명하는 데 큰 어려움을 겪었다. (아직 나이가 어리기 때문에) 남성이 노동 생활에서 또는 여가 시간에 더 큰

표 3-1 | 20~44세 남성과 여성의 사망 원인(스웨덴, 1779~1782년, 인구 10만 명당 연령 표준화 사망 수)

사망 원인	남성	여성
폐병	169	127
기타 감염	498	409
사고	85	21
모성 사망	-	149
기타	305	280
합계	1,057	986

주: 여기서 '기타 감염'은 흉부 질환, 열성경련, 학질, 이질, 발진티푸스가 주를 이루며, 기타 폐렴과 호흡기 감염, 그리고 장티푸스와 말라리아가 포함되었다.
자료: Widén L. Mortality and Causes of Death in Sweden during the 18th Century. Statistisk Tidskrift(Journal of Statistics), 1975; 13: 93~104.

위험에 노출된다는 식으로는 이 차이를 설명할 수 없었다. 한편 여자아이의 생존 능력이 높게 나타나는 것은 남자아이들이 더 강한 체격을 가지고 있기 때문이라고 설명하기도 했다.

> 그 이유(남자아이들의 높은 사망률)는 아마도 깊이 내재되어 있는 것으로 남자아이들의 전체 내부 구조, 즉 일반적으로 여자아이들보다 더 강하고 덜 영향을 받고 덜 유연해서, 질병에 의해 더 격렬히 공격당하며 질병에 더 폭력적으로 대항하게 되는 구조에서 찾아보는 편이 나을 것이다.[9]

임신한 여성과 산모 역시 폐결핵과 기타 질환으로 인한 사망의 위험에 놓인 취약한 집단이었으며, 이들은 산욕열과 임신·출산으로 인한 합병증의 위험에도 노출되어 있었다. 18세기 중반 100건의 출산 중 거의 한 번꼴로 산모가 사망했다. 18세기 말에는 전체 임신 기간을 합했을 때 100명 중 3~4명이 출산 시에 사망할 위험이 있었다.[10] 일반적으로 사망률은 여전히 가임기 여성보다 남성에게서 높았으나, 높은 연령층에서는 그 차이가 더 작았다. 이를 분리해보면, 임신 연령 집단에서 여성의 초과 사망이 존재했다.

대부분의 사망 원인에서 성인 남성의 사망률이 높았다. 이것은 사고뿐 아니라 폐결핵 같은 감염 관련 진단, 그리고 기타(종종 해석이 어려운) 진단들에서도 마찬가지였다(〈표 3-1〉).

5. 도시와 시골

스웨덴은 산업사회 전에는 도시의 수가 적었지만, 여전히 도시에서 사는 것이 시골에 비해 훨씬 더 위험했다. 당대의 관찰자들이 언급하는 중요한 요인도 오염된 물을 통해 전염병을 퍼뜨리는 형편없는 도시의 위생 조건이었다. 시골보다 인구 규모가 큰 것도 감염 확산에 더 큰 위험으로 작용했다. 이것은 영아와 어린이 사망률의 사례에서 두드러지는데, 이 양상이 가끔 모유 수유 패턴 같은 문화적 습관에 영향을 받아 변한다고 해도 그렇다. 일례로, 18세기 후반 린셰핑 시에서 영아 사망률(생후 1년 이내)은 일반적으로 출생 100명당 30~35명이었고 가끔은 이보다 높기도 했다. 하지만 시골 지역에서는 이 비율이 상당히 낮아 100명당 20~25명 정도였다. 덜 밀집하고 더 동떨어진 삼림 지역에서 이 값은 15명 정도에 불과했다. 첫 1년을 살아낸 아이들의 경우에도 도시와 시골의 상대적 차이는 마찬가지였다. 인구 밀집도와 그 인구 밀집도가 감염 노출에 미치는 영향은 이런 차이를 분명하게 설명하는 강력한 요인이었다. 그러나 종종 인구가 희박한 벽지에 있는 농경 지역의 영아 사망률이 모유 수유나 위생적인 어린이 돌봄이 일

그림 3-1 | 린셰핑 시와 교외 지역 교구들에서의 주요 사망 원인에 따른 25~49세 연령 집단의 성별 사망률(1750~1814년)

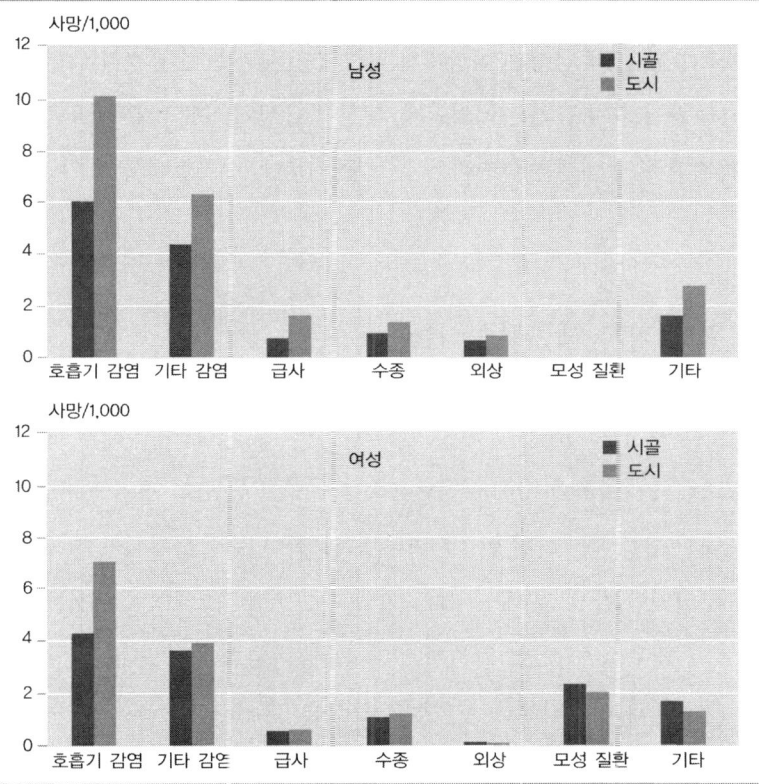

자료: Linköping historical database / Umeå demographic database(death registers). Unpublished population statistics tables, Tabellverket, 1750~1814.

찍 시작되었던 초기 산업 철강 공장 지역의 영아 사망률보다 더 높게 나타나기도 했다. 스웨덴의 교외 지역 중에서 도시만큼 영아 사망률이 높은 몇몇 지역이 있었는데, 이것 역시 부적절한 모유 수유 때문이었다. 나이가 더 많은 어린이의 사망률은 거의 늘 농촌이 도시 지역보다 아주 낮았다.

〈그림 3-1〉에서 보듯이 성인의 감염 관련 주요 사망도 도시 지역이 더 높았는데, 심지어 18세기 린셰핑 같은 작은 도시조차 교외 지역과 비교하

면 높았다. 여성에게서 사망률의 격차가 상대적으로 작은 것은 남성에게 젠더 관련 생활습관 요인들이 중요하다는 것을 나타낸다. 한편 장소가 달라도 크게 봤을 때 남성과 여성에게 위생 조건과 관련된 환경적 위험은 같았다. 다만 호흡기 감염은 예외인데, 여성이 남성에 비해 낮은 비율을 보였다. 하지만 도시 여성은 확연히 많은 노출 때문에 큰 위험에 놓여 있었다.

6. 과학, 학회, 계몽된 목사들

특정한 상식과 경향으로 특징지을 수 있는 계몽주의 시대에는 과학 공동체 내에서 다양하고 상이한 이론들이 회자되고 있었다. 스웨덴 자연과학자 중에서 가장 두드러진 인물은 의사, 식물학자, 동물학자이자 현대 분류학의 아버지인 칼 폰 린네Carl von Linné(1707~1778)로, 스웨덴 밖에서는 일반적으로 린네우스Linnaeus로 알려져 있다. 목사 아들이었던 린네는 동시대의 다른 동료들과 마찬가지로 사회적으로 상승 계급ascending class의 자손이었다. 교리문답 시험은 농장의 재능 있는 어린이들이 영향력 있는 후원자들에게 자신을 알리고 도움을 받을 수 있는 기회가 되었다. 린네는 그 시기에 가장 국제적으로 영향력 있는 스웨덴의 과학자이자 식물학자였으며, 웁살라 대학Uppsala universitet에서 의학과 '자연사' 교수직을 맡았다. 그는 네덜란드에서 박사 논문을 발표했고, 1735년부터 1738년까지 그곳에서 보냈다. 린네의 유명한 국제적 동료와 기고가들 중에는 괴팅겐Göttingen의 알브레히트 폰 할러Albrecht von Haller(1708~1777), 레이던Leiden의 헤르만 부르하베Herman Boerhaave(1668~1738), 파리의 앙투안 로랑 드 쥐시외Antoine Laurent de Jussieu(1748~1836)가 있었다. 당시의 전형적인 시대 분위기에 따라 린네는 잘 알려진 의

칼 폰 린네
그림: Alexander Roslin (1718-1793).
자료: http://en.wikipedia.org/.

학 저널, 자신의 관찰, 그리고 그의 주위에서 일상적으로 이루어지던 의학 속에서 지식을 찾았다. 그것은 주로 강장제나 치료 의학에 대한 것이었지만, 그는 공중보건과 관련된 조건들에 대해 언급하기도 했다. 일례로 라플란드Lapland를 여행하는 중에 그는 나라의 북쪽 끝 지역에서는 어머니들이 아이에게 모유 수유를 하지 않는다는 사실에 주목했다.

린네의 시대와 18세기를 지나며 수많은 국내외 학회가 생겨났다. 이들 학회의 임무는 과학적 논의를 발전시키고 수집하며 새로운 연구, 예를 들어 공중보건을 개선하는 수단 등에 대해 토의하는 것이었다. 이 중 하나가 웁살라 과학 학회Kungliga Vetenskaps-Societeten i Uppsala였는데, 이 학회는 수집한 다수의 보고서를 추려내어 출간했다. 1739년 스웨덴 왕립 과학 아카데미도 유사한 취지에서 설립되었다. 1752년부터 사망할 때까지 의사협회의 회장이었던 아브라함 베크는 이 학회들에서 탁월한 역할을 했다. 베크는 웁살라에서 린네에게 의학 교수직을 넘겨받은 닐스 로젠 폰 로젠스테인Nils Rosén von Rosenstein(1706~1773) 아래에서 연구했다. 베크는 스톡홀름 왕실의 최고 의사이자 해부학 교수였고, 훗날 카롤린스카 의과대학Karolinska Institutet◆이 되는 기관을 설립했다. 린네와 그의 학계 동료들은 자신들의 연구를 위해 유럽을 여행했고 당시의 유명한 과학 기관들을 찾아다녔다. 그리고 편지와 정기 간행물 등을 통해 세계 각지에 있는 동료들과 접촉했다. 우수한 우편 서비스와 빠른 통신 체계는 소식과 아이디어가 이전보다 더 풍부하고 신속하게 퍼져 나갈 수 있게 했다. 국내의 공중보건을 증진하기 위한 많은 아이디어 및 권고와 실천적 수단은 이런 교류를 통해 알게 된 국제적인 사례와 효과에 기반을 둔 것이었다.

시골 지역의 보건의료 서비스 개선을 돕기 위해 린네는 동료들과 함께 신학 학생들을 대상으로 하는 기초적인 의학 기술 과정을 개설했는데, 이것은 '사목의학 priest medicine'으로 잘 알려졌다. 이 학생들은 훗날 자신의 장래 교구에 고용되었다. 목사들은 대개 자신의 서재에 민간의학에 관한 핸드북을 갖추고 있었으며, 가장 대중적인 필수 의약품을 보관해둔 작은 규모의 교구 약국을 운영했다. 건강 문제에 대한 관심과 열의는 사람마다 달랐지만, 일부 목사들은 린네를 비롯한 유명 의사들 및 관련 학회와 계속 교류했다. 교구의 건강 상태에 관한 그들의 보고서는 종종 스웨덴 왕립 과학 아카데미의 문헌으로 출간되기도 했다. 당해 사망 원인표를 기입할 때 가장 적합한 진단 카테고리를 찾는 일이 항상 쉽지는 않았지만, '계몽된 목사들'의 판단은 전문 의사들이 말하는 내용과 크게 다르지 않았다.

◆ 스웨덴의 대표적인 의과대학이다.

7. 스웨덴 최초의 소아과 의사의 대중 권고

과학자들의 호기심과 실험의 대상이며 진보를 위한 지속적 계획의 가장 중요한 주제 중 하나는 공중보건이었는데, 무엇보다 사회 발전을 위해 인구 증가를 돕는 것이었다. 특히 타벨베르케트의 보고 자료에서 사망률이 높았던 어린이를 돌보는 일과 관련된 것이 많았다. 전체 인구 중에서 교육 수준이 높고 부유한 계층에게는 권고가 직접적으로 전해졌다. 하지만 스웨덴 가정교육 체계의 덕택으로 성인 대다수가 글을 읽을 수 있었기 때문에 실제로는 거의 모든 보통 사람들에게 전달되었다. 웁살라에 있던 린네의 동료인 닐스 로젠 폰 로젠스테인은 스웨덴 최초의 소아과 의사로 불렸다. 유럽의 다른 지역에서도 이 시기에 유사한 권고가 보급되었다.[11] 로젠은 린네와 마찬가지로 목사의 아들이었으며, 1764년 『어린이의 질병과 치료법Underrättelser om barnsjukdomar och deras botemedel』이라는 일반 대중용 권고와 설명이 담긴 책을 출간했다.[12] 이 책은 1776년 초에 영문으로 번역되었는데 (영문판 제목은 'The Diseases of Children and Their Remedies'), 번역자 앤더스 스파르만Anders Sparrman은 린네의 제자 중 한 사람이었으며 세계를 일주한 쿡James Cook 선장의 선원이었다. 이 책은 훗날 몇몇 다른 언어로도 번역되었다. 로젠의 권고는 1753년부터 1771년까지의 스웨덴 연감에도 실렸다. 성경과 찬송가, 교리문답 책을 제외하고 이 연감은 가장 널리 퍼진 인쇄물로서, 연간 발행 부수가 15만 부 이상이었던 것으로 추정된다.

로젠의 저술에는 의학 처방과 동떨어져 오늘날 우리가 전적으로 받아들이기 어려운 글도 포함되어 있었는데, 예를 들어 유모와 수유에 관한 글이 그것이다. 서론에서 그는 모유가 영아에게 최상의 자양분을 제공한다고 말했고, 더 나아가 어머니는 산후 조리가 더 쉬워지고 아이는 어머니의 기질과 태도를 물려받을 것이라고 했다. 그는 "우리는 소나 염소의 젖을 먹은 새끼 사자가 길드는 것, 또 암컷 늑대의 젖을 먹은 양순한 개가 포악한 포식자가 되는 것을 보아왔다"라고 말했다. 로젠은 유모를 고용해야 한다면 다음과 같은 몇 가지 지침을 따르는 것이 좋다고 했다.

유모는 반드시 독실하고 정숙한 마음가짐을 가진 사람이어야 하며, 건강 상태가 좋고 불결한 질병, 백선◆ 등의 증상이 없어야 한다. 모유의 질은 주의 깊게 평가되어야 한다. 유모는 와인, 주류 또는 커피를 마시지 말아야 한다. 그녀는 적은 양의 차를 소량의 우유와 함께 마실 수 있다. 깨끗한 컵으로 마셔야 하며 성교에 탐닉하거나 걱정 또는 흥분을 해서는 안 되는 데, 이것이 모유에 영향을 미칠 수 있기 때문이다. 아이의 위에 부담을 주어서는 안 되며, 배가 고플 때만 수유를 해야 한다. 유모는 월경 기간에는 수유를 하지 말아야 한다. 아이에게 인공적으로 만든 음식을 먹일 때는 음식이 벌레나 기타 잠재적 위험으로 더럽혀지지 않았는지 반드시 점검해야 한다. 아기는 심하게 꼭 싸두어서는 안 되며, 옷이 더러워지면 즉시 깨끗한 것으로 갈아입혀야 한다. 통풍이 잘되는 깨끗한 방에 있어야 하고, 뇌졸중 상태가 되지 않도록 머리를 높이 고인 자세로 눕혀야 한다. 불안해하는 아이는 장난감으로 안심시킬 수 있는데, 예를 들어 여자아이는 인형, 남자아이는 말을 이용할 수 있다.◆◆

로젠의 책의 나머지 부분은 다양한 종류의 어린이 질병들을 주제로 하

◆ 곰팡이(진균)로 인한 피부병 중 하나이다.
◆◆ 이 부분은 스웨덴어판을 참조했다.

고 있는데, 질병이 발생하는 이유와 어떻게 치료가 가능하고 고통을 덜 수 있는지에 관한 내용이다. 일반적으로 복통과 경련은 아이들이 자주 호소하는 것이었으며, 특히 여름에 "어머니가 상한 우유를 많이 먹었을 때" 그러했다. 그리고 이 통증은 "심계항진이나 경기 또는 뇌졸중"을 일으킨다고 했다. 이것은 현대의 역사가들이 당시 사망 원인 중 많은 수가 설사 및 기타 위장 질환과 관련이 있는 것으로 짐작할 수 있게 한다. 구강과 목에 발생하는 진균성 질환인 아구창thrush(구강 칸디다증)은 "구강이 청결하지 않거나, 오래되고 상한 우유를 먹은" 아이들에게서 발생하는 것으로 전해졌다. 또 이 질환은 아이가 설사를 많이 할 때 일어난다. 최상의 치료는 아이의 구강을 청결하게 만드는 것이다. 경련 형태로 일어나는 경기나 심계항진은 유모가 화를 내서 생긴 변비나 복통의 결과로, 또는 아이의 치아가 나는 때이거나 아이에게 음, 천연두, 홍역, 성홍열, 기생충이 있을 때 일어나는 것으로 알려졌다. 기생충에 관해서는 영아들이 "모유만을 공급받기 때문에 이러한 유해 인자를 접촉할 수 없었을 것이다"라고 했다. 로젠은 "아이들이 단단한 음식을 먹기 시작하기 전까지 나는 어떠한 기생충의 조짐도 발견한 적이 없다"라고 말했다. 설사는 영아가 방치되었거나 "맞지 않는 나쁜 우유"를 먹었을 때에만 일어나는 것으로 알려졌다. 다른 질병이 있는 아이들은 종종 설사병에 걸렸다. 그의 또 다른 조언은 아이들에게 한 번에 적은 양을 자주 마시게 하는 것이었다.

로젠은 **코포르**koppor, 즉 천연두에 대해서도 언급했다. 천연두는 정기적으로 발생하는 전염병으로, 18세기 스웨덴에서 매년 수천 명의 생명을 앗아갔다. 로젠은 천연두가 감염성이 있다는 점을 지적하면서, "천연두 독은 공기로부터 오는 것도, 공기 속에서 번식하는 것도 아니며, 흑사병에 대항했던 것과 유사한 방법으로 마을을 천연두로부터 보호할 수 있다"라고 말했다. 그러나 천연두는 농포膿疱가 노란색으로 변하기 전까지는 감염성이 없는데, "왜냐하면 그때부터 농포에서 독이 새어나오기 때문이다". 감염 확산을 막기 위해 병자의 옷은 땅에 묻어야 했다. 처방으로 접종이 행해졌고, 로젠은 건강한 사람이 종기로부터 감염되는 여러 가지 경로에 대해 설명했다. 교육받은 계층에게는 자녀에게 예방접종을 시키도록 권장되었다. 이들이 "인구수 격감이 국가에 위해를 끼칠 수 있으며, 그러므로 좋은 본보기를 만들어야 한다는 것을 이해하고 있었기" 때문이다. 로젠은 접종을 통해 질병을 예방하려는 시도가 신의 의도와 부딪힌다는 주장에 동의하지 않았다. 이것은 "신이 우리에게 발견하도록 한" 의학이었으며, 따라서 그것을 사용하지 않는 것은 죄악이었다. 홍역과 백일해의 경우, 이들 감염이 천연두와 유사하다는 것이 확인되었으며, 로젠은 이를 박멸하기 위해 유사한 약이 발견되기를 바랐다. 스웨덴에서 접종은 유행병을 충분히 방지하기에는 너무 부족하게 이루어졌다. 그러나 유명한 목사인 안데르스 쉬데니우스Anders Chydenius의 덕택으로 스웨덴 북동부 외스테르보텐Österbotten에서는 상대적으로 널리 행해졌다.

기생충 질환은 오늘날 부유한 국가들에서는 그다지 큰 문제가 되지 않는다. 그러나 18세기 스웨덴에서는 여러 종류의 기생충 때문에 풍토병이 발생했으며, 특히 어린이들에게서 그러했다. 이것들은 음식과 음료수를 통해, 특히 더러운 그릇을 통해 인체에 들어왔는데, 여름에 가난한 이들 가운데서 많이 발생한다고 로젠은 설명했다. 좋은 해결책은 음식을 잘 조리하는 것이었다. 불결과 빈곤이 발진, 옴, 해충의 주요 원인이라고 언급되었다.

풍족하거나 부유한 사람들에게는 좀처럼 옴이 생기지 않는다. 그러나 부유하지 않거나 가난한 사람들에게 이것은 흔한 고통이다. 전자(부유 계층)는 하인을 두고 있다. 아이들의 방은 청결하게 유지된다. 유모는 옷을 제공받기 때문에 자주 갈아입을 수 있고 브기에 좋다. 또한 그녀는 아이를 깨끗하게 유지해주며 기저귀와 젖은 옷을 정기적으로 갈아준다.

당시 로젠은 어린이 질환에 관해 가장 권위 있는 사람이었다. 그의 연감 기사와 저서는 여러 세대에 걸쳐 스웨덴과 외국 의사들, 산모와 부모들에게 읽혔다. 그가 처방한 몇몇 치료법의 효과는 현재의 시각에서 봤을 때 의심스러워 보이나, 그가 살던 시기에 그는 모유 수유가 가지는 긍정적인 영향과 어린이의 건강 및 생존에서 알맞은 위생이 가지는 긍정적인 영향에 대해 대중의 관심을 이끌어냈다.

8. 계몽된 지방 의사가 지목한 적들

지역에서 의사들은 주민의 생활 조건에 알맞은 실용적인 지식을 가지고 있었다. 18세기 스웨덴의 지방 의사들이 고위 당국에 제출한 보고서를 살펴보면, 많은 지방 의사가 이런 실용적 지식에 관심을 두었다는 것을 알 수 있다. 이들 중 한 명인 요한 오토 하그스트룀 Johan Otto Hagström(1716~1792)은 가난한 가정 출신으로, 웁살라에서 린네와 닐스 로젠 폰 로젠스테인의 지도 아래 연구했으며, 18세기 중후반에 린셰핑 시와 그 인근 지역에서 근무했다. 그는 계몽주의 시대의 전형적인 '민중적' 인물로, 과학 연구에 뒤떨어지지 않으려 노력했고, 인구집단의 건강을 증진하는 수단으로 공공복지에 주목했다. 그런 점에서 채소 경작을 활성화하는 것은 건강과 경제 모두에 이로운 일이었다. 그는 천연두를 박멸하는 방법으로 당연히 접종을 처방했지만, 이를 촉진하기 위해 그 스스로 전폭적인 노력을 기울였던 것 같지는 않다.

위생적 관점에서 매우 건강하지 않은 소도시에 살았던 하그스트룀은 이같은 환경의 위험성에 대해 아주 잘 알고 있었다.

> 이곳 린셰핑에서는 돼지가 거리에서 사람의 배설물을 옮겨, 건강이 해를 입을 수 있다. 가을과 봄에는 이미 이 건강에 해로운 공기가 만들어지고, 1년 중 이 시기에 더 나빠진다. 이렇게 불결한 공기는 사람이 침을 삼킴으로써 위에 도달하고, 호흡을 통해 폐로 들어가 필연적으로 질병을 유발한다.
> – 1755년 1월 24일 자 서신[13]◆

이 인용문은 질병의 확산 방식에 대한 당시 사람들의 인식을 보여줄 뿐 아니라 산업화 이전 스웨덴 대다수 마을의 위생 상황을 잘 묘사하고 있다. 고전적 의학에 근거한 보편적 인식 중 한 가지는 수렁이나 유기물이 부패할 때 나는 해로운 냄새와 악취, 즉 **독기**miasma라고 알려진 것이 질병을 유발할 수 있다는 것이다. 이런 생각은 다음 세기까지도 우세했으며, 영국이 위생 개혁을 하는 근거의 일부가 되었고, 심지어 스웨덴의 산업화된 마을에서도 19세기 말 무렵의 세균학의 결정적 혁신이 이루어지기 전까지 큰 영향력을 미쳤다.[14, 15] 이것은 사람들이 공중보건을 개선하기 위한 올바른 수단을 사용했지만 이론적으로는 근거가 모호했다는 것을 보여주는 한 사례이다. 질병의 유래에 대한 또 다른 시각으로, 감염된 사람과의 직접적

◆ [원주] 하그스트룀이 의사협회에 보낸 서신(1755~1785년)의 일부이다.

인 접촉을 통해 질병이 전파된다('접촉 감염contagion')는 인식이 존재했다. 이 인식은 흑사병 유행 초기에 병든 자들을 검역·격리하던 관리 규정의 근거였다.

빈곤이 불건강ill-health과 조기 사망의 근원이라는 사실은 당대의 관찰자들에게는 잘 알려지지 않은 것이었다. 1764년 여름 스웨덴 왕립 과학 아카데미 연설에서 하그스트룀의 고명한 벗이자 후원자인 아브라함 베크는 사망률이 사회적 차이를 보이는 이유에 관해 말했다.

> 흑사병 유행에 관한 한 이보다 더 나은 증거는 제시될 수 없는데, 흑사병이 부유한 이들보다 보통 사람들에게 훨씬 더 영향을 미친다는 사실이다. 그리고 경제적으로 부유한 이들은 좀처럼 병에 걸리지 않는 데 비해, 흑사병 유행은 평민 집단을 황폐하게 만든다. …… 이처럼 보통 사람들과 도시 평민 사이에서 사망자가 많은 이유와 질병의 원인을 생각해보면 빈곤, 곤궁, 음식 부족, 불안, 절망이 마음속에 가장 먼저 떠오른다.

베크의 의견에 따르던, 물질적 부족과 사회심리적 요인 둘 다 사망률의 사회적 격차에 기여했다. 사망률의 상당한 부분이 흉년과 연관되어 있다는 점과 많은 사람들이 가까스로 살아남았다는 사실을 고려하면, 건강의 사회적 격차에 관한 18세기 스웨덴의 지식이 현재보다 극히 제한적이었다고 할지라도 베크의 결론은 매우 타당해 보인다. 특히 도시 지역의 열악한 위생 조건, 그리고 감염 전파에 대한 지식 부족은 물질적으로 풍족한 집단도 다양한 감염성 질환에 접촉될 위험을 가진다는 것을 의미했다. 스톡홀름에 거주하는 부유한 고급 관료들은 영양가 있는 음식을 접하는 데 유리했지만, 그렇다고 해도 폐결핵과 같은 감염병을 항상 피할 수 있었던 것은 아니

었다. 물론 위험은 도시의 빈곤층에게서 더 높았다.[16]

전국에 있는 베크의 동료들은 건강에서의 사회적 차이의 수준에 주목해 의사협회에 보고서를 제출했다. 요한 오토 하그스트룀은 1757년 1월 7일자 서신에서 "여기에서는 3월 말과 4월 초에 학질이 유행했는데, 특히 가난한 사람들 사이에서 유행했습니다. 질병으로부터 상처 입지 않은 사람은 거의 없을 정도입니다"라고 보고했다.[13] 빈곤이 질병과 사망의 원인이라는 것은 의사협회로 보내는 하그스트룀의 서신에서 자주 등장하는 주제였는데, 특히 18세기 위기의 시기에 그러했다. 1771년 12월 16일에 그는 다음과 같이 썼다.

많은 교구로부터 (온) 마치 양떼 같은 거지들의 무리가 허기를 채우려고 빵을 밀어 넣는다. 배고픔은 일반적으로 평민들에게 질병을 일으키게 한다. 신이 이 국가적 고난에 자비를 내리기를![13]

하그스트룀의 관점에서 이것은 다음을 의미했다.

…… 빈궁한 하층민은 일하기에 쇠약해지고 피로해지며 가망 없이 병들어, 결국은 그들을 진저리가 나게 만들었던 고통과 고생과 배고픔에서 벗어나 죽음을 맞는다.

하그스트룀에 따르면, 또 다른 이유는 다음과 같다.

…… 시장, 축제, 결혼식, 장례식에서, 그리고 특히 여름의 건초 만들기 시기에 지속적으로 아콰비트aquavit◆를 마실 기회는 수없이 많았다. 통풍, 간

질, 수종증, 폐결핵, 식욕부진, 울화병, 현기증, 연약하고 가냘픈 아이, 유산, 그리고 심한 고통 뒤에 죽음의 희생자가 된 이곳의 많은 병자들을 들먹이는 것은 내가 맹세하던 바에 어긋나는 일이다.

하그스트룀은 청년 시절 매독에 걸린 적이 있었다. 이는 확실히 성병 환자가 되는 경험에 대해, 그리고 사회적으로 낙인찍히는 것을 기술하는 데 도움이 되었다. 그는 자신의 환자들이 "교회, 사회 모임, 일터, 낚시터 또는 비슷한 여가 활동에서 아무도 나를 너그럽게 봐주지 않을 것"이라고 말하고 "눈물을 흘린 후에 떠나버려 나는 다시는 그들을 볼 수 없었다"라고 말했다.

하그스트룀의 비평은 종종 높은 권력 집단을 직접 향하는데, 높은 생활비의 영향을 줄이고 술을 접하는 것을 제한해서 사람들의 환경을 개선시키는 것은 지나치게 소극적이라고 느꼈다. 그의 비평은 곡물 무역상, 주지사, 성직자 모두를 구별하지 않았다. 하그스트룀은 정치적으로 위험한 영역 안으로 모험을 감행하여, 의사협회에 보내는 공식 보고서에 담긴 자신의 비평을 조심스럽게 숨기기도 했다. 하지만 아브라함 베크에게 보내는 서신에서처럼 좀 더 자유롭게 말할 수 있는 때에는 숨김없이 다음과 같이 썼다.

가련한 이들을 돕기 위해 내가 돈 몇 푼을 요구하면 그때 그들은 그것이 돈 낭비라고 말하지만, 그들이 승리의 아치를 세우기 위해 수천의 금화를 원할 땐 즉각 그 돈이 모였다.

◆ 감자를 재료로 증류한 스웨덴의 민속주로, 라틴어 'aqua vitae'(생명수)라는 말에서 유래한다.

9. 지방 행정, 읽기 능력, 교회의 훈련

앞 장에서 본 것처럼 교구는 스웨덴의 일반 행정과 성직자 행정에서 핵심적인 기능을 담당했다. 이 기능이 점점 더 중요해질수록 국가와 교회의 야망도 커졌다. 일례로 1749년 이후로 인구통계에는 단지 행정 사항(출생, 세례, 결혼, 사망, 장례)만이 기록되는 것이 아니라 모든 주민의 매일, 매년의 기록이 적혔는데, 이는 교구 등록부가 존재했기에 가능했다.

이 등록부들은 모든 사람이 성경을 읽을 수 있어야 한다는 마르틴 루터 Martin Luther의 천명이 낳은 결과였다. 첫째로 이는 성서가 스웨덴어로 번역되어야 한다는 것을 뜻했는데, 이것은 이미 16세기에 이루어졌다. 둘째 조건은 모든 성인이 글을 읽을 수 있어야 한다는 것이다. 이리하여 17세기 전반에 스웨덴의 일부 교구에서 읽기 의무교육 캠페인이 도입되었고, 곧 전국으로 퍼졌다. 첫 세대의 성인들은 목사, 교회 서기, 또는 글을 읽을 수 있는 다른 사람들에게서 교육을 받았으며, 이후 가정에서 자신들의 자녀에게 지식을 전달해주었다. 캠페인의 결과를 모니터링하기 위해 매년 교리문답 시험이 치러졌다. 이것은 교리문답 명단에 기록되었는데, 점점 더 자세하고 본격적인 시험 등록부가 되어갔다. 결국 18세기 후반에 모든 사람이 공식적인 주소와 세대주 기록에 등록되었고, 여기에는 그가 어느 주소에서 옮겨 왔는지, 또 어느 곳으로 떠났는지에 관한 정보도 기록되었다.

교회의 야망을 북돋고 그 보상으로 그들의 지원을 받는 것 외에도, 국가는 이 기록들을 간직해야 할 실용적인 이유를 재빨리 찾아냈다. 교회 등록부의 도움으로 매년 가을 납세 대상자 등록부가 갱신될 수 있었으며, 교구 내에서 군인을 새로 징집할 때 모집 공무원이 군대에 들어올 연령인 사람들을 파악하는 데 이 교리문답 목록이 도움이 되었다. 종교 및 행정 기관이

마르틴 루터
자료: http://en.wikipedia.org/.

캠페인을 진행할 때도 역사상 유례없는 성과를 보였다. 즉, 18세기 중반에 스웨덴인 대다수가 '책을 읽는 것'이 가능했으며, 종교적인 글과 교회 문이나 공공장소에 붙은 왕실의 교서가 무엇을 말하는지를 누구나 무리 없이 이해했다. 그러므로 닐스 로젠 폰 로젠스테인이 다소 평이한 언어로 쓴 연감이 널리 퍼져 읽힐 수 있었다. 여러 차례 증명된 바와 같이, 어머니의 글 읽는 능력은 어린아이들이 생존하는 데 핵심적인 요인이다. 교회 등록부는 여성이 남성보다 글을 읽는 데 더 유능하다는 것을 보여주는데, 이것은 아마도 일반적으로 여성이 다음 세대의 교육을 책임지고 있으며, 그래서 자신들의 능력을 유지하기 위해 필요한 연습을 했기 때문인 것으로 보인다.

물론 이것이 사람들이 항상 의사의 조언을 경청하고 따랐다는 것을 의미하지는 않는다. 여전히 관습과 전통적인 지혜와 믿음이 강했고, 이것들이 동시대의 의학 지식과 언제나 일치하지는 않았다. 모든 목사가 '계몽된' 것도 아니었으며, 심지어 계몽된 이들이라 하더라도 언제나 자신의 교구민을 수긍시킬 수 있는 것도 아니었다. 실제로 일관성 있는 모유 수유와 위생 향상을 위한 캠페인이 어린이의 생존율에 가시적인 영향을 낸 것은 19세기가 되어서야 가능했다.

한편 지방 교회 대표자들은 다른 활동에 참여했는데, 이것은 종교적 논의에 더 직접적인 동기 부여를 받은 활동이었지만 사람들의 건강에 간접적으로 긍정적인 영향을 미칠 가능성이 있는 것이었다. 광범위하게 정의되는 '교회의 훈육church discipline'은 개신교가 중요하게 집중하는 가장 큰 영역 중 하나가 되었다. 예를 들어 술에 취하지 않는 것은 기독교 모임의 가치 중 하나였다. 교구 모임과 원로회의 기록들을 살펴보면, 과한 음주는 목사 또는 교구 전체에서 개입하여 교정해야 하는 죄악으로 간주되었다. 가정 내의 불만 역시 신의 의지에 반하는 도전이었으며, 남편과 아내 사이의 갈등은 교구 당국의 주의를 끄는 빈번한 사안이었다. 개인적 차원에서 이러한 개입은 알코올 중독, 그리고 보통 결혼한 남성이 저지르는 가정 폭력을 예방하는 데 도움이 되었다. 무엇보다 중요한 점은 그런 것들이 공식적·비공식적 사회 조절 메커니즘에 의해 집단적으로 조절될 수 있으며 그래야 한다는 개념에 교구민들이 익숙해진 것이다. 이러한 '집단주의'와 교구 기구는 훗날 지방 기관들이 예방접종 캠페인, 훈련된 조산사 고용, 공중보건학적 이유로 요구되는 직접적인 개입을 성공적으로 수행할 수 있게 했다.

10. 요약: 계몽주의 시대가 남긴 공중보건의 유산

계몽주의 시대는 인간이 (신의 도움을 받아) 사망을 감소시킬 수 있다는 혁신적 발상을 보인 시기였다. 많은 논거와 조언이 제시되었는데, 그중 상당수는 현대의 정황에 가져다 놓아도 이치에 맞게 보이는 것들이었다. 경험적 관측은 새로운 이론을 만들거나 입증하기 위한 중요한 도구가 되었다. 이것은 '중상주의', 즉 중앙정부가 국민의 수를 늘리고 그들을 신체적으로 건강하게 만드는 것에 대한 관심을 키우는 일과 함께 이루어졌다. 달리 말해 국가는 건강이 개인과 국가에 경제적 자산이라는 점을 인지했다. 그 결과로, 스웨덴의 도시와 지방정부에 공적으로 고용된 의사의 수는 서서히 증가했고, 공식적으로 훈련받은 조산사들은 과거 전통적으로 그 역할을 하던 이들을 점점 대체했다. 1749년 이래로 사망자의 수와 원인에 대한 인구통계가 수집·분석되었고, 이것은 높은 사망률과 몇몇 잠재적 사망 원인에 대한 관심을 이끌었다.

계몽과 과학 분야에서 스웨덴을 대표하는 이들에게서 현저히 두드러지는 양상은 그들이 중산층에서 나왔다는 것이다. 이것은 그들이 오래된 전통을 영원한 진리인 것처럼 받아들이지 않을 수 있게 했다. 또한 그들이 일반 평민의 삶의 조건과 건강을 실제로 체험했다는 것을 의미했다. 이는 많은 저술의 자취에서 나타난다. 이들이 불운한 사람들을 향해 자주 표현하는 다정함은 그들 시대에 감정적으로 표현된 장르의 저술에서도 나타난다. 개인적 관찰과 경험, 그리고 그들이 기술하는 사람들에 대해 사회적·문화적으로 접근한 데서 우러난 진심 어린 동정이 나타나기도 한다.

사망과 질병의 원인에 대한 당시 의학 이론은 현대의 과학적 지식에 들어맞지 않았지만, 많은 실제적 결론과 권고는 현대의 기준으로도 타당하다. 린네와 그의 동료들에 의해 영양이 건강에 중요하다는 것이 널리 알려지게 되었다. 일부 관찰자들은 담배와 술을 많이 하면 건강을 해칠 수 있다고 보았고, 일부 의사들은 신체 활동이 젊은 세대들을 강하고 튼튼하게 만들어줄 것이라고 생각했다. 빈곤은 불필요한 질병과 조기 사망의 가장 주요한 요인으로 간주되었다.

린네는 스웨덴 북부 지역 사람들이 아이에게 모유 수유를 하지 않는다는 사실을 발견했고, 1750년대에 닐스 로젠 폰 로젠스테인은 모유 수유를 강력하게 권고했다. 그의 권고는 글을 읽을 수 있는 인구에 널리 퍼졌고, 초기에는 중산층 가구에 영향을 미쳤다. 반면 가장 열악한 지역의 주민들에게는 즉각적인 영향을 미치지 못했다. 18세기의 도시 지역은 여전히 극심하게 더러웠다. 사람들은 오염된 우물에서 물을 길어다 썼으며, 마을과 촌락에서는 돼지와 소, 말이 길을 더럽혔다. 그 결과, 발진티푸스, 이질, 여러 소아 질환이 계속해서 일어났고, 사망률은 1810년대까지도 근본적으로 변하지 않고 그 수준에 머물러 있었다. 19세기 이전까지는 새로운 아이디어들이 기대여명의 증가에 명백히 기여했다고 볼 만한 증거를 찾을 수 없었다. 천연두 예방접종은 확실히 개인의 생명을 구했으나, 에드워드 제너 Edward Jenner(1749~1823)가 우두의 면역 효과를 발견하기 전까지는 그렇지 못했으며, 이것이 보편적으로 이용되고서야 비로소 이 무서운 전염병이 효과적으로 통제될 수 있었다.

결론적으로 감염성 질환으로 인한 높은 사망률과 짧은 기대여명을 특징으로 하는 기존의 역학적 레짐epidemiologic regime은 18세기 말까지 여전히 우세했다. 다음 장에서는 늘어나는 프롤레타리아트의 빈곤과 도시화의 문제점, 어린이와 여성의 사망률 감소, 그리고 실질적인 '위생주의'의 출현과 이것이 기대여명에 긍정적인 영향을 미쳤던 새 세기의 첫 반세기에 초점을 맞출 것이다.

3장 참고문헌

[1] Johannisson K. Det mätbara samhället: statistik och samhällsdröm i 1700-talets Europa [Society in numbers: statistics and utopias in 18th century Europe]. Stockholm: Norstedts; 1988.

[2] Bourdelais P. L'age de la vielliesse histoire du vielliessement de la population. Paris: Éditions Odile Jacob; 1997.

[3] Sköld P. Kunskap och kontroll: den svenska befolkningsstatistikens historia [Knowledge and control: the history of Swedish population statistics]. Umeå: Umeå University; 2001.

[4] Sköld P. Kampen mot kopporna: preventivmedicinens genombrott [The struggle against smallpox: the breakthrough of prevention medicine]. In: Sundin J, Hogstedt C, Lindberg J, Moberg H, eds. Svenska folkets hälsa i historiskt perspektiv [The health of the Swedish people - a historical perspective]. Stockholm: Swedish National Institute of Public Health; 2005.

[5] Willner S. Det svaga könet? Kön och vuxendödlighet i 1800-talets Sverige [The weaker sex? Gender and adult mortality in 19th century Sweden]. Diss. Linköping: Linköping University; 1999.

[6] Post J D. Food shortage, climatic variability, and epidemic disease in preindustrial Europe: the mortality peak in the early 1740s. Ithaca: Cornell University Press; 1985.

[7] Odén KG. Statistisk undersökning rörande våldsamma dödsfall i Sverige [Statistical survey of violent deaths in Sweden]. Stockholm: Beckmans; 1875.

[8] Livi-Bacci M. Population and nutrition: an essay on European demographic history. Cambridge: Cambridge University Press; 1990.

[9] Collin CG. Anmärkningar om dödligheten hos barn i Sverige åren 1831 till och med 1845 [Observations on child mortality in Sweden between 1831 and 1845]. Kungliga svenska vetenskapsakademiers handlingar [Royal Swedish Academy of Sciences document]; 1845.

[10] Högberg U. Maternal mortality in Sweden. Diss. Umeå: Umeå University; 1985.

[11] Gelis, J. History of childbirth: fertility, pregnancy and birth in early modern Europe. Cambridge: Polity Press; 1991.

[12] Jägervall I, ed. Nils Rosén von Rosenstein och hans lärobok i pediatrik [Nils Rosén von Rosenstein and his textbook in pediatrics]. Lund: Studentlitteratur; 1990.

[13] Hagström JO. Johan Otto Hagström's brev till Collegium medicum 1755~1785 [Johan Otto Hagström's letter to Collegium medicum 1755~1785]. Linköping: Östergötlands med-

icinhistoriska sällskap [Östergötlands medical history society]; 1993.

[14] Edvinsson S. Den osunda staden: sociala skillnader i dödlighet i 1800-talets Sundsvall [The unhealthy town: social inequality regarding mortality in 19th century Sundsvall]. Diss. Umeå: Umeå University; 1992.

[15] Nelson M, Rogers J. Cleaning up the cities: the first comprehensive public health law in Sweden. Scandinavian Journal of History 1994;19(1):17~39.

[16] Puranen B I. Tuberkulos: en sjukdoms förekomst och dess orsaker. Sverige 1750~1980 [Tuberculosis: the occurrence and causes in Sweden 1750~1980]. Diss. Umeå: Umeå University; 1984.

4장

전환기의 사회

인구의 증가, 프롤레타리아화,
기대여명의 증가(1800~1870년)

1. 전환기의 사회

19세기가 시작될 때 스웨덴의 인구는 200만 명이 갓 넘었는데(1809년 핀란드가 러시아의 지배 아래에 놓이면서 현재의 영토만 포함), 70년이 지난 후에는 400만 명 이상으로 치솟았다. 10명 중 9명이 시골 지역에 살았으며, 나머지 사람들은 큰 시골 촌락과 비슷한 작은 마을에 거주했다. 19세기 초 시장의 성장에도 불구하고 농업경제의 주요 생산물이 차지하는 비중은 상당했다. 당시 유럽 대륙에서 온 상류 계급 방문객은 스웨덴이 유럽의 주변에 위치한 가난한 후진국이며, 인구가 매우 적고, 작고 변변찮은 마을과 촌락이 특징이라고 묘사했다.[1]

이 시기에 사회구조의 급격한 변화와 함께 인구가 크게 늘었다. 1750년에 소작농 가구가 농경 인구의 대다수를 차지했다면, 한 세기 후 그 비율은 50%까지 감소했다. 반면 이 시기에 소규모 농장 주인, 일용직 농부, 세입자와 같이 적은 재산을 가진 집단은 그 규모가 네 배 이상 늘어났으며, 농부의 수는 단지 10%만 증가했다. 급격한 인구 증가와 함께 농업 부문에 대한 거대한 상업적 압박이 가해지면서 도시 프롤레타리아트의 대열에 합류하는 사람들이 빠르게 증가했다. 이들 중 많은 수는 지주의 아들과 딸로, 사회 계층의 하락이 이루어졌고, 이것은 1800년 이후 성장한 신세대의 미래 삶에 대한 전망을 근본적으로 변화시켰다.[2]

이러한 발달은 농업 생산물과 생산성의 증가(곡물 중에서 특히 감자)를 가져와 종종 '농업혁명'이라 불렸는데, 많은 양의 곡물을 수입하던 스웨덴이 1830년 이후 상당한 양의 귀리를 영국으로 수출하게 된 변화를 두고 하는 말이다. 이런 변화는 시장 생산물을 증가시켰을 뿐 아니라 노동 분업을 촉진하고 사회 분화의 조건을 만들었다. 농업 성장을 추동하는 (부분적으로

서로 연계된) 주요 힘은 토지 개간, 인클로저 개혁,◆ 윤작, 고강도 경작, 철제 농기구 보급 등이었고, 그중 가장 중요한 것은 주요 식량으로 감자를 도입한 일이었다. 1827년의 라가 시프테Laga Skifte 법령과 같은 토지 개혁은 몇몇 작은 농경 부지를 큰 논밭으로 통합해 더 효과적인 생산에 기여했으며, 재산권도 강화했다. 하지만 동시에 일부 지역에서 촌락을 해체하고 오래된 촌락 공동체의 기반을 침식했다.[3]

2. 역학적 추세

1820~1840년대에 일용 농업 노동자들의 실질임금은 감소하거나 정체했다. 땅을 가지지 못한 프롤레타리아트가 늘어났는데도, 1810년을 지나면서 사망률이 지속적으로 감소하는 시기가 시작되었다. 여러 심각한 감염성 질환이 대규모로 창궐하는 상황이 발생했지만, 사망률은 두 번 다시 과거와 같은 극심한 수준에 도달하지는 않았다. 1830년대에 콜레라라고 불리는 새로운 유행병이 스웨덴과 유럽을 엄습했으나 전염병의 쇠퇴기라 불리는 역학적 변천의 새로운 양상이 시작되었다. 1834년 스웨덴에서 첫 번째 유행병이 지나간 후 1만 2,000명이 넘는 사람들이 사망한 것으로 보고되었는데, 1850년대 전까지 이 병은 대규모로 다시 일어나지 않았으며, 1866년에 마지막으로 유행했다.[4] 비톤 콜레라가 (특히 도시 지역에서) 파괴적인 결과를 초래했지만, 그 영향은 이전 세기의 사망률 위기만큼 심각하지 않

◆ '인클로저 개혁'은 미개간지, 공유지 등 공동 이용이 가능한 토지에 경계선을 만들어 다른 이의 이용을 제한하는 방식으로, 토지 경영의 현대화 현상 중 하나이다.

그림 4-1 | 스웨덴, 프랑스, 잉글랜드와 웨일스의 남성 기대여명(1800~2001년)

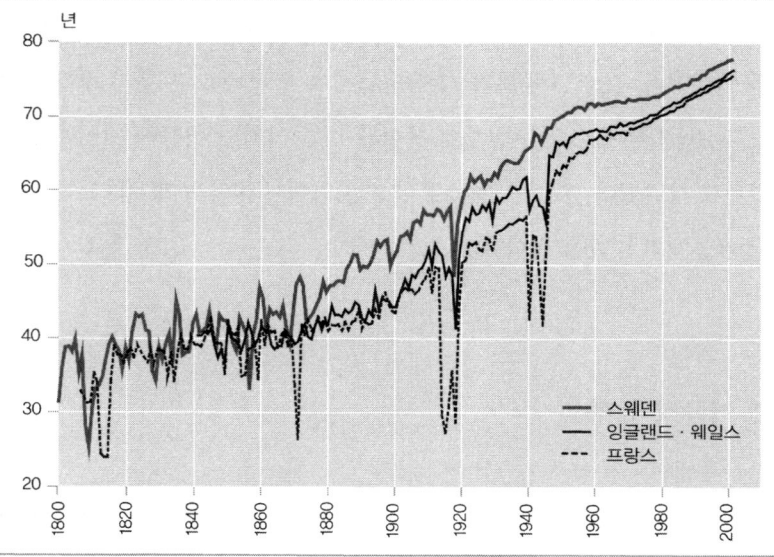

자료: France: Bourdelais 2004(from Meslé and Vallin).[5] Sweden and England & Wales: Human Mortality Database(University of California, Berkeley; Max Planck Institute for Demographic Research, Rostock) http://www.mortality.org.

았다. 그러나 콜레라 유행은 도시 위생 개혁을 가져오는 데 중요한 영향을 미쳤으며, 특히 19세기 후반의 수십 년 동안 효율적인 상수도와 하수 체계의 건설에 큰 영향을 미쳤다.

일반적으로 스웨덴 사망률의 추세는 서유럽 국가들과 어느 정도 유사한 특징을 보인다. 높은 수준의 사망률과 전염병의 반복적인 출현이 특징이었던 과거의 역학적 양상은 18세기와 19세기 초를 거치면서 사망률의 변동이 더 약하고 적어져 조용한 양상으로 변화했다. 잉글랜드와 웨일스, 프랑스처럼 19세기 중반 사망률의 추세가 정체·안정된 후 다시 하락하기 시작해 세기말까지 지속되었던 다른 유럽 국가들과는 대조적으로(〈그림 4-1〉), 스웨덴과 노르웨이는 모든 시기에 걸쳐 더 지속적인 감소를 보였다.[6, 7]

잉글랜드에서 건강 수준이 좋아지다가 일시적으로 정체했던 것은 초기의 급격한 산업화와 도시화가 건강이 부정적인 영향을 미쳤기 때문이며, 이후 세기 후반에 근로 환경 법률이나 도시 위생 개선과 같은 정치적 개혁이 이루어지면서 점차 개선된 것으로 보인다.[7] 이 시기 이후 스웨덴에는 산업혁명과 그에 따른 도시화가 찾아왔다. 〈그림 4-1〉에서 프랑스의 기대여명 곡선이 급격히 하락한 것은 당연히 전쟁의 영향과 연관이 있다.

3. 어린이와 성인

1810년 이후 흉년과 전쟁 때문에 사망률이 급격하게 변화하던 양상은 사라지고, 대부분의 연령 집단에서 전반적으로 사망 수준이 낮아졌다. 결핵, 설사, 천연두, 홍역, 백일해와 같은 감염성 질환은 어린이 사망의 주원인이었다. 청소년과 청년은 결핵, 폐렴, 장티푸스, 이질뿐 아니라 출산(여성) 및 외적 요인(대부분 남성)에 의해 사망했다. 노령 인구에서는 '노령'이 흔한 사망 원인이었으나, 결핵, 종양, 심혈관계 질환 등도 사망의 주요 원인이었다.

그러나 낮은 사망률의 일반적인 경향은 인구의 고령층에 직접적으로 영향을 미치지 않았다. 19세기 중반 이전에 나이 많은 연령 집단의 사망률은 유의하게 감소하지 않았으며, 남성 대 여성의 성비도 특별히 높지 않았다. 사실 19세기 초의 몇십 년간 사망률은 이전보다 높았으며, 특히 남성에서 높았다. 이러한 양상을 보인 이유 중 하나가 코호트 효과 cohort effect ◆였다는

◆ 코호트 효과란 같은 시기에 태어난 사람들의 군(코호트)이 일생을 통해 유사한 환경이나 사회 변

것은 의심의 여지가 없다. 즉, 젊은 세대의 건강 개선이 훗날 이들의 생명을 연장할 수 있도록 영향을 미치기까지는 시간이 걸렸다. 또 다른 매우 그럴듯한 설명은 사람들이 더는 임금노동을 통해 생활에 필요한 것을 얻지 못하게 되었을 때 점차 수가 많아져 가던 프롤레타리아트가 살아갈 수 있는 수단은 매우 적거나 거의 존재하지 않았다는 것이다. 자영농과 장인이 나중에 부양을 받는 조건으로 자신의 자원을 다음 세대에게 이양하던 오래된 체제는, 이들의 아들과 딸들이 작은 공동주택에서 자신과 자녀를 부양하는 데 필요한 것을 겨우 가지고 살아가야 하는 상황에서는 작동하지 않았다. 동시에 빈민을 구제하고 노년층을 돌보기 위한 지역 공동체적 해결책이 부족해 당시 '사회 이슈'로 빈번히 다루어졌다.

4. 남성과 여성

18세기 후반 25~49세 연령 집단의 사망률은, 징병 적령기의 남성에게 가장 많은 영향을 미친 전쟁 관련 사망률이 절정에 달했던 1789년을 제외하면, 여성에 비해 남성에게서 15~20% 정도 높게 나타났다.

일반적인 사망률은 낮아졌지만, 19세기 초 성인 남성의 사망률은 이전 반세기와 비슷한 수준을 유지했다. 심지어 변동은 이전보다도 적었다. 같은 시기에 청년·중년 여성의 사망률이 감소하면서 사망률의 성별 차이와 남성 초과 사망률은 더 두드러졌다. 그 결과로 1820년과 1850년 사이에 그

화에 노출됨에 따라 (다른 출생 코호트와는 다른) 유사한 이환(罹患)이나 사망 양상을 보이는 것을 말한다.

그림 4-2 | 스웨덴 25~49세 연령 집단의 남성 초과 사망률(1751~1900년, 5년 주기)

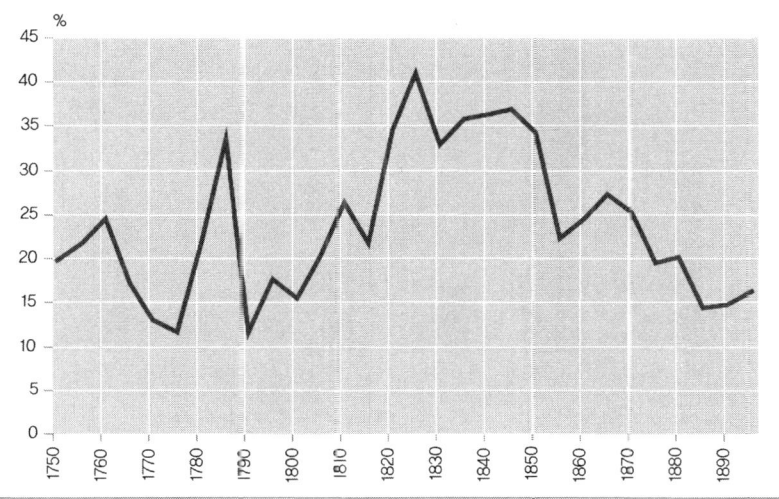

자료: Sundbärg G. Bevölkerungsstatistik Schwedens 1750~1900, Stockholm; 1970.[8]

격차는 현저하게 벌어져 약 35%의 차이를 보였다(〈그림 4-2〉).

남성 초과 사망률에 가장 크게 기여한 원인은 폐결핵, 외부 요인(사고와 자살), 그리고 뇌졸중으로 인한 갑작스러운 죽음으로, 이런 진단들은 해석이 쉽지 않다(〈그림 4-3〉). 갑작스러운 죽음에는 다양한 종류의 가능성이 포함되는데, 뇌경색과 심근경색, 뇌출혈, 알코올 중독 같은 것들이 있다. '급사slag'라는 당시의 표현은 현대의 '뇌졸중'일 것이다. 가임기 여성의 모성 사망(임신 또는 출산으로 인한 사망)이 낮아져 이들의 건강이 향상되었다. 남성 성인의 초과 사망률에 강력하게 기여하는 것은 분명 도시의 환경이었다. 예를 들어 1820년대 도시 지역 25~49세의 남성 사망률은 여성의 두 배였는데, 교외 지역에서는 단지 20% 이하로 높았다. 이런 도시와 농촌 간의 차이는 도시 지역의 높은 술 소비에 기인한 것으로 보인다.[9] 서유럽의 여러 국가들(잉글랜드와 웨일스, 노르웨이, 네덜란드, 벨기에, 프랑스, 덴마크)과

그림 4-3 | 스웨덴 25~49세 연령 집단의 주요 사망 원인에 따른 성별 사망률(1826~1830년)

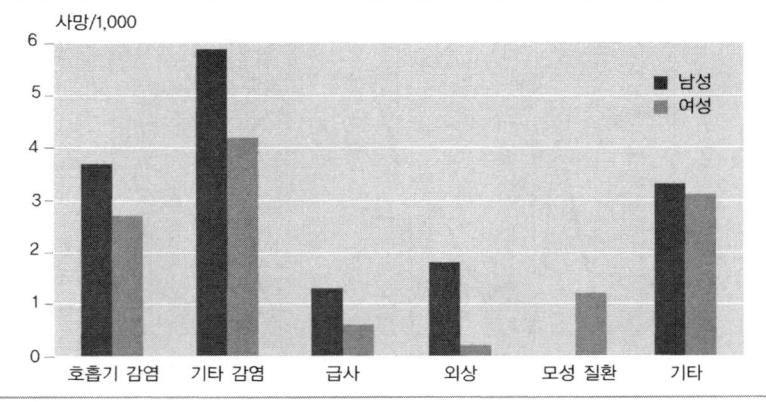

자료: Calculated from unpublished mortality and population tables, 1826~1830(Tabellverket).

스웨덴을 비교하면, 19세기 중반에는 스웨덴 중년 및 노년층의 남성 사망률이 더 높았다. 반면 젊은 연령의 남녀와 중년 여성의 경우는 다른 국가들보다 낮았다(다만 노르웨이 여성은 동일한 연령대의 스웨덴 여성보다 사망률이 낮았다).[10] 따라서 19세기 전반의 50년간은 특히 스웨덴 남성에게 괴로운 시기였는데, 이것은 스웨덴 여성과 비교했을 때뿐 아니라 다른 유럽 국가의 동년배 남성과 비교했을 때에도 그렇다.

남성의 초과 사망률을 급격히 증가하게 만든 중요한 요인으로는 19세기 초에 전통적 농경사회가 극적인 변화를 겪었다는 점을 들 수 있다.[11] 사회의 구조적 변화, 점차 커지는 사회 긴장, 불확실한 식량 공급, 미래가 불확실한 무산 집단의 증가는 육체적·정신적 건강에 부정적 결과를 낳았으며, 동시에 커다란 사회적 스트레스의 원인으로 작용했을 것이다. 반면에 종두법, 전쟁 없는 평화, 더 효율적인 식량 생산 등은 건강에 긍정적인 영향을 주어 전반적인 사망률 감소 추세에 영향을 미쳤다. 하지만 왜 이것이 성인 남성의 경우에는 예외였을까? 생존에 기본적인 필수품에 대한 접근에서 남성이 대체로 불리했다고 가정하기는 어렵다. 오히려 남성의 공인된 일당은 여성의 두 배였으며, 대다수 여성의 노동시장은 저임금 직업에 한정되어 있었다. 이에 대한 중요한 해석 중 한 가지는 전통적인 남성 생활 행태의 어떠한 특징이 프롤레타리아트의 성장과 함께 강화되었고, 기존의 사회적 네트워크가 해체되면서 이것이 사회통제 능력의 약화를 낳았다는 것이다. 이것이 초래한 한 가지 결과는 술 소비가 급격하게 늘어난 것이다. 이는 특히 남성의 건강에 부정적인 영향을 낳았는데, 음주에 대한 문화적 용인이 남성과 여성 간에 뚜렷하게 달랐기 때문이다. 여성은 술에 취하면 안 되었으며, 따라서 남성보다 훨씬 적은 양의 술을 소비했다.

5. 지역적·사회적 격차

세기의 전환기였던 1900년에 스웨덴의 인구통계학자인 구스타브 순드베리Gustav Sundbärg는 스웨덴을 세 개의 인구학적 지역으로 구분했다. 이 구분의 주요한 기준은 기혼 출산율의 차이와 사망률의 차이였다. 『이주 보고서Emigrationsutredningen』의 기본적 통계에 따르면, 스웨덴 북부는 19세기 초 50년간 사망률이 낮았던 반면, 멜라르달렌Mälardalen(스웨덴 중심에 있는 멜라렌 호수 주변 지역으로, 스톡홀름이 포함된다), 예테보리의 광역 지방정부들, 그리고 서부 해안가에 있는 보후슬렌Bohuslän과 스웨덴 남부의 블레킹에Blekinge는 사망률이 높았다.[12]

당시의 여건과는 반대로, 경제적으로 더 풍족한 지역이 가난한 지역에 비해 전적으로 더 건강 유지를 잘하는 것은 아니었던 것으로 보인다. 오히려 사망률이 낮았던 북쪽의 몇몇 광역 지방정부들은 스웨덴 내에서 (주민

중 징수 제외 대상인 사람의 수로 보았을 때) 가장 가난한 곳에 속했다. 반면 사망률이 높게 나타난 스톡홀름과 그 인근 광역 지방정부들은 낮은 빈곤 수준을 보였다.[13] 우리는 밀집한 시가지와 도시화된 지역에서 사망률이 높게 나타나는 뚜렷한 양상을 볼 수 있었으며, 인구가 희박한 지역과 국가의 주변부에 있는 지역에서는 상대적으로 사망률이 낮은 것을 볼 수 있었다. 논리적인 결론은 열악한 위생 조건, 과밀, 인구의 높은 이동성과 관련된 감염의 확산이 산업사회 이전의 빈곤 수준보다 사망률의 지역적 차이에 더 큰 영향을 미쳤다는 것이다.

스톡홀름 남서쪽에 있는 도시인 린셰핑의 연령 보정 사망률은 주변의 농경 지역보다 훨씬 높았다. 모든 연령 집단에서 그러했고, 특히 성인 남성에서 높았다. 린셰핑의 영아와 어린이 집단에서 나타난 이 도농 간 격차는 1820년 이후 감소했는데, 아마도 앞서 언급한 위생 환경의 개선이 원인일 것이다. 그러나 산업사회 이전 시기까지 중년 남성에서 그 격차는 여전히 높았다. 특히 수많은 음주 시설의 유혹이 중년 남성의 건강을 위협했다.

지역 간 격차가 존재했다는 것이 사회적·경제적 차이가 사망률에 영향을 미치지 않았다는 것을 의미하지는 않는다. 19세기 초 지역 환경을 다룬 소수의 연구들이 그 점을 보여주는데, 주어진 환경하에서 사회적 지위가 낮은 집단은 부유한 집단에 비해 더 열악한 건강 상태를 보였다.[10, 14] 바꿔 말하면, 일반적으로 도시나 인구가 밀집한 환경에 사는 것은 건강에 더 해로웠으며, 이들 지역은 경제적으로 주변부에 위치하고 인구가 희박한 지역보다 물적 생활수준이 일반적으로 높았는데도 다양한 감염성 질환에 접촉할 위험이 상당히 높았다. 반면에 불건강은 각각의 환경에서도 인구 내 가난한 계층에게 더 일반적인 현상이었다. 그러나 특정한 시기와 지역을 대상으로 한 지역 연구들은 가난한 집단보다 부유한 집단에서 더 높은 영아 사망률을 보여주기도 했는데,[15] 이는 아마도 모유 수유 습관의 사회적 차이에서 기인한 것으로 보인다. 가난한 사람들은 종종 모유 수유를 대신할 만한 방법이 전혀 없어 아기에게 모유를 줄 수밖에 없었던 반면, 자영농들은 자녀에게 소의 우유를 줄 수 있었고, 이것은 모유만을 공급받는 것에 비하면 아이의 건강에 위협을 더하는 것이었다.

또 가장 가난한 지방이 흉년으로 인한 위기 시기에 더 취약했던 것으로 보이는데, 1860년대 말을 그 예로 들 수 있다. 그러나 그 영향은 이전 세기에 비해 훨씬 더 적었다. 여기에 중요한 기여를 한 조치 중 하나는 아마도 1860년대 스웨덴이 비상 구제 체계를 수립한 일일 것이다. 민간 자원과 공적 자원 모두에서 원조가 이루어졌다. 국가의 구제는 비상 구제 기금을 조성하고 하수로나 도로 공사와 같은 공공 근로 사업을 수행하는 방식으로 이루어졌다. 그리고 구역 및 지역 수준에서 곡물 창고 체계를 두어 지역 주민에게 곡물과 밀가루를 빌려주었다.[16]

6. 물적 결핍과 사망률

스웨덴의 작가이자 주교인 에사이아스 텡네르Esaias Tegnér(1782~1846)는 감자가 인구집단의 건강을 향상하는 데 기여했다고 말했는데, 이는 인구집단의 규모에 비례해 식량 생산이 증가한 것을 염두에 둔 것이었다. 전형적인 식습관은 곡물과 감자에 근간을 두고 있었다. 염장 생선과 발효유sour milk를 제외하면 동물성 식량은 많지 않았다. 감자는 흉년과 생계비가 높은 시기에 가난한 사람들에게 중요한 식량이었다. 19세기 전반기에 반복된 기근 중에서 1770년대 초만큼 파괴적인 경우는 없었다. 그렇지만 1860년대가 될 때까지 수확, 식량 가격과 일반 사망률 간에는 분명한 상관관계가 있었고, 어려운 시기가 산발적으로 발생했다. 지방정부들이 5년마다 만든 보고서는 가난한 걸인의 무리가 흉작 때문에 많은 문제가 생긴 지역에서 쫓겨나 거리를 배회하던 1830~1840년대의 모습을 잘 보여준다. 주민 1인당 식량에 대한 접근도가 18세기에 비해 더 좋아졌다 해도 부유층과 빈곤층 간의 분배는 여전히 균등하지 않았다. 물가는 오르는 반면, 일자리 수와 임금은 감소했다. 특히 임시직 노동에 의존하는 사람이 늘면서 취약성이 커졌고, 그들은 종종 부랑죄, 절도와 식량 탈취 같은 생계형 범죄 등을 단속하는 정부 기관과 충돌했다. 특히 경제 침체기에 더욱 그러했다. 여전히 사회는 이 문제를 해결할 수 있는 효과적인 수단을 전혀 가지고 있지 않았다.

19세기 초 빈곤층을 돌보는 데 드는 비용이 증가했고, 일부 교구와 도시에서는 '자원을 고갈시키는' 이들을 옆 도시나 마을로 보내는 등 이런 문제에서 벗어나기 위해 할 수 있는 모든 방법을 동원했다. 스스로를 부양할 자원이 결핍된 실업자는 '무방비 상태'에 처해 전적으로 당국의 보호하에 놓였다. 일부는 지방정부의 장에게 보내졌는데, 지방정부의 장은 이들에게 특별한 시설에서 강제로 노동하도록 선고를 내릴 수 있었다. 그러나 실업자 수는 이들 기관이 감당할 수 있는 것보다 몇 배나 더 많았다. 무방비 상태인 실업자와 부랑인을 통제하기 위한 일련의 규제와 법률적 시도는 문제를 해결하는 데 실패했다. 가난하고 도움을 받아야 할 사람과 도움을 받을 가치가 없는 사람을 어떻게 구분할 것인가라는 '사회적 문제'를 두고 토론과 몇 가지 시도가 이루어졌는데, 이는 대영제국에서 이루어졌던 '도움을 받을 만한 빈곤층과 그렇지 않은 빈곤층 deserving and undeserving poor' 관련 토론과 유사했다. 일부는 이 문제를 사회적 중재가 요구되는 구조적인 문제로 인식했는가 하면, 다른 이들은 이것이 도덕의 문제라고 생각했다. 당시 프랑스

19세기 이래로 감자는 스웨덴 사람들, 특히 가난한 이들의 영양 상태에 중요한 기여를 했다.
자료: SVT Bild.

에서는 이런 사람들을 새로운 위험 계급 classe dangereuse으로 부르면서 타락하고 나태한 존재로 여겼다.

계급에 따른 사망률의 격차는 지속되었다. 특히 모자 가정의 자녀들에게서 지속되었으며, 이런 양상은 1810년대 이후 어린이와 여성의 전체적인 사망률이 떨어지기 시작했을 때에도 여전했다. 동시에 특정 연령대의 중년 남성 사망률은 그대로이거나 심지어 상승했다.

비록 흉작과 치솟는 생계비가 인구의 가장 가난한 계층에 영향을 미쳤다고 할지라도, 18세기 대규모 유행병 시기의 사망률은 상대적으로 '민주적'이었다. 도시 지역에서 부자와 빈민은 서로 근접하여 생활했고, 외부의 위생 조건은 누구에게나 동일했다. 타벨베르케트는 사회적 범주에 따라 사망자를 기록하지는 않았지만, 지역 기반 조사의 결과를 보면 어린이와 성인의 사망이 모든 사회 계층에서 높게 나타났다. 이런 양상은 19세기 전반에 부분적으로 변화한 것으로 보인다. 가난한 이들의 수가 급격히 늘어나면서 도시 내에서 이들 집단끼리 모여 사는 양상이 증가했다. 의사들이 공포한 조언과 권고는 아마도 상류 계급과 중산 계급에게 제일 먼저 소개되고 읽혔을 것이다. 이것은 영아 사망률과 모유 수유의 예에서 잘 나타난다.

린셰핑 지역에서 사망률은 가장 먼저 중산 계급에서 감소했고, 조금 지난 후에 가난한 사람들과 전통적 장인들에서 감소했다. 예방접종이 출현한 이후인 19세기 초 린셰핑 시내 중산 계급의 어린이는 단 한 명도 천연두에 걸리지 않았지만, 덜 부유한 계층 가운데서는 여전히 산발적으로 발생했다는 사례가 보고되었다.

7. 보건행정, 지방 의사, 조산사

19세기는 국제적으로나 국내적으로 의학과 보건의료에서 중요한 제도적·조직적 변화가 일어난 시기였다. 전문가 협회에서 공적 기관으로 점차 발전한 의사협회는 **국가보건위원회**Sundhetskollegium로 대체되었다. 동시에 **외과학회**Chirurgiska Societeten가 해산되고 새로운 기관으로 통합되었는데, 이는 외과의 전문성과 과학적 중요성이 증가했다는 징표였다. 또한 의사와 외과 의사 사이의 기술에 관한 그간의 논쟁을 해결하기가 더 쉬워졌음을 의미했다. 병원은 국가보건위원회가 이 임무를 인계받은 1859년까지 반半민간 조직인 세라핌Serafimerorden, Order of the Seraphim◆의 관장하에 있었다. 1862년의 지방정부 개혁은 **란드스팅**landsting(광역 지방정부)을 만들고 병원에 대한 책임을 맡겼다. 도시 지역에서는 기초 지방정부kommun가 자동적으로 의료 공무원 체계, 조산사, 격리 병동, 보건의료위원회를 책임지게 되었다. 지방 의사들은 계속 국가보건위원회의 관장 아래에 있었는데, 이 기관은 법령을

◆ 현재 'Order of the Seraphim'은 스웨덴의 대표적인 훈장 이름으로 더 잘 알려져 있다. 여기서는 당시 정부의 일을 관장하던 조직 중 하나로 보인다.

공표하고 전체 시스템에 대한 감독도 맡았다.

17세기 초부터 학계 엘리트 교육의 일부로서 다른 유럽 대학으로의 유학이 추진되었다. 이 특권은 일차적으로 귀족층 학생들과 이들의 가정교사가 누렸다. 우리는 18세기에 린네를 비롯한 몇몇 이들이 후원자와 장학금의 도움으로 당대의 가장 명망 있는 교수들 아래에서 공부할 수 있었으며, 서로 교분을 쌓아 훗날 활발하게 서신을 주고받고 새로운 연구 아이디어를 나누었다는 것을 이미 보았다. 19세기 스웨덴 의학은 유명 과학자들을 많이 배출하지는 못했지만, 외국에서 공부하고 서신을 교환하며 갖가지 학술 저널을 발표하고 읽어온 결과, 과학과 의학의 국제화가 지속적으로 진행되었다. 에드워드 제너가 이론을 공표한 이후 천연두 예방접종을 빠르게 받아들인 사례는 스웨덴이 혁신을 수용했던 속도를 잘 보여준다.

18세기 지방 의사의 과업은 여러 법령으로 정해져 있었으며, 1822년에는 그들이 보건의료에 전념하고 유행병과 싸우며 천연두 예방접종 및 조산사와 약사를 감독하고, 국가의료위원회Medicinalstyrelsen에 연간 보고서를 제출하도록 법제화했다. 그러나 19세기 초 인구가 많은 지역인 스웨덴 남부 외스테르예틀란드Östergötland를 예로 들면 여전히 단 두 명의 지방 의사만이 봉직하고 있었고, 북쪽은 구역이 너무 넓어 의사들이 담당하고 있는 모든 교구를 방문하는 것은 거의 불가능했다. 1805년 스웨덴에는 의사가 약 280명이 있었고, 이 수치는 1850년에 463명으로 증가했다. 이 두 시기 모두 스웨덴의 의사 대 거주민의 비는 다른 유럽 국가들에 비해 매우 낮았다. 시장의 침체 때문에 민간 진료만으로 생계를 유지할 수 있는 의사는 거의 없었다. 그 결과, 거의 모든 지방 의사들이 국가 또는 대도시의 행정 기관에 공적으로 고용되었다. 자유교회free church◆가 등장하기 이전에 종교가 그러했듯이, 스웨덴의 보건의료 서비스는 기본적으로 공적으로 재원이 조달되고 통제되었다. 고용된 의사, 조산사, 간호사는 자신을 민간 사업자로 여기기보다는 생명에 대한 임무를 가진 국가 공무원으로 인식했는데, 이는 민간 의사가 주를 이루던 대영제국의 의료 시장과는 반대되는 것이었다. 이런 상황은 자연스럽게 스웨덴에서 국가와 의료 전문가가 서로 협력해야 할 필요성을 낳았는데, 의사들은 시장에서 기업가로서 자신의 이익을 지킬 필요가 없었으며, 의학적 전문성과 정치적 의사결정 및 실행 사이에서 좀 더 큰 합의와 바람직한 협력이 이루어졌다.

19세기 초반 시골 지역에서는 모유 수유와 위생이 중요하다는 것을 배우고 자격을 갖춘 조산사를 찾기가 어려웠으며, 새로운 사상을 보급할 계몽된 목사들은 전통적 믿음과 관습에 맞서 싸워야만 했다. 그러나 점차 지방 의료 체계가 지속적으로 커지고 거주민 대비 의사의 수가 증가했으며 더 많은 조산사가 시골 지역에 근무하면서 보통 사람들에게 이 새로운 사상이 수용될 가능성이 커졌다.

전문가와 일반인을 위한 교과서와 교육적 출판물은 18세기에 비해 더 꾸준한 흐름으로 확산되었으며, 19세기 말에 이르러서는 많은 작가와 구매자를 가진 하나의 장르가 되었다. 앞서 확인했듯이 스웨덴에서 읽기 능력은 18세기 초부터 널리 퍼졌고, 통속적 문예 작품의 소비가 특히 중산층에서 증가했다. 1842년 의무교육이 도입되어 일반인의 지식 보급의 주요 수단이 되었다. 그러나 학교 개혁이 모든 교구로 적용되기까지 수십 년이 걸렸으며, 학교 시간표에 위생 과목이 포함되기까지는 더 오래 걸렸다. 그리고 당시의 (위생) 개념에는 품위conduct, 정신적 훈육spiritual upbringing, 건강에 좋음salubrity이 포함되어 있었다. 특히 어린이의 개인위생을 엄격하게 관리

◆ 정부에서 분리된 교회, 또는 정부 관할 교회가 아닌 교회.

했기 때문에 의무교육을 하던 초등학교는 '의학 교육자'로서 매우 중요한 역할을 수행했다. 질병을 예방하는 방법에 대한 실제적인 조언이 학교에서 이루어졌고, 이것은 치료적 요법보다도 사람들의 생존에 더 중요한 것이 되었다. 당시의 의학적 지식과 기술은 심각한 질병을 치료하는 데는 별 도움이 되지 못했기 때문이다.[17]

8. 공중보건과 지방 행정

1820년 이후 스웨덴이 상당 수준의 사회적·경제적 전환을 급속하게 겪은 가난한 국가였는데도 이 시기에 어린이와 모든 연령대 성인 여성의 사망률이 감소한 이유는 확실하지 않다. 이어지는 장들에서는 이 긍정적 발전에 기여한 일부 요인들에 대해 논의할 것인데, 신新공중보건학new public health◆이라는 메시지를 수용하고 실천한 지방 행정 체계의 중요성에 대한 이야기로 시작할 것이다. 1810년 이래 어느 모로 보아도 국가는 평화로웠고, 이 것은 안정적인 시민사회의 성립을 낳았으며, 그 속에서 지방 기관과 정부 조직은 행정상 필요한 좋은 자원을 제공받았다. 그리고 지역 수준에서 시골 교구 모임과 교회위원회뿐 아니라 도시의 위원회 모임과 자치구 정부 조직 등에서 훗날 '위생의 세기'로 불리게 되는 일들이 천천히 일어나기 시작했다.

◆ 1980년대 공중보건에 대한 관심이 환기되고 그 영역이 확대·재편되면서 등장한 개념으로, 건강증진 정책 개발과 지역 파트너십 전략이 '신공중보건학'이라고 불렸다. 건강에 미치는 영향으로 19세기에는 물리적 환경이 강조되었던 데 비해, 신공중보건학은 경제적·환경적·사회적 요소가 모두 건강에 연관되어 있다는 관점을 가진다. 제니 나이두·제인 윌스, 『건강증진 이론과 실제』, 지역보건연구회 옮김(계축문화사, 2001).

앞서 지적한 대로 교통이 열악하고 인구가 희박한 국가들에서 정부가 중개자 없이 통치하는 것은 어려운 일이었다. 왕실의 명령은 교회에서 전달되었고 교구 회의에서 논의되었다. 개개인의 영적 조언자인 목사의 임무는 마을의 교리문답 모임에서 교구의 명령을 따르도록 하는 것이었고, 정부와 지역사회 사이의 핵심 매개자가 되는 것이었다. 그의 책임에는 종교적 문제뿐 아니라 가족의 화합과 조화, 음주 문제, 그리고 교회 규율과 관련이 있는 영역까지도 포함되었다. 그를 보조하기 위해 장로, 마을 교도관, 교구 직원의 모임이 교회위원회를 열 수 있었다. 또한 목사는 가정교육 체계의 감독자였다. 인구가 밀집한 다른 나라들은 학교를 세웠고, 당연히 대부분은 도시 지역에 있었다. 스웨덴에서도 공적으로 지원받는 일부 초등학교가 있었으나 경제적·지리적 이유로 소수의 어린이만 이용할 수 있었다. 모든 이를 위한 의무교육 체계는 19세기 중반이 되어서야 법적으로 도입되었다.

교리문답 모임과 교회의 훈육 활동은 스웨덴 사람들이 전통적으로 반대나 저항을 모르며 당국의 권력자 밑에서 잘 참고 견디는 순종적이고 훈육하기 쉬운 사람들이었다는 것을 보여주는 것일까? 국가는 본래 필요하다고 간주될 때 사용할 훈육 수단을 가지고 있다. 하지만 권력을 절제하지 않고 사용할 경우 장기적으로 국가의 의도에 반하는 결과를 낳을 수 있다. 그렇다고 지방 교회의 훈육이 언제나 농부와 시민이 원하는 바와 대립한 것도 아니다. 평화와 질서정연함을 유지하고 분노와 분쟁을 방지하는 것은 바람직한 일이었다. 그래서 지방의 엘리트나 주류 계층의 의지와 반드시 반대되는 것은 아니었다. 하지만 사회적 훈육과 통제는 당시의 중요한 문제였다. 평민의 관점에서도 이것이 무의미한 것만은 아니었다. 그것은 일상생활에서 유용했는데, 이를 통해 당국과 접촉하고 신이 성경에서 명한 것들에 대해 자신의 의견을 만들어가는 데 유용했다. 비록 당국의 의도가 아니었다 하더라도, 글을 읽는 능력은 정치적 민주주의의 무기가 되었으며 19세기 말을 앞두고는 새로운 '자유교회'의 기치를 드높이는 수단이 되었다.

지방 시스템의 효율성은 목사들의 열의와 교구민들의 신뢰를 얻어내는 능력에 의해 많이 좌우되었는데, 교회 기금으로 교구 약국을 운영하거나 숙련된 조산사를 고용하는 것 등이 그런 예이다. 권력 분배, 의사소통, 협상이라는 스웨덴의 모델은 국가의 관점에서도 다른 나라들과 유의한 차이를 보이며, 이에 대해서는 역사학자들 사이에서 상당한 동의가 이루어지고 있다. 19세기 개혁적 타협의 정신은 끊임없는 낭만적 이야기 또는 완전한 억압 체제 어느 쪽에도 속하지 않았던 오래된 실용적 전통에 기초하고 있다. 건강 이슈와 관련하여 이 실용주의는 18세기 이래로 지방 의사, 성직자, 일반 평민 간에 유효한 소통의 창구를 제공했다. 도시 지역의 의사도 같은 방법으로 지배 권력의 신뢰를 얻기 위해 노력했는데, 특별히 애로 사항이 있거나 세금을 내야 할 때 그러했다.

9. 천연두 예방접종

천연두 예방접종은 1802년에 성공적으로 도입되었다. 스웨덴의 천연두 접종 역사를 집중적으로 연구한 페테르 스쾰드 Peter Sköld에 따르면,[18] 그것은 19세기 초에 만연한 유행병인 천연두의 감소를 가속화하고 마침내 박멸하는 데 영향을 미친 요인 중 단일 요소로는 가장 중요한 구실을 했다. 종두 inoculation, 즉 활성 상태의 고름을 이용해 감염된 사람으로부터 다른 이들에게 면역성을 주는 것은 18세기 스웨덴에서도 보편적인 지식이었다. 〈그림

그림 4-4 | 스웨덴 인구 10만 명당 천연두 사망률(1749~1900년)

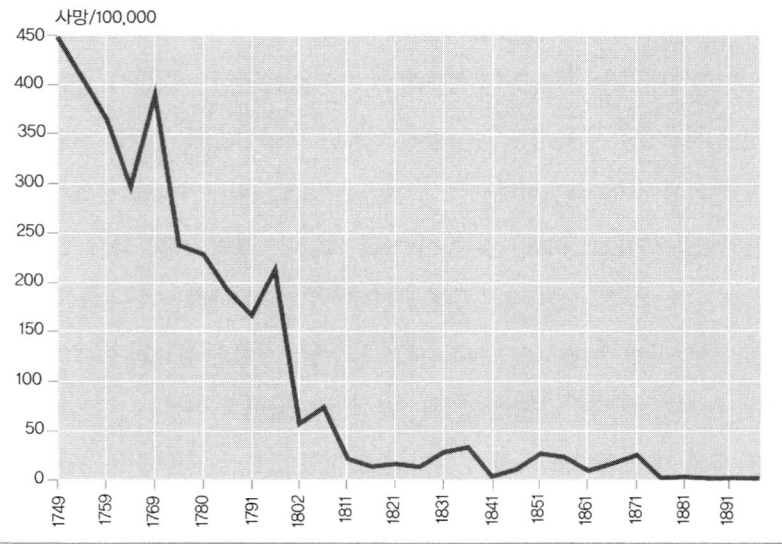

자료: P. Sköld, The two faces of smallpox, 1996, appendix 1~4.[18]

4-4)는 닐스 로젠 폰 로젠스테인과 그의 의학 전문가 동료들에 의해 보급되었던 종두가 실제로 1800년 이전부터 (천연두로 인한) 사망률의 감소에 의미 있는 영향을 미쳤다는 것을 보여준다. 그런데 유용한 몇몇 증거는 당시 종두 사용에 대한 태도가 모호했다는 것을 보여주기도 하는데, 왜냐하면 그것이 실제로 전면적인 감염을 초래할 수 있었고 심지어 접종을 받은 사람을 죽일 수도 있었기 때문이다. 대규모 집단 접종을 위해서는 당시 수가 매우 적었던 의사들의 활발한 참여가 필요했다. 그들의 보고서 기록을 보면 접종 캠페인은 보통 작은 규모로만 간헐적으로 이루어졌다. 페테르 스쾰드의 연구에 따르면, 1766년과 1780년 사이 스톡홀름의 접종소는 같은 기간에 도시에서 태어난 어린이의 1% 미만에만 접종을 실시했다. 결론적으로 이 요인(천연두 예방접종)은 18세기 후반에 천연두 사망률이 대폭

감소한 것을 충분히 설명하지 못한다. 군나르 프리들리시우스Gunnar Fridlizius는 18세기 후반의 뚜렷한 사망률 감소는 면역 과정 또는 독성의 변화가 주요한 요인이었을지 모른다고 주장했다.[19]

프리들리시우스는 천연두 바이러스가 기존보다 덜 치명적인 쪽으로 변화했다고 보는 것이 타당하다고 여겼다. 논리적으로 이 이론은 사실일 수 있는데, 이러한 주장의 유일한 취약점은 당연히 우리가 그것을 확증할 만한 결정적 증거를 갖고 있지 못하다는 것이다. 아울러 우리는 이 시기에 공기, 음식, 물을 통한 다른 감염성 질환들이 많은 어린이의 생명을 앗아가면서 주요 사망 원인으로 (단지 4~5년마다 찾아올 뿐인) 천연두와 경쟁했다는 점도 고려해야 한다.

천연두 발생의 초기 감소의 이유가 무엇이든지 간에, 18세기 말 에드워드 제너에 의해 처방되고 보편화된 '예방접종' 방법은 스웨덴에서 천연두 유행으로 인한 높은 사망률을 종식시켰다. 19세기가 시작되면서 제너의 이론은 스웨덴 의사들에 의해 시험되었으며, 매우 고무할 만한 결과를 얻었다. 이 소식은 10년 내에 놀라운 속도로 확산되었고, 집단 예방접종 캠페인이 국가 전역에 퍼져 나가기 시작했다. 최초의 캠페인은 도시 지역에서 이루어졌으며, 조금 지난 후 (예방접종이 먼저 이루어지기 어려운) 교외 지역에서도 진행되었다.

예방접종 기술은 상대적으로 간단했지만, 일부 사람들은 교육을 받은 후에 업무를 수행해야 했다. 스웨덴의 해결법은 교구의 행정 당국에 책임을 부여하고 현지 관리를 임명하는 것이었는데, 때로는 교구 목사가 그 대상이었지만 그보다는 종지기처럼 신분이 낮은 사람이 주로 종두사vaccinator가 되었다. 성공의 열쇠는 성직자가 얼마나 교구민들의 의심이나 반대 없이 캠페인을 벌일 수 있느냐에 달려 있었다. 교회 교적부가 세속적인 국가

종두사가 농민 마을에서 접종을 하고 있다. 스웨덴에서 천연두를 막기 위한 대중 접종은 19세기 초 10여 년 기간에 시작되었다. 교회는 스웨덴 공중보건 캠페인의 성공에 핵심적 역할을 담당했는데, 천연두 예방접종도 여기에 포함된다.
자료: Bengt Nordenberg, 1862 / IBL bildbyrå.

의 목적(세금 부과, 군인 징병, 인구 감독 등)에 오랫동안 사용되어온 이래로 새로운 조사 항목, 즉 각 개인이 자연적 감염에 의해 면역성을 가지게 되었는지, 예방접종을 받아 면역성을 얻었는지를 표시하는 조사 항목을 갑자기 추가한 것은 놀라운 일이다. 이러한 조사 항목의 추가 덕분에 정부 당국은 캠페인의 성공 여부에 관한 보고서 제출을 요구할 수 있었다. 결과 통계치는 예방접종률이 대다수 지역에서 실제로 높았다는 것을 보여주었다.

몇 년간의 논쟁과 국회에서의 결정 이후 의무예방접종법이 1816년에 공표되었다. 이 법률과 관련한 논쟁 중 하나는 어느 탁월한 내과 의사에 의해 제기되었는데, 그는 다비드 슐츠 폰 슐첸하임David Schultz von Schultzenheim으로, 국가가 때때로 어린이 건강의 보호자가 되어 부모의 무지로부터 어린이를 보호해야 한다고 선언한 인물이다. 의무예방접종법 발효 이후 아이가 두

살이 되기 전까지 예방접종을 하지 않은 부모에게는 벌금이 부과되었다. 이에 더해 유행병이 발생한 경우에 정부 당국과 개인들이 취해야 하는 조치와 관련한 규칙이 선포되었다. 그 결과는 〈그림 4-4〉에서 볼 수 있다. 이후 20여 년 동안 주요 유행병은 일어나지 않았다. 물론 감염은 완전히 박멸되지 않았으며, 국제적 접촉을 통해 국가에 다시 유입되기도 했다. 이즈율이 높은 대도시에서 모든 어린이를 대상으로 하는 예방접종은 통제와 유지가 어려웠다. 시간이 얼마 지나자 사람들은 면역이 예방접종을 받은 이후로 몇 년까지만 효과가 있다는 사실을 알게 되었다. 1839년 이래 권장되어 온 재접종은 완전한 보호를 위해서는 필요했지만 충분한 정도로 이루어지지는 않았다. 그 결과 1830년대부터 1870년대까지 주요 도시들에서 어떤 해에는 천연두로 인한 사망이 크게 증가하기도 했다. 그러나 이런 증가 중 어느 것도 이전 세기에 일어났던 유행만큼 크지 않았다.

천연두 예방접종은 스웨덴의 공중보건 역사상 성공적인 사례로 제시되어왔다. 1816년의 법률은 부모가 의무적으로 자녀를 접종시키도록 하여, 이러한 체계가 지탱하도록 도왔다. 그러나 우리가 앞서 보았듯이 예방접종 프로그램은 법률이 선포되기 전부터 현저한 성공을 이루며 국가 전역에서 시행되었다. 헌신적이며 영향력 있는 예방접종 신봉자들과 의사들은 예방접종 도입기에 없어서는 안 될 존재였다. 한편으로 그들의 직업은 캠페인에 대해 국민들이 강하게 저항하기 어렵게 했다. 또 다른 필수적 요소는 그들의 메시지가 모든 지역 공동체에 소통되고 받아들여질 수 있었다는 점이다. 교구 모임의 의장인 목사는 신도들에 대해 권위와 신뢰를 가지고 있었고, 집단 접종을 위한 지원을 제공할 수 있었다. 북유럽 국가들에서 독특하게 나타나는 중앙과 지방 간의 소통 메커니즘이 이 사례가 성공하는 것을 도왔다. 의사들의 명성과 이들의 조언을 들으려는 경향이 매우 커졌고, 캠페인의 긍정적인 효과가 나타났다. 모유 수유와 어린이 돌봄 개선을 위한 홍보의 성공에도 어느 정도 유사한 메커니즘이 작동했다.

10. 모유 수유, 영아 돌봄, 청결

어린이를 돌보는 법에 관한 닐스 로젠 폰 로젠스테인의 핸드북에서 우리는 18세기 초의 사람들이 건강에 이익이 되는 좋은 권고들을 어떻게 실행할 수 있었는지를 알 수 있다. 연감의 글은 별도로 하더라도, 이 조언들이 실행되기 위해서는 일반인에게 신뢰를 받는 자들이 이를 설득해야 했다. 그러나 내키지 않아 하는 농부들에게 가난한 이들의 무료 서비스를 위해 교구의 재정으로 조산사의 임금을 지불하는 일의 가치를 납득시키기란 쉽지 않았다. 1830년대 스웨덴 북쪽 끝에 있는 하파란다Haparanda에 도착한 지방 의사 칼 요수아 브레트홀름Carl Josua Wrethölm(1800~1870)에게 이것은 매우 중요한 일이었다. 그는 핀란드어를 쓰는 지역 주민에게 모유 수유의 이점을 설득할 수 있는 조수를 찾았다. 이와 관련한 브레트홀름의 노력은 결국 성공적이었는데, 그가 득의양양하게 국가보건위원회에 보고한 내용이 이를 잘 보여준다. 그 이야기는 안데르스 브렌드스트룀Anders Brändström의 「매정한 엄마들De kärlekslösa mödrarna」이라는 논문에서 다시 언급된다.[15] 영아 사망률이 급격히 감소한 1866년 이후에 쓴 자신의 최종 공식 보고서에서 이 지방 의사(브레트홀름)는 다음과 같이 외쳤다. "이제 시대가 변했고 농부들 역시 변했다."

모유 수유를 장려하는 캠페인은 스웨덴의 다른 지역에서도 이루어졌는데, 각기 서로 다른 시기에 이루어졌으며 그 효과도 가지각색이었다. 당시 관찰자인 요한 헬스테니우스의 설명대로 1860년대에도 여전히 스웨덴 북부의 해안가 일부 지역에서는 사람들이 모유 대신에 입으로 씹은 음식, 팬케이크, 기타 불건강한 음식으로 아기를 길렀다. 그는 스웨덴 모든 지역에서 제철소 인근 지역의 영아 사망률이 시골 주변 지역에 비해 얼마나 낮은지를 도표를 통해 잘 보여주었다. 제철소 지역에는 훈련된 조산사에 더해 의사까지 있어서, 이들은 어머니들에게 모유 수유와 위생의 이점을 납득시키기 위해 설득, 강제 등 가능한 모든 수단을 동원했다. 19세기 스웨덴 시골 지역의 영아 사망률은 지리적 위치에 따라 큰 차이를 보였는데, 이는 부분적으로 인구 밀집도에 기인한 것이었고, 이것이 감염에 대한 노출 정도에 영향을 미쳤다. 그러나 영아를 돌보는 방식의 문화적 차이 역시 영향을 미쳤다. 이 관점에서 볼 때 조산사들은 지식을 전파하는 데 매우 중요한 역할을 수행했다. 위생과 청결을 위한 혁신을 기꺼이 수용했던 일부 지역들도 감염과 출산 시 열악한 위생 조건 때문에 발생하는 모성 사망률을 낮추는 데 기여했다.

지역 조사에서 나타난 사망자의 수를 토대로 판단하면, 중산층은 도시의 이러한 개선에서 가장 먼저 혜택을 받았으며 다른 집단들이 그 뒤를 이었다. 반면 시골 지역에서는 상대적으로 부유한 농부들이 덜 부유한 가정보다 비교적 느리게 의사의 조언을 받아들였다. 이들은 인공 식품에 더 쉽게 접근할 수 있었고 어머니들이 들판에서 일해야 했기 때문에 가족 중 다른 여자가 아기를 먹이고 돌봐야 하는 경우가 많았는데, 이것이 농부들이 모유 수유에 더 소극적이었던 이유로 간주되고 있다. 기록에 나타난 그들의 문화적 보수성 또한 기본적으로 모유 수유에 대해 부정적인 태도를 지니게 만들었다. 한편 19세기의 대부분 시기 동안 편모 자녀의 영아 사망률이 매우 높은 상태로 머물렀다. 이 어머니들은 친척들에게서 도움을 받을 수 없었고 생존을 위해 힘들게 일해야 했기 때문에 아기에게 모유를 수유할 충분한 시간을 거의 가질 수 없었다.

11. 산업사회 시기 이전의 도시 위생

중년 남성의 사망률은 도시 지역에서 가장 높았다. 일차적인 이유는 인구 밀집으로 인해 감염에 노출될 위험이 컸다는 점이다. 하지만 집 안팎으로 열악했던 위생 조건도 반드시 염두에 두어야 한다. 일부 도시에서는 이런 상황을 개선하기 위한 시험적인 노력이 이루어졌다. 1800년경 린셰핑 시의 형벌 기록부에는 위생에 반하는 시민들을 법으로 처벌하기 시작했다는 기록이 남아 있다. 일부 사람들은 수로가 계속 흐르도록 유지하는 것과 오물을 제거하는 것을 경시했다. 또 어떤 사람들은 스톤곤Stångån 강에서 옷을 세탁했는데, 이 강은 도시의 식수원이었다. 하지만 이전에 비해 도시의 거리와 광장을 청결하게 유지하는 문제에 대한 관심이 높아졌다. 광장에는 몇 개의 배수 시설이 있었고, 이렇게 간단한 방식도 식수가 오염되지 않게 하는 데 중요한 기능을 했다. 특히 우물이 그대로 열린 채 있는 도시 일부 지역에서는 더욱 그러했다. 1817년에 식수를 더 높은 상류의 물로 공급하기로 결정하면서 더욱 뚜렷한 효과를 가져왔다. 이것은 지속적으로 오염된 빗물이 유입되는 (도시의 중간에 있는) 강물을 더는 식수로 쓰지 않았다는 것을 의미한다. 물론 이 조치가 거주민의 건강과 생존율을 개선하는 데 얼마나 도움이 되었는지를 확인하기란 어렵다. 형벌 기록부에 따르면, 공인된 캠페인이 정기적으로 이루어진 것 같지는 않지만, 린셰핑 시의 영아 사망률이 19세기 중반까지 극적으로 떨어진 것은 사실이며 도시와 시골의 사망률 차이를 크게 줄이는 결과를 낳았다.

12. 콜레라: 마지막 대규모 유행병

콜레라는 1830년대에 최초로 유럽을 강타했다. 흑사병과 유사하게 콜레라는 동쪽에서 왔으며, 그 시기는 발진티푸스와 이질, 천연두의 유행이 가라앉기 시작하던 때였다. 콜레라는 나라에서 나라로, 도시에서 도시로 전파되면서 파괴적인 결과를 동반했는데, 영아와 노약자뿐 아니라 건강하고 영양 상태가 좋은 성인도 예외가 아니었다. 1834년과 1873년 사이 총 아홉 번의 유행병이 스웨덴을 강타했다. 유행병은 주로 물과 열악한 위생을 통해 전파되었고, 그 결과는 소도시와 대도시의 가난한 지역에서 가장 두드러졌다. 많은 이들이 땅에서 나오는 증기, 그리고 악취가 나는 독기가 이런 병을 일으킨다고 믿었다(독기설 miasma theory).◆ 그러나 병이 한 장소에서 다른 장소로 전파될 수 있다는 것도 명백했다(감염설 contagion theory). 이 두 가지 이론은 유행병의 확산과 새로운 지역으로의 유입을 예방하려 할 때 서로 다른 정책을 이끌었다. 독기설은 무역과 관련이 있는 이해 당사자들에게 매력적이었는데, 왜냐하면 콜레라 창궐 시 사람과 물자의 자유로운 이동을 차단하려는 정책을 반대하는 데 사용될 수 있었기 때문이다. 또 독기설은 도시 위생을 개선하기 위한 논의를 지지하는 데 사용되었다. 그러나 감염설의 강력한 지지자들은 (비록 실시하기가 쉽지 않았으나) 새로운 지역에 유

◆ 독기설은 '유기질이 부패할 때 발생하는 나쁜 공기를 흡입하면 질병에 걸린다'는 이론이다. 18세기 초까지 유행병의 원인에 대한 주류적 관점으로 지지되었다. 대한예방의학회, 『예방의학과 공중보건학』(계축문화사, 2010).

행병이 들어오지 못하게 예방하는 것이 최선의 해결책이라고 생각했다.

실제로는 이 두 가지를 혼합한 방법이 시도되었다. 대규모 유행병이 일어나면 건강 이슈와 위생에 대한 관심은 자연스럽게 커졌다. 이러한 예는 이미 1809~1812년경에 보인 적이 있는데, 스웨덴이 전쟁에 참가하면서 여러 가지 유행병에 대한 노출이 증가했으며 콜레라도 출현했다. 흑사병이 17세기 공중보건 개입의 좋은 예를 제공하는 질병이었다면, 콜레라는 19세기에 동일한 기능을 했다. 교육적 에세이가 저술되어 널리 전파되었으며, 법령이 선포되었고, 질병을 가져오는 것으로 의심되는 외국인을 읍과 도시로 들어오지 못하게 했으며, 감염된 사람들의 옷을 태우고 그들의 집을 훈증소독했다. 린셰핑의 형벌 기록부는 위생 규제가 점점 더 엄격하게 집행되기 시작했다는 것을 보여준다. 1830년대의 첫 번째 유행기에 읍과 시에는 새롭게 떠오르는 위험에 즉각 조치를 취하기 위해 특별 조직을 설립할 책무가 주어졌다. 그러나 건강 감시health inspection를 책임지는 더 영구적이고 효과적인 조직이 생겨나기까지는 20여 년의 시간이 더 필요했다. 개선을 위한 재정은 지역의 부유한 공동체에서 왔지만, 이들은 더 큰 부담을 지고 싶어 하지 않았다. 국민의 세금으로 재원을 조달하려던 의사들과 소수의 진보적 시민들의 노력은 번번이 수포로 돌아갔다.

13. 독한 술, 사회질서, 건강 위험

독한 술은 19세기 전반기에 중년 남성의 사망률을 높이는 주요인이었는데, 대개는 도시 지역에서 값싼 주류의 공급이 많이 이루어지고 합법적이거나 불법적인 술집이 많이 있었다. 거리와 광장의 질서를 원하는 엘리트

상류층의 건의에 따라 도시 공공 지역과 교회 밖에서 주정뱅이를 근절하기 위한 캠페인을 시작했다. 법정의 형벌 기록부는 이런 사례들로 채워지기 시작했다. 음주에 따른 문제점은 널리 알려져 있었지만, 사전 예방을 통해 이를 줄일 수 있다는 근거는 분명하지 않았다. 당국은 일차적으로 주정뱅이들을 사회질서의 문제로 보았고, 다음으로 빈민 구제에 대한 위협으로 간주했으며, 건강 문제로 생각하는 경우는 거의 없었다. 독한 술의 제조와 판매에 대한 규제와 징세는 주로 정부의 일반적 수입원이 되었고, 기본적으로 소비를 줄이는 것을 목표로 하지는 않았다.

근대의 대중운동이 도래하기 전에도 다수 목사들이 교구민에게 술 소비를 절제하도록 선전하기 시작했다. 그들은 술을 마시지 않는 데 동의하면서 동료 의식을 갖도록 하기 위해 '금주회temperance society'라는 용어를 사용했다. 헬싱란드Hälsingland의 북부 지방인 하르몽에르Harmånger를 예로 들면, 이 지역은 1830년대에 목사들이 교구 모임에서 농부들에게 점차 영향력을 행사하기 시작한 곳이었다. 어느 목사가 농부들에게 한 첫 번째 요청은 일요일에 교회에 올 때 독한 술을 가져오는 것을 금지한 것이었다. 당시 사람들은 종종 교회에 가기 전에 넘치도록 술을 마셨는데, 그 결과 일부는 잠에 빠지고 일부는 난폭하게 굴었다. 목사는 이런 잘못된 행동을 금지하길 원했지만, 모임 참여자들에게서 거의 호응을 얻지 못했다. 교구민들은 겨울에 교회가 너무 춥기 때문에 몸을 따뜻하게 덥힐 수 있는 무엇인가를 마셔야 한다고 주장했다. 그러지 말고 교회 밖에 불을 피워서 몸을 덥히고 따뜻한 우유를 마시라는 목사의 제안은 거부되었다.

목사는 매우 고집스럽게 모임마다, 그리고 모임이 끝날 때마다 제안했고, 10년 만에 작은 혁명을 가져왔다. 결국 농부 두 명을 제외한 모든 참석자가 금주회에 가입하는 것에 동의했고, 독한 주류를 만들거나 팔거나 마시지 않기로 서약했다. 더 나아가 모든 술집은 미사 전, 그리고 미사가 진행되는 동안 문을 닫아야 했다. 가입을 거부했던 두 농부는 모임 시간마다 신이 그들에게 자비를 내려달라는 간절한 기도에 이름이 올라야 했다. 이 금주 모임이 어느 정도 규모를 가지고 얼마나 오래 지속되었는지에 관해 어디에도 기록된 바 없지만 영원히 계속되지 않은 것만은 사실이다. 이와 같은 시도는 보통 사람들의 신념보다는 성직자의 정력적인 활동 덕분에 대개 성공을 거두었다. 18세기와 19세기 초의 다른 현상들과 마찬가지로, 이것은 염원의 씨앗을 품고 있었으며 훗날의 더한 성공을 보여주었다.

14. 사회통제와 낙인화: 성매매 여성의 감독

1815년에 부과금이 한 가지 도입되었다. 이것은 자발적 세금의 한 종류로서 가난한 성병 환자들을 돌보는 데 필요한 재정을 조달하기 위한 것이었다. 이 성병 진료소 부과금은 나중에 강제성을 띠었고, 20세기가 시작되기 전까지 징수되었다. 이를 통해 가난한 이들에 대한 감독이 이루어지고, 1817년 제정된 법에 따라 이들은 진료소에서 치료를 받도록 강요받았다. 새로운 법안에서 보이는 낙인화에 대해 동정이나 우려는 거의 없었고, 통제와 공공 보건의료를 낮은 사회 계층에게 제공하려 했다. 1814~1844년에 수행된 헤르뇌산드Härnösand의 성병 진료소 연구는 우리에게 한 가지 분명한 사실을 확인시켜준다. 500명의 남성 환자 중 4%가 낮은 계층의 화이트칼라 노동자였으며, 12%는 농부 또는 어부였고, 나머지는 소작인, 군인, 장인이었으며, 하인이나 뚜렷한 직업이 없는 이들도 있었다. 여성 환자 중에는 2%가 서민이었으며, 나머지는 대부분 하녀이거나 무직이었다. 대조군과 비교할 때 진료소에서 치료를 받은 이 환자군은 진료 종료 후 첫 5년 동안의 사망률이 더 높았으며, 극히 일부만이 결혼을 했다.[20] 토지를 소유한 상류 계급은 질병을 사적으로 조심스럽게 치료했다.

우리는 19세기에 정부 당국이 의료 관련 인력의 도움을 받아 성매매 여성의 건강 문제를 다루면서 어떻게 그들을 통제했는지에 관한 우울한 예를 확인할 수 있었다. 성병은 19세기 내내 지속적인 관심의 대상이었다. 안나 룬드베리Anna Lundberg는 19세기 동안 성병에 대한 의학적 이미지가 어떻게 변했는지, 그리고 정부에 의해 어떤 사회적 조치(규제)가 이루어졌으며 그것이 어떻게 감염자들에 대한 낙인을 만들었는지 잘 설명하고 있다.[21] 1812년 초에 새로 제정된 법률에서 통제는 더욱 엄격해졌다. 18세기에 그랬던 것처럼 일부 사회집단이 통제 대상으로 지정되었는데, 유모, 말 중개인, 장인 수련생, 하인, 집시, 유리 세공 노동자, 그리고 서쪽 해안의 어장에서 일하는 계절노동자가 그들이다. 또한 개개인들이 감염되지 않았는지 확실히 하기 위해 카페, 여관, 술집뿐 아니라 온천, 항구, 군대 막사 등에 대한 철저한 점검이 이루어졌다. 지방정부의 장들에게는 이런 조사를 진행할 책임이 주어졌다. 이러한 법률은 보통 사람들의 상당한 저항 속에서 채택되었지만, 이런 조치에 위협을 거의 느끼지 않는 다른 계급의 사람들은 이 법률에 긍정적이었다. 목사와 의사들도 조사의 한 부분을 담당했다.

15. 요약: 역학적 혁명의 첫 번째 단계 — 복합적 요인들

19세기 초 스웨덴의 전반적인 사망률 감소는 인구가 증가한 가장 중요한 이유이다. 주교이자 시인이며 사회문제 비평가였던 에사이아스 텡네르는 이 발전을 '평화, 백신, 감자'라는 단어로 요약하여 설명했다. '평화'는 1814년 이래 전쟁 관련 사망이 일어나지 않았던 영구적 평화 시기를 말한다. '백신'은 1816년 천연두에 대한 예방접종을 의무화한 것을 말한다. 그리고 '감자'는 대규모 인구집단의 기본 식량으로 감자가 도입된 일뿐 아니라 빠르게 증가하는 인구에 식량 공급을 가능하게 했던 대체 경작 replacement crops, 윤작 등과 같은 새로운 경작법의 도입으로 농업 생산이 전반적으로 개선된 것을 말한다. 농업 생산은 인구보다 빠르게 증가해 식량이 남아도는 결과를 낳았는데, 이것은 1830년대 이후 스웨덴이 곡물(주로 밀)을 수입하던 국가에서 수출하는 국가가 되었다는 것을 의미한다. 1860년대 후반 스웨덴 전역에 발생했던 흉작이 사망률에 미친 영향은 상대적으로 제한적이고 국소적이었다.[16] 농부의 수입 변화를 나타내는 수확의 변동과 사망률 수준 사이의 긴밀한 연관성에 관한 한 18세기 상황은 '맬서스주의'적이었고, 그 후 세기는 그만큼 나쁘지 않았다.[22]

스웨덴에서 건강의 발전에 긍정적인 영향을 미친 것으로 종종 부각되는 한 가지 요인은 전반적으로 높은 수준의 읽기 능력으로, 1842년 의무 초등교육의 도입 이전에도 국민들이 건강 관련 정보를 이해할 수 있게 해주었다. 그 예로, 대중적으로 읽히는 연감에 모유 수유의 중요성과 신생아를 돌보는 방법에 대한 일반적 권고 등이 실렸다.[23] 또 다른 요인으로는 루터교 교회가 교구 차원에서 국가적 역할을 했다는 점을 들 수 있는데, 예를 들어 천연두 의무 예방접종과 같은 예방적 보건의료 조치의 시행은 교구 목사가 관리했다. 더 나아가 교구 조직은 인구통계의 근간 역할을 했는데, 이 인구통계는 공중보건에 관한 값진 자료를 제공했다.

그러나 최근 몇몇 연구는 19세기 초 사망률 감소에 대한 전통적인 설명이 의미 있는지에 의문을 제기하고 있다. 이것은 기본적으로 개선된 영양 조건이 스웨덴뿐 아니라 유럽의 다른 지역에서도 정말 그렇게 결정적인 요인이었는가 하는 것이다.[24, 25] 또한 영아 사망 원인의 상당한 부분을 차지하던 천연두로 인한 사망은 에드워드 제너의 백신이 도입되기 전인 18세기 후반에 이미 크게 감소했다는 것이다. 비록 '평화, 백신, 감자'의 중요성이 일찍부터 다소 과장되었고, 이 요인들이 18세기 후반의 천연두 사망률이 감소하는 데 그리 결정적인 역할을 하지 않았다는 것이 사실이라 해도, 그것들은 여전히 의심할 바 없이 공중보건에 긍정적인 영향을 주었으며 19세기 전반기 사망률 곡선의 하강에 분명히 기여했다.

어린이와 여성 사망률이 크게 줄어든 것은 1810년대 도시 프롤레타리아트 및 사회적 문제들의 출현과 동시에 일어났다. 어린이 사망률이 낮아진 이유로 우리는 천연두 예방접종 실시, (일부 지역에서 성공적으로 이루어진) 모유 수유와 위생적인 영아 관리에 대한 홍보, 그리고 (일부 도시에서 이루어진) 위생 조건의 개선을 들어왔다. 이러한 감소 양상은 영아 사망률이 가장 높았던 지역들에서 두드러졌으며, 반면에 좋은 모유 수유 습관이 이미 도입되어 있던 지역, 감염에 노출될 확률이 낮은 지역, 상대적으로 사망률이 낮은 지역에서는 그 변화가 미미했다. 이에 더해 감자 수확량의 증가와 함께 식량 생산의 증가가 전반적으로 감염성 질환에 대한 국민의 저항력을 높이는 데 기여했다. 이 긍정적인 요인들이 서로 시너지 효과를 만들어냈다는 강력한 근거도 존재한다. 어린이의 감염이 적어지고 설사가 감소할수록 공기 감염에 대한 이들의 저항력도 증가했고, 이것은 점점 저항력을 가진 성인 인구집단의 수도 증가시켰다. 따라서 한 가지 특정 요인으로 모든 것을 설명하는 것은 불가능하다. 19세기 후반에도 그 과정은 꾸준히 지속되었다.

지방 행정 당국이 사람들의 건강을 보호하기 위한 새로운 방법과 캠페

그림 4-5 | 건강과 사회 변화(스웨덴, 1800~1850년)

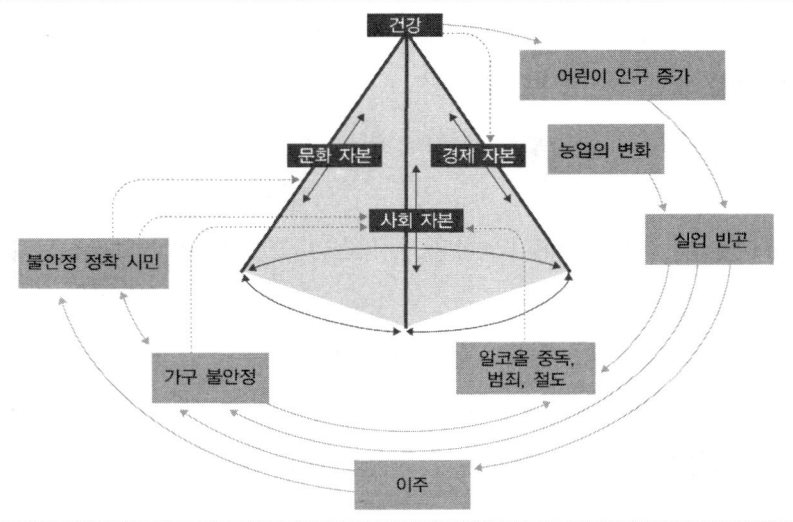

자료: Jan Sundin.

인을 얼마나 효율적으로 시행하는지 여부는 사망률, 특히 영아와 어린이의 사망률을 크게 낮추는 데 핵심 요인이었다. 나아가 큰 경제적·사회적 전환기라 해도 적절히 대응할 준비가 되어 있는 정치 체계를 가지고 있다면 인구집단의 건강을 보호·증진할 수 있다는 것을 보여준다. 그러나 동시에 사회적으로 취약한 집단은 이러한 편익을 함께 나누지 못했는데, 특히 사생아들과 일부 가난한 중년 남성들에게서 이 양상이 두드러졌다. 공중보건 규제는 가장 취약한 사회집단 중 하나인 성매매 여성들에게 더욱 엄격했으며 더 심하게 낙인을 찍었다.

〈그림 4-5〉는 19세기 초 건강과 사회적 변화의 관계를 요약한 것이다. 인구 증가는 사회적·경제적으로 실업, 빈곤, 가구 불안정, 유랑, 술 소비 증가, 폭력, 절도 등을 초래했다. 이것은 다시 프롤레타리아트의 경제적·문화

적·사회적 자원을 약화시켰는데, 이는 도시 지역의 많은 중년 남성에게 문제가 되고 건강과 안녕에 명백한 영향을 미치는 것으로 드러났다. 다시 말해 결속형 자본, 즉 전통적 농경사회에서 존재했던 농민과 장인 지지 집단이 부분적으로 붕괴되었고, 특히 도시의 환경에서 그러했다. 가난한 이들이 필요로 하는 것들은 커졌지만, 과거 공동체 내에 존재하던 작은 '연계형 사회 자본'으로는 역부족이었다.

이 시기는 인구 증가의 영향에 관한 토머스 맬서스의 염세적 시각이 진실처럼 보이던 때였다. 그러나 좀 더 긍정적인 해법이 스웨덴에서 19세기 후반에 일어났다. 이주, 산업화, 그리고 농업의 역량이 증가해 더 적은 노동력으로 더 많이 먹일 수 있게 되자 개인, 지역사회, 국가의 복지와 건강에 필요한 적지 않은 자원을 제공했다. 이것은 이어지는 장에서 보게 될 것이다.

4장 참고문헌

[1] Utterström G. Jordbrukets arbetare: levnadsvillkor och arbetsliv på landsbygden från frihetstiden till mitten av 1800-talet. Del 1 [Rural workers in Sweden from the period of liberty to the mid-19th century. Part 1]. Stockholm: Tiden; 1957.
[2] Winberg C. Folkökning och proletasering: kring den sociala strukturomvandlingen på Sveriges landsbygd under den agrara revolutionen [Population growth and proletarianisation: the transformation of social structures in rural Sweden during the agrarian revolution]. Diss. Göteborg: Göteborg University; 1975.
[3] Magnusson L. An economic history of Sweden. London: New York: Routledge; 2000.
[4] Arvidsson SO. De svenska koleraepidemierna: en epidemiografisk studie [The Swedish cholera epidemics: an epidemiographical study]. Diss. Stockholm: Karolinska Institutet; 1972.
[5] Bourdelais P. Improving public health in France: the local political mobilization in the nineteenth century. Hygiea Internationalis 2004;4(1):229~253.

[6] Vallin J. Mortality in Europe from 1720 to 1914: long-term trends and changes in patterns by age and sex. In: Schofield R, Reher D, Bideau A, eds. The decline of mortality in Europe. Oxford: Clarendon Press; 1991.

[7] Caselli G. Health transition and cause-specific mortality. In: Schofield R, Reher D, Bideau A, eds. The decline of mortality in Europe. Oxford: Clarendon Press; 1991.

[8] Sundbärg G. Bevölkerungsstatistik Schwedens 1750~1900: with preface and vocabulary in English. [Swedish population statistics] Stockholm: Statistics Sweden; 1970.

[9] Fridlizius G. Sex-differential mortality and socio economic change: Sweden 1750~1910. In: Brändström A, Tedebrand LG, eds. Society, health and population during the demographic transition. Stockholm: Almqvist & Wiksell International; 1988.

[10] Willner S. Det svaga könet? Kön och vuxendödlighet i 1800-talets Sverige [The weaker sex? Gender and adult mortality in 19th century Sweden]. Diss. Linköping: Linköping University; 1999.

[11] Sundin J, Willner S. Social stress, socialt kapital och hälsa: välfärd och samhällsförändring i historia och nutid [Social stress, social capital and health: welfare and social change in past and present]. In: Sundin J, Willner S, eds. Samhällsförändring och hälsa: olika forskarperspektiv [Social change and health: different research perspectives]. Stockholm: Institute for Futures Studies; 2003.

[12] Emigrationsutredningen. Bilaga V. Ekonomisk-statistisk beskrifning öfver Sveriges olika landsdelar/ af Gustav Sundbärg [The emigration report. Part V. Economic-statistical description of different parts of Sweden/ by Gustav Sundbärg]. Stockholm: Nordiska bokhandeln; 1910.

[13] Söderberg J. Causes of poverty in Sweden in the nineteenth century. Journal of European Economic History 1982;11:369~402.

[14] Bengtsson M. Det hotade barnet: tre generationers spädbarns- och barnadödlighet i 1800-talets Linköping [The child at risk: infant and child mortality in three generations in 19th century Linköping]. Diss. Linköping: Linköping University; 1996.

[15] Brändström A. "De kärlekslösa mödrarna": spädbarnsdödligheten i Sverige under 1800-talet med särskild hänsyn till Nedertorneå ["The loveless mothers": infant mortality in Sweden during the 19th century with special attention to the parish of Nedertorneå]. Diss. Umeå: Umeå University; 1984.

[16] Nelson M. Bitter bread: the famine in Norrbotten 1867~1868. Diss. Uppsala: Uppsala University; 1988.

[17] Wootton D. Bad medicine: doctors doing harm since Hippocrates. Oxford: Oxford University Press; 2006.

[18] Sköld P. The two faces of smallpox: a disease and its prevention in eighteenth- and nineteenth-century Sweden. Diss. Umeå: Umeå University; 1996.

[19] Fridlizius G. The mortality decline in the first phase of the demographic transition: Swedish experiences. In: Bengtsson T, Fridlizius G, Ohlsson R, eds. Pre-industrial change. Stockholm: Almqvist & Wiksell International; 1984.

[20] Brändström A. A life after dismissal? Patient's life histories at a Swedish county hospital, 1845~1890. In: Woodward J, Jutte R, eds. Coping with sickness. Sheffield: European Association for the History of Medicine and Health Publications; 1995.

[21] Lundberg A. Care and coercion: medical knowledge, social policy and patients with venereal disease in Sweden 1785~1903. Diss. Umeå: Umeå University; 1999.

[22] Bengtsson T, Ohlsson R. Levnadsstandard och mortalitet i Sverige 1750~1860 [Standard of living and mortality in Sweden 1750~1860]. Lund: Lund University; 1984.

[23] Högberg U. Svagårens barn: ur folkhälsans historia [Children of starvation years: from the history of public health]. Stockholm: Liber; 1983.

[24] Bengtsson T, Fridlizius G, Ohlsson R, eds. Pre-industrial change. Stockholm: Almqvist & Wiksell International; 1984.

[25] Schofield R, Reher D, Bideau A, eds. The decline of mortality in Europe. Oxford: Clarendon Press; 1991.

5장

산업화와 위생주의

(1870~1920년)

1. 서론

왜 공중보건 분야를 19세기 전반과 후반으로 구분해서 봐야 하는지에 관해 몇몇 타당한 논의가 있다. 제1차 세계대전 시기인 1917년의 식량난, 그리고 그다음 해에 일어났던 스웨덴 독감의 참화를 제외하면, 스웨덴 사람들은 먼 옛날 1860년대의 대기근과 같은 경험을 다시 겪지 않았다.

스웨덴의 산업화는 영국보다 늦었지만, 19세기 말 그것이 시작되자 사상 유례없는 호황을 누렸고 국가의 자원은 착실히 성장했다. 다양한 직업이 생겨났고 사람들은 산업화된 도시 지역으로 이주했으며, 이렇게 해서 만들어진 집합적 사회collective society는 국가적·지역적 수준에서 더 큰 자원을 획득했다. 유럽의 산업화된 국가들에 곡물, 목재, 철을 수출했고, 국내 시장의 팽창과 광대한 철도 건설 사업은 산업 성장을 촉진했다. 또 19세기 후반 스웨덴의 급속한 산업 성장은 어느 정도까지는 세기 중반 국가의 상대적 빈곤에도 불구하고 잘 발달한 인력 및 산업 자본의 축적과도 관련이 있어 보인다. 스웨덴을 '가난한 교양인'의 나라라고 부르는 것은 높은 수준의 읽고 쓰는 능력, 높은 진학률, 효율적인 재정 체계와 같은 특징 때문이었다.[1] 1900년경 스웨덴은 전 세계의 산업화된 국가 가운데 산업 성장이 가장 빠른 나라가 되었다.[2] 이것은 크게는 제조업 성공의 결과였으며, 스웨덴의 발명들과 AGA Aktiebolaget Gasaccumulator, ASEA Allmänna Svenska Elektriska Aktiebolaget, 에릭손 Ericsson, SKF Svenska Kullagerfabriken◆ 등의 스웨덴 기업들 덕분이었다.

◆ AGA: 스웨덴의 대표적인 산업 가스 회사. ASEA: 전등, 발전기 등을 제조하는 스웨덴의 대표적인 전자 제품 회사. 에릭손: 스웨덴의 가장 큰 통신 회사 중 하나. SKF: 스웨덴의 대표적인 베어링 회사로, 직원이 4만 명에 달하는 세계적인 회사.

산업 및 농업 노동자의 실질임금은 1865년에서 1910년에 이르는 동안 두 배 이상 증가했다. 생활수준의 전반적인 향상과 수확물에 대한 의존도 감소에 더해 점점 더 많은 철도가 건설되었고 식량이 부족한 지역에 더 빠르게 도움을 주는 것이 가능해졌다. 1860년대에 극심한 타격을 입었던 북쪽 지역에서는 임업과 광산이 직간접적인 고용 기회를 제공했다. 북부는 남쪽 프롤레타리아트의 구호 지역이 되었다. 북부로 이동하는 것을 선택하지 않은 많은 사람들은 대서양을 건너 이주했다.

1840년부터 1930년까지 100만 명이 넘는 스웨덴인이 북아메리카로 이주했다. 1860년대 후반의 흉작 이후 이민은 대규모가 되었고, 이때 이민자의 대다수는 소규모 자작농 가구였다. 19세기 후반 이민자는 대부분 15~30세의 미혼 남성과 여성이었다. 이민은 부분적으로는 불경기를 맞은 지역 또는 무역과 산업 발달이 취약한 지역에서 대규모로 이루어졌다. 이러한 대규모 이민은 19세기 후반 산업과 농업 부문의 실질임금이 급격하게 상승하는 원인으로 작용했다. 당시 스웨덴은 인구 과밀 상태였으며, 따라서 이민은 만연한 빈곤과 기아로부터 국가를 구했다는 주장이 있어왔다. 반대로 더 적은 사람이 이민을 했다면 국내 시장이 더 커졌을 것이고, 그 덕분에 산업 성장과 복지가 더욱 촉진되었을 것이라는 주장도 가능하다.[3]

그러나 산업화의 첫 번째 단계에는 어두운 면도 있었다. 긴 노동시간(1919년에 1일 8시간이 도입되기 전까지는 12시간이 상식이었다), 위험한 기계, 어둡고 건강에 해로운 노동 환경 등이 그것이다. 일부 산업 지대의 주거 환경은 극심한 인구 과밀과 열악한 위생 조건을 특징으로 했다. 제재소와 광석 광산이 많은 스웨덴 북부 지역은 '스웨덴의 클론다이크Swedish Klondike'◆

◆ 캐나다 유콘 강의 지류인 클론다이크 강 유역으로, 금을 찾아 많은 사람이 몰려들어 마을을 만들

로 알려지게 되었다.

원시적인 오두막집으로 구성된 마을이 생겨났는데, 키루나Kiruna 지역의 루오사바라Luossavaara 광산이 한 예이다. 새로 놓인 철로를 따라 새롭게 사람들이 모여 인구가 집중되었고, 여기에는 매우 열악한 주거 환경도 동반되었다. 스톡홀름은 이미 열악한 위생 환경과 감염성 질환 때문에 높은 사망률로 악명이 높았으며, 심지어 다른 유럽인들이 보기에도 그러했다. 노동 계급의 구역은 악취가 나는 덮개 없는 하수로, 부실한 청소와 식수 공급, 격심한 인구 과밀의 양상을 보였다. 많은 임시직 노동자와 계절노동자가 야외에서 또는 원시적이고 과밀한 여인숙에서 살았는데, 이 여인숙들은 다양한 감염성 질환의 완벽한 번식지가 된 것으로 보인다. 1913년의 정기 간행물에 실린 기사는 스톡홀름에 있는 남성 노동자들의 합숙소와 야간 보호소들을 '수도 최악의 전염병 유행지'로 묘사하고 있다. 당시의 노동 계급 가구에서 가장 보편적인 형태의 공동 주거지(아파트)는 방 하나와 부엌 또는 간이 부엌 하나로 구성되었으며, 종종 수입을 더 올리기 위해 가구원에 더해 하나 또는 그 이상의 하숙인이 거주했다. 위생 환경은 산업사회 시기 전의 도시만큼 나빴고, 그보다 더 나쁜 곳도 많았다.

산업화의 사회적·경제적 결과와 관련한 국제적 논쟁에서 두 가지 주요 관점이 생겨났다. '비관적인' 시각은 산업화 효과가 주로 부정적이라고 주장한다. 삶의 수준은 하락했고, 사람들은 자신들의 전통적인 시골 환경에서 밀려났으며, 인구가 과밀하고 사회적으로 가난한 산업 도시에 살도록 강제되었다는 것이다. '낙관적인' 시각은 유리함이 불리함보다 크다고 주

었고 열악한 환경 속에서 강도 높은 노동이 이루어졌다. 이것을 '클론다이크 골든 러시'라고 부르는데, 스웨덴에서 이와 유사한 상황이 벌어진 곳을 말한다.

장한다. 일반적인 삶의 수준과 생활환경은 장기적인 관점에서 볼 때 개선되었다는 것이다. 스웨덴의 사례는 낙관적인 시각이 더 적당해 보인다. 19세기 후반의 급속한 산업화는 삶의 수준(실질임금)과 건강(기대여명)의 상당한 개선을 동반했다.[4]

2. 역학적 추세

산업혁명 이후 위생 환경이 개선되기 시작했는데, 예를 들면 상하수도 체계와 쓰레기 관리의 개선 등이 이루어졌다.[5] 긍정적인 결과는 빠르게 나타났다. 19세기 후반 도시 지역의 수인성(그리고 기타) 전염병 사망률이 대폭 감소했다. 위생 개혁이 수인성 질환의 사망률에만 영향을 미친 것이 아니라 공기로 감염되는 질환의 사망률에도 영향을 미쳤다고 보는 것이 타당할 것이다. 수인성 전염병의 유병률을 낮춘 것은 아마도 저항력을 개선했기 때문이며, 이것은 다시 공기를 통한 전염병 사망률도 낮추었다.

도시 지역으로의 이주가 증가했는데도 도시와 시골 간의 사망률 차이는 감지할 수 있을 정도로 감소했다. 이는 어느 정도 도시의 행정상 경계 바깥에 교외 지역이 생겨나고 새로운 산업 중심지가 만들어지는 것과 같은 스웨덴 시골의 '도시화' 때문일 수 있다. 공식 인구통계에서 이 지역들은 시골로 정의되었다. 결과적으로 1920년대까지 젊은 연령 집단의 조기 초과 사망률은 도시 지역보다 교외 지역에서 더 높았다. 여성에게는 이런 양상(도시에서 사망률이 더 낮은 것)이 전체 생식 가능 연령 집단에서 고루 나타났는데, 더 높은 연령 집단에서도 도농 간의 차이는 무시해도 좋은 수준이었다. 그러나 성인 남성은 여전히 도시에서의 초과 사망률이 (약간 감소하

표 5-1 | 스웨덴 소도시에서의 특정 감염성 질환(그리고 감염 관련 진단)으로 인한 사망률 (1875~1879년, 1921~1930년, 인구 10만 명당 사망 수, 1875~1879년 이후부터 성 및 연령 표준화)

		1875~1879년	1921~1930년
위장염(Gastroenteritis)*		253	19
급성 폐렴(Acute pneumonia)		255	46
소모성 질환(폐결핵)(Consumption)		332	115
기타 결핵(Other tuberculosis)**		-	30
기타 감염	성홍열(Scarlet fever)	107	2
	디프테리아, 크루프(Diphtheria, croup)	92	5
	장티푸스(Typhoid)	53	2
	홍역(Measles)	24	4
	백일해(Whooping cough)	24	7
	유행성 감기(Influenza)	-	16
	천연두(Smallpox)	15	<1
	발진티푸스(Typhus)	13	<1
	이질(Dysentery)	2	1
	소아마비(Infantile paralysis)	-	1
총 감염 수		1,192	274
총 사망 원인		2,250	926

* 병인학적으로 변경 가능한 질환들을 포함했지만, 감염과 관련한 것이 주를 이룬다.
  용어: Intestinal catarrh, diarrhoea, enteritis(1875~1879), acute gastroenteritis(1921~1930).
** 1875~1879년의 통계에서는 폐결핵 이외의 기타 결핵의 종류가 구분되어 제시되지 않았다.
자료: Bidrag till Sveriges Officiella Statistik K, Hälso- och sjukvården. 1(Contribution to Sweden's Official Statistics K, Health and medical services) 1875~1879. Sveriges Officiella Statistik. Befolkningsrörelsen. Översikt för åren 1921~1930 (Statistics Sweden. Vital statistics. Summary for 1921~1930).

는 양상을 보이긴 하지만) 현저하게 높았다. 1918~1919년의 독감 유행을 예외로 하면, 산업혁명은 대체로 사망률의 급격한 감소를 이끌었으며 사망률의 극적인 상승을 사라지게 했다.

공식 통계에 따르면 세기가 전환되는 수십여 년 동안 '역병 사망률pestilence mortality', 즉 장티푸스, 천연두, 콜레라, 성홍열, 디프테리아, 홍역과 같은 감염성 질환으로 인한 사망이 두드러진 감소를 보였다.[6] 1870년대 후반 도시 지역의 거주민 1,000명당 30명으로 추정되는 수가 주요 감염성 질환으로 매년 사망했는데(시골 지역의 통계는 불완전하다), 이는 전체 사망의 15%에 맞먹는 것이었다(〈표 5-1〉). 그 후 사망률은 점차 감소했으며(1918~1919년의 독감 유행은 예외로 한다), 1920년대 동일 지표에서는 연간 1,000명당 4명, 그리고 전체 사망 중 4%까지 떨어졌다.

아마도 이런 감소는 측정된 것보다 더 극적이었을 것으로 보이는데, 왜냐하면 사망 원인 통계가 시간이 지남에 따라 더욱 완성되었기 때문이다. 천연두, 학질, 이질, 콜레라는 1900년에 완전히 사라졌다. 반면에 디프테리아, 백일해, 홍역은 크게 감소하기는 했으나 지속적으로 유년기를 위협했다. 항독소antitoxin 형태의 의학적 치료는 디프테리아의 감소에만 유의미한 기능을 한 것으로 보인다. 결핵(소모성 질환, 폐결핵)과 호흡기 감염(폐렴), 소화기계 질환(특정 종류의 위장염), 감염 관련 질환은 1920년대 초기의 1/3 기간에 도시 지역 전체 사망률의 절반 이상을 차지했다.

폐결핵은 1875~1879년에 도시 총사망의 15%를, 그리고 1921~1930년에는 12%를 차지했다. 다른 형태의 결핵은 젊은 연령층에서 주로 나타났고, 1920년대 총사망의 4% 정도를 차지했다. 요양소와 결핵 진료소는 20세기 초반에 확장되었는데, 이 기관들은 감염원의 효율적인 격리를 돕고 감염 확산 방식에 대한 인식을 증대시켰다. BCG 예방접종◆은 1920년대 말에 도입되었고, 결핵 사례를 발견하기 위한 엑스레이x-ray 검진이 이로부터 10년 후에 도입되었다. 결핵을 치료하기 위한 효과적인 약물은 1940년대가 되어서야 사용이 가능해졌다.[7] 따라서 이러한 결핵 사망의 감소는 분명히 효과적 약품이 발견되기 이전에 시작되었다. 더 좋은 음식과 주거 환경을 비롯해 사회적·경제적 개선이 중요한 요인으로 작용했던 것으로 보인다.

◆ 결핵 예방접종을 말한다.

1918~1919년 유럽은 심각한 독감 유행을 겪었다. 스페인독감은 스웨덴에서만 3만 5,000명을 사망하게 했고,[8] 전후 50년간 스웨덴을 강타한 가장 파괴적인 유행이었으며, 사망률 곡선이 급격한 피크를 그리게 한 가장 최근의 사건이었다. 특히 젊은 성인들(20~40세)이 심하게 영향을 받았는데, 이는 성·연령 보정 사망률 도표에 잘 나타나 있다(부록 참조). 북부 삼림 지역은 다른 지역에 비해 독감 유행에 더 심하게 타격을 입었는데, 연령 구성에 차이가 있다는 점을 고려해도 그러했다. 감염의 확산은 당시 진행 중이던 세계대전과 연관이 있었다. 특히 미군 병사들이 이미 감염이 확산되어 있던 지역에서 프랑스로 감염을 옮겼던 것으로 보인다.[8]

소아마비는 20세기 초 60년간 스웨덴과 서유럽을 강타해 대규모 유행을 일으킨 '새로운' 질환이었다. 총사망에 미치는 영향은 실제로 제한적이었지만, 수천 명이 영구적 마비를 갖게 되었다. 비판의 소지가 있기는 하지만, 역설적으로 20세기의 유행병은 공중위생 개선의 산물로 간주될 수 있다.[9] 즉, 과거에 열악한 위생 환경에서 많은 어린이가 심각한 합병증의 위험이 적은 영아기 초기에 감염을 겪었을 것이며, 그것이 질환이 발견되지 않은 이유이다. 하지만 위생이 더 나아지자 사람들은 나이가 좀 들어서야 소아마비 바이러스에 노출되었고, 따라서 마비와 같은 합병증의 위험은 유년기 초기보다 훨씬 커졌다.

19세기 후반 전문 조산사들의 보조로 이루어지는 가정 출산은 표준이 되었고, 주산기 사망률perinatal mortality의 유의한 감소에도 기여했다.[10]

식량 부족에 기인한 열악한 영양 상태와 높은 생계비는 스웨덴뿐 아니라 다른 몇몇 국가에서 제1차 세계대전 시기에 결핵 사망률이 급증한 원인이었던 것으로 보인다.[7] 이는 제2차 세계대전 기간에 있었던 건강 수준의 긍정적인 개선, 예를 들면 심혈관계 질환과 당뇨로 인한 사망의 감소에 반하는 것이었다.[11] 두 전쟁 간의 차이는 아마도 결핵 유병률의 뚜렷한 감소와 심장 질환의 현저한 증가라는 전반적인 질병 패턴의 변화뿐 아니라 제2차 세계대전 기간의 더 효율적인 식량 공급에 기인한 것이었다. 더욱이 제2차 세계대전 동안의 식량 배급은 식이에 설탕과 지방 함량이 적어져 건강에 더 좋은 것이었다.

사망률의 전반적인 감소에서 영양의 역할은 그 후 열띤 논의의 주제가 되었다. 토머스 맥퀸은 사망률의 대규모 감소 이유에 관한 이 이론을 1970년대에 제시했다. 그는 19세기 한 세기 동안 계속된 사망률 감소에 의학이 한 역할은 극히 제한적이었으며 주요인은 영양 개선이었다고 주장했다.[12] 비록 최근 연구들이 설파제Sulfa劑와 페니실린이 도입된 1930~1940년대 이전까지 의학의 치료적 역할은 극히 제한적이었다는 것에 동의하기는 하지만, 영양이 결정적인 역할을 했다는 관점은 여전히 논란 중이다. 반면 19세기 도시 위생 개혁의 중요성은 더욱 중요하게 부각되고 있다.[13] 맥퀸이 위생의 역할을 과소평가했다 할지라도, 여전히 생활수준의 급격한 향상이 일반 인구집단의 건강에 긍정적인 영향을 미쳤다는 점에는 의심의 여지가 없다.

3. 남성과 여성

19세기 후반 모성 사망률은 15~49세 여성의 총사망 중 10% 정도를 차지했다. 이 비율은 세기가 전환하던 시기인 1900년에 5%까지 하락했다. 출생률 감소가 출산으로 인한 사망의 위험을 줄이는 데 도움이 되었지만, 모성 사망률의 극적인 감소는 주로 조산사 서비스가 확대되고 출산 시에 소독법이 도입된 덕분이었다. 1881년 조산사가 그들의 손과 기구를 석탄산으로 소독하도록 하는 훈령이 공표되었는데, 이것은 분만 사망률의 극적인 감소를 낳았다. 의도적 낙태는 19세기 말에 더 보편적이었으며, 많은 여성들이 인공 낙태를 하려다 사망했다. 이 경우 사망 원인은 '인 중독 phosphorus poisoning'으로 기록되었다.

청년과 중년 성인의 사망률은 여성보다 남성이 더 감소했다(부록 참조). 남아 있는 공식 통계에 따르면, 한 가지 요인은 술 관련 사망의 극적인 감소였다. 통계는 1870~1879년에 스웨덴 도시들에서 만성적인 알코올 중독으로 인한 사망이 20세 이상 남성 인구 1,000명당 64명인 것으로 기록했다. 하지만 1920년대에는 이 수치가 2명 미만으로 감소했다. 진단법의 변화가 이 값에 영향을 미쳤을 수도 있지만, 이 같은 수치의 급격한 감소는 분명히 알코올 관련 사망의 실제적인 하락을 보여준다. 결핵으로 인한 사망은 젊은 여성 집단에서 더 빈번했다. 이것은 19세기 초에 남성보다 더 열악한 환경에 있었던 소녀와 젊은 여성(5~19세)에게는 새로울 것이 없었다. 세기의 막바지로 가면서 (몇몇 감염성 질환이 극적으로 감소하여) 젊은 연령 집단에서 결핵이 점점 더 주요한 사망 원인이 되었기 때문에 총 아동 사망률의 성별 차이는 기본적으로 사라졌다. 사고로 인한 남자아이들의 초과 사망률은 결핵으로 인한 여자아이들의 높은 사망 수와 균형을 맞추었다.

국가 통계가 가임기 여성의 초과 사망률도 반영하기 시작한 것은 1900년 이후의 일이다. 19세기 말이 되면서 스톡홀름에서 소모성 질환(결핵)으로 인한 사망률이 미혼 여성보다 기혼 여성에서 더 높게 보고되었는데, 이것은 임신한 여성이 결핵의 위험군에 속한다는 관점과 일치한다. 19세기 스웨덴의 교구에 관한 한 연구에서 울프 회베리 Ulf Högberg는 폐결핵이 간접적 모성 사망률의 강력한 기여 요인이라고 말했다.[14] 그러나 이것은 왜

그림 5-1 | 연령, 성별, 결혼 상태에 따라 세분화된 사망률(스웨덴, 1881~1890년, 인구 1,000명당 사망 수)

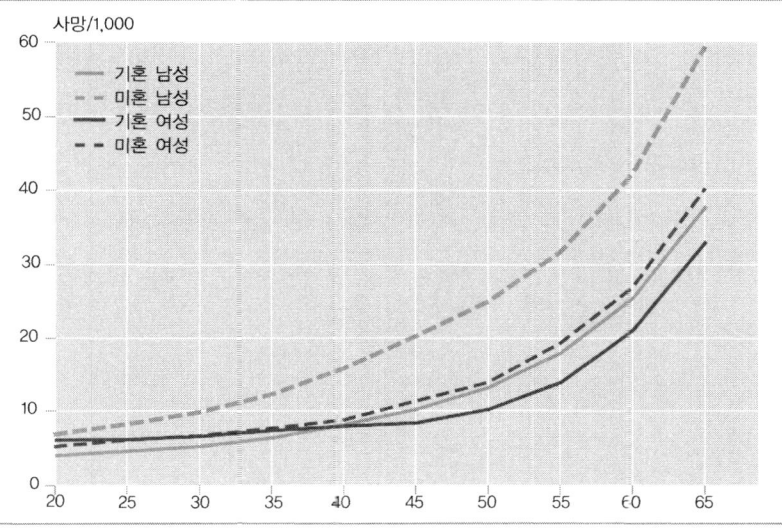

자료: Sundbärg G. Bevölkerungsstatistik Schwedens 1750~1900, Stockholm 1970.[19]

소녀들이 남자아이들보다 더 자주 결핵에 걸리는지를 설명하지는 못한다.

일부 연구는 남성 가구원이 여성 가구원의 희생을 기반으로 더 잘 먹기 때문에 이러한 차이가 나는 것이라고 주장한다.[15, 17] 1930년대 스웨덴 북부의 사회 위생 조사는 '식량이 부족하기 때문에 제일 먼저 남성에게, 다음으로 아이들에게 제공되었고, 부인은 남은 것으로 해결해야 했다. 이것이 주부들이 종종 깡마른 이유이다……"라고 밝혔다.[18] 상당수 근거들은 가정주부들이 식탁을 차릴 때 자기 몫을 다른 가족들에게 준다는 것을 보여 준다. 이는 고된 노동, 빈번한 임신과 결합하여 영양 상태가 낮아지는 결과를 낳고, 결핵에 대한 저항력을 감소시킬 수 있다. 하지만 아이들의 경우 여자아이가 저녁 식탁에서 성차별의 대상이 되어 결핵 사망률이 높아졌다는 근거는 희박하다.

초기의 도시 생활 방식은 성인 남성의 건강에 이득이 되지 않았던 반면, 가임기 연령의 여성은 교외 지역보다 도시에서 사망 수가 더 적었다. 이 성별 차이는 도시 남성에게서 더 널리 퍼졌던 알코올 남용이 부분적인 이유로 작용한 것으로 보인다. 시골 여성의 높은 사망률은 상대적으로 높은 출산율과 열악한 산전·산후 관리가 원인이었을 수 있다. 하지만 선택 기전의 효과, 즉 일거리를 얻기 위해 도시로 이주한 여성이 교외에 머무른 여성보다 평균적으로 더 나은 건강 상태를 가지고 있었다는 설명을 배제할 수는 없다.

국가 통계는 결혼 상태에 따른 사망률을 1870년대부터 수집하기 시작했다. 다른 집단보다 미혼(또는 사별) 남성에서 사망 수가 더 많았다. 이것은 특히 도시 지역에서 뚜렷했다. 결혼 여부의 중요성은 결혼한 남성의 사망률이 배우자 여성과 근소한 차이밖에 나지 않았다는 사실에서 명백히 드러난다. 예를 들어 가임기 사람들의 경우, 기혼 남성의 사망률은 기혼 여성(제1차 세계대전과 제2차 세계대전 사이 시기까지)과 미혼 여성(오늘날까지도)보다 낮았다. 가임기 연령 여성에게는 결혼 여부가 덜 중요한 영향을 미쳤는데, 기혼 여성과 미혼 여성 간의 차이는 상대적으로 작았다. 하지만 가임기가 지나서 더는 임신, 출산과 관련한 위험에 취약하지 않은 여성의 사망률은 미혼 여성이 확실히 더 높았다.

양쪽 성 모두 기혼한 사람이 더 낮은 수준의 사망률(출산 연령 여성 제외)을 보이는 것은 선택 효과의 산물과 결혼의 보호 효과 둘 다로 볼 수 있다. 선택 효과의 경우는 건강이 나쁘거나 건강에 위해가 되는 생활습관, 만성질병, 알코올 남용 등을 가진 사람들이 삶의 동반자를 찾는 데 더 많은 어려움을 겪는다는 것이다. 또한 결혼은 건강을 증진하는 제도로서의 기능을 수행하는데, 첫째로 이것이 사회적 지지를 제공하고 삶의 의미와 연대감을 가져다주기 때문이다. 둘째, 과음과 같은 불건강한 행위를 하려 할 때마다 다른 가족 구성원에 대한 의무를 상기시켜 그러한 행동을 자제하도록 만들기 때문이다.[20]

4. 사망률의 지역적·사회적 격차

산업혁명 시기 사망률의 사회적 격차에 관한 우리의 지식은 몇몇 지역 환경 관련 연구들로 제한된다. 19세기 후반 스톡홀름의 어린이 사망률에 관한 연구는 낮은 사회 계급에서 홍역으로 인한 사망 위험이 높았다는 것을 밝혀냈다.[21] 쇠렌 에드빈손Sören Edvinsson은 19세기 후반 순스발Sundsvall 지역에서 어린이의 사망률에 뚜렷한 사회적 차이가 있다는 것을 보여주었는데, 노동 계급의 어린이 사망률이 부유한 집단에 비해 더 높았다.[22] 이런 사회적 차이는 당시 린셰핑의 성인들에게서는 크지 않았던 것으로 보인다.[23] 사회적 기울기는 덜 부유한 계층의 생활수준이 올라간 19세기 후반보다는 산업화 이전 시기에 성인(특히 남성) 사망률과 더 강력히 연관되었던 것으로 보인다.

산업혁명과 연관하여 새로운 지역 간 사망률의 격차 양상이 나타나기 시작했다. 이러한 양상은 두 세계대전 사이 기간과 그 후에 두드러지게 나타났다. 이것은 산업혁명 이전의 상황과 대조적으로 분명히 사회적·경제적 조건과 연관되어 있다.

가장 높은 연령 표준화 사망률과 비교적 낮은 평균 기대여명이 스웨덴 북부와 중앙에서 관찰되었는데, 이곳들은 광범위한 삼림 지역(산업화 이전 시기에 상대적으로 유리한 건강 조건을 누렸던 지역)과 대도시 지역이다.[24, 25]

결핵으로 인한 사망률의 격차는 이 새로운 지역 사망률 추세의 주요 특징이었다.

5. 의학 지식의 성장과 의료 제도

1877년 국가보건위원회는 병원에 대한 책임을 비롯해 의료 전문가와 기관 전반에 대한 총괄 권한을 가지는 국가의료위원회로 교체되었다. 이 위원회를 보조하기 위해 모든 광역 지방정부의 의료행정 책임자가 점검을 실시하도록 했다. 이전의 작은 병원들과 정신 질환자 보호시설이 이 세기에 크게 성장했다. 규칙에 따르면 그들은 단지 치료 가능한 환자만 받아들이도록 되어 있었다. 처음에는 이것이 성병 환자들을 시설에 수용하는 결과를 낳았지만, 나중에는 병원들이 가난한 이들의 요구를 돌보기 시작했다. 19세기 말경 보건의료가 점점 더 전문화되고 신뢰를 받게 되면서 더 부유한 이들도 환자로 입원하기 시작했다.

국제 과학 컨퍼런스의 시대가 19세기 후반에 시작되어 새로운 연구의 보급이 더욱 가속화되었다. 첫 위생 컨퍼런스는 1876년 브뤼셀에서 열렸으며, 정기적으로 새로운 회의가 이어졌다. 이 회의들은 연구와 과학의 선봉에 서서 여러 나라에서 개최되고 널리 퍼졌다. 의과학은 인체의 작동에 관한 더 많은 이해를 요구했고, 동시에 전문화가 진행되면서 병리학, 생리학 등과 같은 세분화된 의학 분야가 생겨났다.

예방의학에서는 위생주의가 강조되었는데, 독일인 막스 폰 페텐코퍼Max von Pettenkofer(1818~1901)가 대표적인 인물이다. 스웨덴은 1876년에 첫 위생 부문 교수직을 두었다. 하지만 루이 파스퇴르Louis Pasteur(1822~1895)와 로베르트 코흐Robert Koch(1843~1910)로 상징되는 세균학의 획기적인 진보가 두드러진 발전을 이끌었다. 스웨덴 의학협회Svenska Läkarsällskapet는 1839년에 ≪위생Hygiea≫이라는 저널을 창간했다. 이 저널과 ≪에이라Eira≫(1877년 최초 출간)는 국제 및 스웨덴 국내 연구 결과의 전파와 토론의 중요한 공간을 제공했다. 의사이자 의회의 일원인 쿠르트 발리스Curt Wall s(1845~1922)는 1882년 로베르트 코흐 아래에서 공부하고, 스웨덴에 세균학 이론들을 퍼뜨려 대중화한 의료계 신진 세력의 일원이었다. 그러나 이 이론들이 완전히 받아들여지기까지는 새로운 세대의 의학 연구자와 의사들이 필요했다. 한 예가 국립의학연구소Statsmedicinska anstalten인데, 이 기관은 스웨덴 최초의 국립 세균학 연구소로 1907년에 설립되었으며, 1917년에는 국립 세균학 실험실Statens Bakteriologiska Laboratorium이 만들어졌다.[26]

6. 국립 통계 기관, 스웨덴 통계청

국가의 건강 상태와 같은 정보는 자연히 개혁의 영감을 제공하는 중요한 자원이었다. 이것은 우리가 봐왔던 대로 본래 타벨베르케트에 의해 수집되었던 연간 교구 보고서를 토대로 엮은 것이다. 이 신망 있는 기관은 1860년에 국립 통계 기관인 스웨덴 통계청으로 바뀌었다. 통계청은 나라에 인구학적 조건뿐 아니라 상업과 무역 부문, 사법 제도, 그리고 국가에 중요한 다른 영역 활동까지를 포함하는 통계적 자료를 수집하고 처리했다. 자료는 스웨덴 공식 통계청 발간처Bidrag till Sveriges officiella statistik에서 서로 다른 시리즈로 출간되었고, 많은 관찰 소견들이 ≪스웨덴 통계 저널Statistisk tidskrift≫에 발표되었다. 인구학적 자료는 이제 행정 등록부의 개인 관련 이

력에 기초하고 있는데, 이 행정 등록부는 중앙정부로 보내져 처리된다.◆

이전 세기에 생겨난 통계에 대한 관심은 19세기에도 사라지지 않았다. 오히려 몇몇 국가에서 스웨덴의 사례를 따라 하기 시작했고 인구 전체에 대한 자료를 수집했다. 영국은 1830년대에, 프랑스는 1840년대에 인구조사를 시작했다. 다른 국가들도 곧 선례를 따랐다. 인구학과 역학은 국제화되었으며, 비록 통계적 방법을 사용하는 것이 오늘날에 비하면 별로 정교하지 않았지만 국가 간의 차이를 비교하고 나름대로 결론을 내리는 것은 가능했다.

스웨덴 통계청 설립의 중심인물은 소아과 의사인 프레드리크 테오도르 베리Fredrik Theodor Berg(1806~1887)였다. 그는 1839~1840년 유럽 여행에서 국제적 경험과 지식을 습득했고, 1845년 스톡홀름 어린이 병원의 소아과 교수로 임명되어 스웨덴 의학협회 의장이 되었다. 그리고 그가 저술한 책은 어린이들에게서 흔한 균류 감염인 아구창에 관한 것이었다. 베리는 유럽의 다른 통계 기관들을 방문한 후 스웨덴 통계청의 재조직화를 준비하는 임무에 빠르게 착수했고, 스웨덴 통계청의 첫 번째 청장으로 임명되어 1877년까지 재직했다. 베리 외에도 국가의 건강 상황을 연구하려는 많은 사람들이 스웨덴 통계청 자료를 이용해 스웨덴의 건강 실태를 연구했다. 그중에는 19세기 초 유럽에서 높았던 영아 사망률과 아동 사망률이 이제 비교적

◆ [원주] 우리는 의학적 사망 진단서가 타당하게 전국을 포괄한다고 판단되는 1911년이 되어서야 도시 지역의 믿을 만한 사망 원인 자료를 구할 수 있었다. 위험 인구는 (1895년 이래로 교구 책으로 알려진) 개인별 교리문답 등록부의 자료를 기반으로 계산이 이루어졌다. 한편으로 이 개혁은 자료가 더 전문적으로 다루어지고 제시되도록 했지만, 나중에는 연구자들이 스웨덴 통계청의 기록 보관소를 통해 지역적 수준의 변화를 연구하는 것을 사실상 더 어렵고 복잡하게 만들었다. 개인별 자료는 매년 '체크리스트'에 합산되었는데, 몇 개의 교구로 구성된 서로 다른 지역적 단위를 커버하는 것이었다. 서로 다른 사회집단 간의 사망률 차이를 보여주려는 시도는 전혀 없었다. 그러나 1870년에 시작해 계속하여 성과 연령으로 구분된 기혼자와 미혼자 간의 현격한 사망률 차이를 보여주는 표가 생산되었다.

괜찮은 수준이라는 희소식에도 불구하고, 스톡홀름을 비롯한 몇몇 도시와 마을에서 결핵 사망률이 걱정스러울 정도로 높게 나왔다는 연구가 있었고, 이 연구 결과는 사회적 경각심을 불러일으켰다.

7. 산업화, 이데올로기, 복지국가

이후 세대들과 마찬가지로, 19세기 사람들은 자신들이 극적인 변화의 시대에 살고 있다고 생각했다. 이 때문에 사회가 어떻게 조직되었고 발달했는지에 관한 새로운 이론과 아이디어가 생겨났으며, 이것들은 이후 100년이 넘게 지대한 영향을 미쳤다. 19세기 초 극단적 시장주의자들과 자유주의자들은 국가가 시민을 단지 국내외의 위협에서만 보호하고 시장에서 손을 떼야 하며 사회적 문제를 중재하는 것을 삼가야 한다고 주장했다. 그러나 이 극단적인 주장은 스웨덴 정치에 큰 인상을 거의 주지 못했고, 사회적 보수주의social conservatism와 사회적 자유주의social liberalism가 19세기 말 무대에 진출했다. 좀 더 최근에 역사가들은 19세기 첫 의회를 대표하는 스웨덴식 관료국가가 원칙적으로 공공 부문의 활동에 반대하지 않았다는 점을 지적하고 있다. 그 대신 통치 권력은 실용적이고 이상적인 모델을 추구했는데, 그들의 관점에서 볼 때 그것은 기업가 정신, 기술적 발전, 소유주의 권리가 경제와 사회 발전을 증진하는 총체적 노력과 조화를 이루는 것이다.

이것의 한 예는 철도의 건설과 소유권에 관한 문제로, 국가 소유 방식이 지배적인 영역이었다. 사회는 능력주의meritocratic◆ 원칙하에 부문별로 기

◆ [원주] 능력주의란 부 또는 사회적 지위보다 정규교육과 재능의 중요성을 강조하는 사회 시스템을

술화되고 전문화되었다. 이는 위생주의와 공중보건의 다른 중요한 영역들에서도 마찬가지였다. '사회 엔지니어social engineer'는 최근 논쟁에서 부정적인 개념으로 사용되고 있는데, 공무원들이 사람들의 생활을 간섭하고 조종하는 것을 일컫는다. 그러나 본래 이 용어는 19세기 크고 작은 도시와 마을을 깨끗하게 정비하는 역할을 맡은 엔지니어들에 대해 사용되었다.

자유주의는 경제적 진보의 신조가 되었고 개인의 자유와 권리를 대변하는 말이 되었다. 반면 보수주의는 여러 가지 방식으로 정치적·사회적 격변에 제동을 걸려고 했다. 두 이데올로기 모두 지지자가 있었으며, 그들은 자신들의 근본적 가치의 틀 안에서 이루어지는 사회 개혁에 긍정적이었다. 19세기 후반 독일에서 사회적 보수주의 정신에 입각한 비스마르크Otto von Bismarck의 개혁은 개입주의적 모델을 대표했다. 이 모델은 특히 노동 계급에서의 새로운 사회주의적 경향에 반대했다. 스웨덴에서도 보수주의 대표자들이 존재했는데, 이들의 임무는 개입주의적 모델에 기반을 둔 사회 개입의 새 시대를 싸워서 막아내는 것이었다. 일부 자선사업 협회들은 명백히 이러한 생각에 영향을 받았다. 많은 자유주의자들은 민주주의적 개혁을 위한 모든 싸움에서 노동자의 정치적 조직들과 협력하려고 했다. 마침내 자선사업의 형식으로 몇몇 활동이 시작되었는데, 발기인들이 참여하는 국가 또는 지방 단위의 모델로, 19세기 장애인들에 대한 조직적 돌봄과 지원 사업이 그 예이다. 한편 지속적으로 성장한 사회주의 노동자들의 활동은 정계에서도 더욱 강력한 영향력을 가지게 되었다.

말한다.

8. 산업 보건

1850년대 산업 부문에 아동의 야간 노동을 금지하는 최초의 법령이 시행되었다. 그러나 이 제한은 잘 지켜지지 않았다. 건강 관련 문제와 사회적 문제는 도시화와 연관되어 있었고, 공장이 늘어나면서 산업 환경에 대한 규제의 필요성이 생겼다. 1880년대 후반 산재보험위원회Arbetarförsäkringskommittén의 추계에 따르면, 산업 노동은 농업 노동보다 더 위험했다. 특히 광부, 철도 노동자, 철강 및 대규모 산업 시설 노동자에게서 산재율이 높은 것으로 보고되었다.

사망률의 차이는 어느 정도는 직업적 위험성보다 작업장의 위치와 더 연관이 있는 것으로 나타났다. 도시 노동자들은 보통 시골의 노동자들에 비해 높은 사망률을 보였다. 그러나 직업적 위험 그 자체가 사망률 수준에 영향을 미친다는 것을 보여주는 결과들도 존재했다. 19세기 후반 스웨덴, 덴마크, 영국의 조사에서는 조선소 노동자, 광부, 인쇄업자, 유리 공장 노동자, 철·담배 산업 노동자의 사망률이 높은 것으로 나타났다.[27, 29] 이 직업들은 독성 화학물질과 사고 위험에 노출되어 있었다. 당시의 전문적인 의학 지식이 먼지와 화학물질에 노출되는 것의 해로움을 지적했지만,[30] 입법은 유해 물질보다는 안전한 기계 장치와 산업 플랜트의 장비 관련 규정이 대부분이었다. 석공과 유리·철강 공장의 노동자들은 규폐증이나 진폐증을 일으키는 유해한 먼지에 노출되었다. 성냥 제조업체에서 일하는 노동자들은 인 기인성 괴사phosphorcus necrosis와 간 손상을 일으키는 인에 노출되었다. 도자기 공장과 인쇄소에서 피고용인들은 중추신경계에 위해한 납 중독의 위험에 맞닥뜨렸다. 수은을 가지고 도금과 은세공을 하는 노동자들은 중추신경계와 폐에 손상을 입을 위험이 있었다. 주물업자들은 아연과

염료에 노출되었고, 유리 공장 노동자는 암, 심혈관계 질환, 간 손상 등의 위험을 높이는 비소에 노출되었다. 위원회의 작업은 1889년 산업위해법령 Yrkesfarelagen의 제정으로 이어졌다. 이 법령에 따라 기계 및 기타 설비의 안전장치 설치를 규제하고 감시하는 국가노동조사단이 설립되었다. 그리고 마침내 1901년 산재보험이 도입되었다.[31] 물론 스웨덴은 영국이나 독일처럼 먼저 산업화된 국가들의 발전에서 많은 영향을 받았다.

9. 지역 문제로서 보건의료행정

감염성 질환과 유행병에 효과적으로 대처하기 위해 지방 당국을 활성화하려는 시도는 19세기 전반기에 제한적인 성공만을 거두었다. 그러나 우리가 보아온 대로, 콜레라는 전반적으로 문제에 대한 이해를 높이는 데 도움을 주었으며, 1857년 새로운 유행병 규제가 발표되었다. 1년 후 국가보건위원회가 더 야심찬 보건의료 법률을 제안했지만, 끝내 부분적으로 거부되었다. 이 법안이 너무 급진적이어서 개인의 자유를 제한하기 때문이었다. 새로운 위원회가 갖추어지고 1874년에 결국 보건의료를 조직하고 유행병을 근절하는 방법을 규정한 새로운 법률이 제정되었다. 이 법률은 모든 도시와 마을에 보건의료위원회를 설립하는 내용을 포함하고 있었던 것으로 유명하다. 다른 법률 조항으로는 콜레라, (1년 전에 유행했던) 천연두, 발진티푸스, 장티푸스, 성홍열, 디프테리아, 이질로 인한 유병률과 사망률을 국가보건위원회에 보고하도록 하는 것도 있었다.

보건의료위원회는 도시 의사와 지역 경찰의 대표자, 행정 관료, 그리고 시의회가 정한 사람으로 구성되었다. 각 위원회는 도시 내의 건강 상태에 책임이 있었으며, 조사관을 임명해 일반 조사를 수행하도록 했다. 실제로 그 임무를 시행하도록 하기 위해 월례 회의가 열렸다. 특히 상수도 공급, 수질, 빗물의 배수에 관심이 집중되었다. 또 위원회는 판매되는 식품이 좋은 품질인지를 확인하여 보증했고, 주거 임대와 공공 토지(공장 포함)가 위생 및 건강 요건을 충족하는지 점검했다. 도시 내의 임시 변소, 쓰레기와 축산 관리는 위원회의 가장 중요한 활동 중 하나였다. 린셰핑을 예로 들면, 수백 건의 조사가 매년 행해졌고, 벌금 부과의 위협을 통해 개선을 이끌어냈다.

국가보건위원회에 소속된 조사관들은 주기적으로 또는 필요할 때 국가 전역에서 조사를 수행했다. 1890년에는 모든 광역 지방정부의 의료행정 책임자에게 그 임무가 이전되었다. 이 조사의 기록은 보존되었고, 그들은 시 행정 담당자들이 지적 사항과 개선안을 진지하게 수용하도록 권고했다.

10. 도시 위생주의

19세기 말 이 새로운 보건 서비스가 어떻게 작동했을까? 우선 우리는 전통적으로 가장 위험한 보건 환경에 있던 도시 지역에서 이것이 막강한 영향을 미쳤다는 것을 확인할 수 있었다. 우리는 지역 사례 연구들 덕분에 몇몇 개별 도시에서 어떤 일이 일어났는지를 알 수 있게 되었다.[5, 22, 32]

1874년에 제정된 법률에 따라 시 의료행정 책임자는 보건의료위원회의 공식적인 위원 중 한 사람이었다. 린셰핑이 그 전형적인 예이다. 당시 보건행정 체계는 의료행정 책임자, 병원 의사, 군 의료행정 책임자, 지방 의사와 약 10명의 조산사로 구성되어 있었다. 격리병원은 감염성 질환에 접촉한 사람들을 수용하기 위해 1850년대에 문을 열었다. 1863년과 1874~1875

년의 천연두 유행 기간에 환자 30명을 수용할 수 있었던 병원은 환자를 전부 받을 수는 없었지만 그래도 중요한 역할을 수행했다. 천연두를 비롯한 유행병이 퍼져 나갈 때 병원은 의미 있는 역할을 했던 것으로 보인다. 당연히 린셰핑도 이런 유행병의 영향을 받았는데, 예방접종이 평생 면역을 제공하지는 못했기 때문에 재접종을 받지 못한 사람들에게서 유행병이 발생했다. 이런 발생의 또 다른 이유로는 유동 인구에 대해 국가가 예방접종을 하고 관리하는 것이 어려웠기 때문인데, 이들은 마을과 도시 주변을 지속적으로 드나들었다. 또 전염병이 지나고 시간이 흐르자 질병에 대한 사람들의 두려움이 적어지고 조심성도 줄어들었다. 린셰핑의 의료행정 책임자에 따르면, 1874~1875년에 사망한 자들은 모두 젊고 예방접종을 받지 않았던 사람들이었고, 대부분 가난한 가정 출신이었다. 유행의 결과로 자녀에게 예방접종을 하겠다는 욕구가 다시 급격히 증가했고 (이후 예방접종의 확산으로) 린셰핑과 국가 전체를 강타하는 이런 종류의 유행은 더는 일어나지 않게 되었다. 이 유행병은 유럽 전역을 휩쓸었고, 예방접종을 받은 사람들이 전반적으로 증가하는 결과를 낳았다.

    린셰핑 보건의료위원회는 7명의 위원으로 구성되었다. 경찰의 수반이기도 한 시장, 기획위원회 의장, 그리고 다른 중요 기관의 위원들이 위원회에서 직책을 맡았다. 1870년대에는 시 의료행정 책임자, 약사, 무역상, 생산자 대표 등과 같은 사람들이 도시의 엘리트 지도 집단으로 위원회에 포함되었다. 특히 이들과 같은 부르주아 비전문가들이 위원회에 참여했다는 것이 중요하다. 왜냐하면 이들은 법률과 조례가 부과하는 공공 의무로 인해 가장 많은 부담을 안고 있고 가장 많은 세금을 내야 하는 사람들이었기 때문이다. 축사와 변소 관리를 예로 들면, 마을 사람과 자산 소유자 모두가 법률을 좋아하지는 않았다. 의사결정이 이루어지기 전에 이 법령을 구체적으로 어떻게 적용할 것인지가 위원회에서 중요한 의제로 다루어졌다. 시 의료행정 책임자는 종종 새로운 방식을 제안했는데, 다른 위원들이 이에 항상 동의한 것은 아니었다. 국가 조사관 또는 지방 의료행정 책임자는 시가 그 책임을 다하게 하고 싶어 했다. 1889년부터 새로 지명된 지방 보건 조사관의 보고서에 따르면, 돼지를 기르기에 부적당한 시설, 형편없는 상태의 변소, 그리고 이런저런 문제들이 쏟아져 나왔다. 대부분 행정 조치를 통해 금지 명령을 하는 것만으로 충분했지만, 때때로 어떤 사안은 법정으로 가서 벌금이 부과되었다.

보건의료 법령이 시행에 들어간 초기 수십 년을 평가할 때 우리는 급격한 인구 이동과 도시의 가장 취약한 지역 및 새로운 교외 지역으로의 이주가 빠르게 늘어난 사실을 고려해야 한다. 이것은 스웨덴 마을과 도시 보건 의료 제도에는 새로운 도전이었는데, 최소한 1870~1880년대 도시화 물결이 일었을 때 그러했다. 새로운 주거 지역에 적절한 위생 조건을 확보하고 인구 과밀 문제를 완화할 충분한 주거 시설을 짓는 데 대한 관리가 이루어지기 전에 이미 발진티푸스, 결핵, 디프테리아, 성홍열과 같은 질환들이 만연했다. 이것은 급속히 팽창하는 도시 지역과 북부 제재소 밀집 구역에서 일시적으로 사망률이 치솟는 결과를 낳았다.

이 일시적인 사망률 증가는 1850년대 초에 기록된 것으로, 의무교육의 도입에 따라 어린이들이 과밀한 교실에서 공부해야 했고 이것이 어린이들이 질환에 노출되는 것을 증가시켰기 때문일 수도 있다. 이런 관점에서 건강의 안정과 실질적인 개선이 1890년대 초에 이루어졌다고 보는 것은 어느 정도 주목할 만하다. 위생주의 시대가 부분적으로 이에 책임이 있었다는 것은 의심의 여지가 없다. 어려움이 있었지만 의료행정 책임자와 보건의료위원회 모두의 의욕은 결국 건강 조건의 개선을 이루어냈다. 장어와 불결에 대한 빅토리아 시대의 혐오에 영향을 받아, 도시의 상류 계층은 비위생적인 환경이 바람직하지 않다는 것을 알았고, 세기말 세균학의 급격한 발전과 대중화가 더 적극적인 청결로의 요구로 이어졌다.

사회적 자유주의의 풍조 역시 부르주아지를 통해 흘러들었는데, 이들은 계몽적 개혁을 통해 사회가 국민 건강과 공공복지의 증진에 기여하는 것을 바람직하게 생각했다. 도시 엘리트들이 공중보건과 빈곤층의 생활 조건에 관심을 가지는 태도의 변화는 앞서 본 바와 같이 스웨덴에서만 있었던 것은 아니다. 이러한 관심은 프랑스와 영국에서도 일어나 한 세기에 걸쳐 발달해온 지역 정책과 건강 조건의 전면적인 변화를 제안했고, 이것은 위생개혁운동의 출현으로 이어졌다.[33, 34]

산업화의 발자취에는 다른 건강 문제들의 출현도 포함되었다. 린셰핑 지역에서 실시된 공장 노동자들의 환경 조사에서 나타난 불량한 공기의 질, 오염 및 결핵 감염의 위험과 같은 문제들은 사람들의 경각심을 불러일으켰다. 그러나 이것이 경제적·정치적으로 가장 영향력 있는 도시 거주민의 이익에 반하는 내용이 되자, 보건의료위원회는 이 문제를 강조하지 않았다. 산업 보건은 더 민주적인 사회에서나 적합한 것이었다.

성병의 역학적 추세는 19세기 동안 변화했다. 이전 사례들은 시골 지역에 주로 한정되었던 데 반해, 이제 환자의 대부분이 주둔지나 항구와 같이 미혼 남성과 성매매 여성의 수가 많은 지역에서 발견되었다. 빅토리아 시대 회화처럼 성과 성행위에 이중적 기준이 적용되었고, 위생주의 운동의 어두운 면, 즉 성매매 여성 조사에 따른 낙인화와 모욕이 이전과 마찬가지로 지속되었으며, 감염된 남성들에 대한 공적 조치는 매우 계급 편향적이었다.

11. 도시의 물: 지역 사례 두 가지

앞서 본 바와 같이 독기설의 지지자들은 오염된 물이 감염의 근원이 될 수 있다는 것을 알고 있었는데, 위험한 물질이 흙과 물 모두에서 나온다고 생각했기 때문이다. 의사인 존 스노John Snow(1813~1858)가 1854년 런던에서 콜레라가 유행할 때 도시의 특정 지역에서의 감염이 거주민들이 식수를 길어가던 특정한 펌프에서 기원했다는 것을 지역 당국에 확인시키면서 이 개념은 실체를 얻었다. 1870년대 이전 스웨덴의 도시와 마을 거주민들은 대부분 식수를 우물 또는 상수도 회사가 공급하는 펌프를 통해 얻었다. 두 경우 모두 오염에 대비한 보호가 없었고, 특히 물이 뒷마당이나 거리, 광장에 흐르는 빗물에서 공급되는 경우는 더욱 그러했다. 기술의 발전 덕택에 물 공급원에서 공공 펌프나 집 안까지 잇는 파이프의 건설이 스웨덴의 마을과 도시에서 빠르게 진행되었다. 일반적으로 새로 뚫린 수로에 배수관도 함께 놓았다. 1890년대 이래 부유한 가정에 수세식 변기가 도입되었지만, 이 위생 기구가 국가의 모든 가정에 설치되기까지는 이후 반세기가 더 걸렸다.

노르셰핑Norrköping 시에서 물과 하수도 문제는 도시에 몇 개의 직물 공장을 소유한 부유한 스바르츠Swartz 집안과 다른 기부자들의 재정적 지원에 힘입어 민간 주도로 1870년 이후 간단히 해결되었다. 이 개입주의적 해결법은 상수도관이 가난한 지역에도 연결되도록 했고, 공장 노동자 가정에서도 무료로 민간 상수도 사업이 제공하는 수돗물을 공급받도록 했다. 의학 전문가의 대표자들이 건강을 위해 물과 하수의 새로운 시스템을 요구하기도 했지만, 상수도 부문의 개선이 이루어질 수 있었던 아주 중요한 요인은 모든 마을과 도시의 산업 플랜트가 돌아가는 데에 상당한 양의 물이 필요했기 때문이다. 또한 중산 계급은 편의를 위해서라도 상하수도 시스템을 선호했다. 따라서 상하수도 시스템이 그렇게 일찍, 그리고 급속히 확장된 것이 단순히 공중보건 때문이었는지는 확실하지 않다.

린셰핑 시는 수도관 설치가 어떻게 지역적 의제로 발전할 수 있는지를 보여주는 또 다른 사례이다. 콜레라 유행 1년 후인 1866년, 린셰핑 시의회에서 침수 지역의 배수와 관련된 움직임이 있었다. 첫 번째 주창자로 시장이 유행병의 경험을 직접적으로 언급했다. 3년 후 그는 제안서를 제출했는데, 상당한 경험을 가진 상수도 기술자 두 명을 고용하자는 것이었다. 그는 상수와 하수 체계가 현재 점점 더 많은 마을과 도시에 건설되고 있고, 이것은 건강의 관점에서 옳은 일이며, 산업에 이익이 되고, 더 나아가 화재로부터 국민을 보호할 수 있다고 말하며 그 제안을 정당화했다. 이 프로젝트는 30년간 민간 재정을 조달해 시행되었는데, 도시 중심부만 해당되었으며 재정적 이윤은 회사를 설립해 운영하는 이해 관계자들에게 주는 것이었다. 시 행정 당국이 자본의 1/5을 맡았지만, 민간 소유주들은 배당 분배 시 우선권을 가질 수 있었다. 충분한 재원이 사전에 모였으며, 시의회는 더 넓은 지역을 대상으로 하며 소화전을 설치해 필요 시 무료로 사용하는 것을 내용으로 하는 수정안을 채택했다.

시 행정 당국은 배수로에 하수관을 놓는 추가 비용의 책임을 지기로 했다. 시스템의 첫 단계는 1876년 초에 완성되었고, 이후 15년 동안 서서히 확장되어 (비록 뒷마당의 지하수를 사용하는 가구가 일부 남아 있긴 했지만) 도시 거의 전체에 상하수도관이 설치되었다. 요구는 끊임없이 늘어나 1893년 새로운 펌프장과 여과 장치가 완성되었다. 프로젝트는 상당한 크기의 배당금을 돌려주었고, 1907년 시 행정 당국에 넘겨지기 전까지 프로젝트 투자자들에게 높은 수익을 남겼다.

스웨덴 최초의 상수와 하수 시스템의 확장은 다양한 재정적 해법의 도움으로 성과를 거두었다. 이것은 인구집단의 건강에 긍정적인 영향을 주는 다른 요인들과 동시에 이루어졌다. 경제적 번영이 상승세에 있었고, 다른 도시 위생 문제에 대한 점점 더 효과적인 해결책들이 발견되었으며, 인구 과밀은 시간이 갈수록 덜 중요한 문제가 되어갔다. 무엇보다 기술 발달이 스웨덴 도시의 건강 개선에 필수적인 역할을 했다. 물에 대한 접근성은 가구의 위생 수준과 직접적인 관계가 있다. 그러나 이제 길거리에서 빗물이 더 잘 배수되고 사람과 동물의 배설물이 더 효율적으로 처리될 수 있었던 것이 더 중요한 요인으로 작용했을 것이다.

한스 닐손Hans Nilsson은 린셰핑에서 상수와 하수 시스템의 확장이 미친 영향을 살펴보려 했다. 그의 연구는 1875년 이전 시의 모든 지역에서 영아 사망률이 거의 같은 정도였다는 것을 보여준다. 하지만 1875년 이후 첫 10년간은 도시 내에서 상하수도 시스템이 확장된 지역에서 영아 사망률이 더 급격히 떨어졌는데, 이후 (상하수도가 전면적으로 제공된) 1880년대 중반에는 이 차이가 다시 비슷해졌다. 이 시기까지 거주민의 매우 소수만이 상수도 사용에 어려움을 겪었는데, 그들의 건강 역시 빗물 배수 시스템 개선에 따른 혜택을 누렸다.[5] 몇몇 다른 연구들 역시 19세기 후반과 20세기 초반 개선된 깨끗한 물 공급과 사망률 감소 간의 연관성을 관찰했다. 이러한 양상은 영아뿐 아니라 1~4세 연령에서도 비슷하게 나타났다.[35, 36]

12. 술 관련 법률과 잡역 노동자

19세기 중반 이후 정부는 술 생산과 판매에 관련한 일련의 규제를 도입했다. 이들은 이것이 술 소비를 줄이기 위한 최초의 효과적인 수단이라는 점을 입증했다. 과다한 술 소비는 바람직하지 않았으며, 일부 사람들은 이것이 건강에 미치는 해로운 영향을 지적했다. 재정적 이익도 중요하지만 사회적 손실도 컸다. 하지만 정부 수입을 보호하기 위해 술의 생산과 소비는 관리되어야 했다. 그래서 면허와 관리 기전을 도입했다. 법률은 시골 지역에 큰 영향을 미쳤는데, 시골은 사람들이 원하는 물품을 구하기 위해 먼 길을 가야 하는 곳이었기 때문이다(이 조치로 술을 사기가 더욱 어려웠다). 반면 도시에서는 여전히 많은 수의 소매상이 있어, 사람들은 쉽게 그곳을 이용해 술을 마실 수 있었다. 술 소비량과 사망률의 관계는 젊고 미혼인 남성들에게서 더욱 분명했다. 이들 중 많은 수가 자신의 가족이 있는 지역을 떠나 지역사회의 사회적 통제 바깥에서 익명의 생활을 했다. 총 술 소비와 미혼 남성의 사망률은 스웨덴 통계청이 이러한 지표를 생산했던 첫해인 1870년 이후로 뚜렷한 연관성을 보였다.[23] 사망률의 피크는 종종 경제적 번영의 시기와 동시에 있었는데, 이 시기가 노동에 대한 요구가 가장 컸으며 도시와 산업 지역으로의 이주가 극심했고 임금이 치솟았던 때이기 때문이다.

이른바 '예테보리 시스템'은 19세기 말 국제적으로 큰 관심을 받았다.[37] 1865년 예테보리에서 기초 지방정부가 술집과 소매상에서의 술 판매를 독점하는 조치를 시행했기 때문이다. 그 의도는 주류 판매에서 사적인 이윤을 창출하는 것을 감소 또는 제한함으로써 술 소비를 통제 또는 감소하려는 것이었다. 이 시스템은 이후 대다수 스웨덴 마을에 도입되었고, 1905년부터는 모든 주류 판매가 공식적으로 정부 산하 회사들에 의해 다루어지게 되었다.

여전히 미혼 남성이 술의 큰 소비자이고 그들의 사망률이 기혼자군보다 높을지라도, 급작스럽게 나타난 새로운 산업사회의 환경은 여러 측면에서 봤을 때 1900년 전후로 안정되었다. 과거 노동자들의 사회에서는 축제 때 또는 일을 쉬면서 과도하게 음주를 하는 강한 전통이 있었다. '일 안 하는 월요일free Monday'◆을 보내는 것은, 그것이 너무 빈번하게 일어나지만 않으면, 그리고 고용주가 그의 성과에 만족하는 한 어떤 일꾼에게나 자연스러운 일로 간주되었다. 19세기 전반 임시 노동에 의지하며 사는 남성 집단이 늘어나 역시 술집 및 기타 음주 시설에서 쉴 수 있는 수많은 기회를 가지게 했다. 하지만 이제 이것은 정시에 출근해야 하고 숙취에 시달릴 여유가 없는 산업 노동자에게는 불가능한 일이었다. 따라서 직업의 특성과 요구가 노동 계급에 규율을 부과했다.

다른 요인들도 이 비자발적 규율에 기여했다. 직업 안정성은 산업화 이전 시기에 비해 증가하여 가정을 꾸리는 일이 쉬워지도록 했고, 이것은 긍정적인 요인이었다. 새로운 산업이 정착하고 도시 공동체가 훨씬 더 사회적으로 안정되면서 노동 계급은 더 자립적이게 되고, 이주는 덜 혼란스러운 일이 되었다. 알코올 중독의 사회심리적 요인은 감소하기 시작했다. 더욱이 대중운동의 출현은 자기 훈련의 개선을 도왔는데, 이 점에 대해서는 곧 살펴볼 것이다. 제1차 세계다 전 시기에 행정 당국은 개인의 구매를 제한하는 통제 조치를 많은 마을에 도입했다. 이런 조치는 결국 개인 주류 배급, 그리고 술 무역과 수입에 대한 공공 독점이 결합된 '통제 의무 시스템Brattsystemet'을 만들어냈다. 연간 술 소비는 성인 1인당 약 5리터로 제한되었다.

◆ 주말 과음으로 월요일에 출근을 못 하고 쉬는 것.

20세기 초 가난한 어린이들이 스웨덴 자선 연합 활동인 '묠크드로펜'에서 우유를 가져가고 있다.
자료: Nordiska museet.

13. 자선 활동: 인도주의적 원조와 사회적 통제

빅토리아 시대의 도덕률Victorian morals은 공공과 민간 부문 화이트칼라 노동자들과 소규모 기업가로 구성된 새로운 중산층 계급의 집단적 이상이 되었다. 거기에는 질서정연함, 도덕성, 검약과 절제가 포함되어 있었다. 자선 단체들이 사회적 양심을 지닌 부유한 이들에 의해 설립되었다. 어린이들은 당국과 자선사업가 모두에게 특별한 관심을 받았다. 과실이나 다른 상황으로 자신의 자녀를 충분히 돌볼 수 없는 부모들은 지원을 받거나, 아니면 양육할 권리를 박탈당했다. 기초 지방정부들에서 보건의료위원회가 이런 문제를 다루는 과실방지법의 집행에 대한 책임을 졌다.

세기 전환기에 스톡홀름에만 200개가 넘는 자발적 협회와 기관이 있었는데, 탁아소, 학교, 고아원, 여름 캠프, 어린이를 위한 각종 자선 시설 등 종류가 매우 다양했다. 민간 시설의 예로는 묠크드로펜Mjölkdroppen◆이 있었다. 모유 수유를 할 수 없는 가난한 어머니들은 이 시설에 와서 자녀를 위한 살

◆ 프랑스의 'Gout de lait'에 영향을 받은 단체로, '우유 한 방울(The Milk Drop)'의 스웨덴어이다.

균된 우유를 받을 수 있었다. 이들의 활동은 종종 노동 계급과 가난한 이들을 향한 개입주의적·훈계적·권위적 태도에 기초한 것이었다. 지원하고 감독하며 정보를 주고 문제를 바로잡는 것이 사회와 더 부유한 일원들의 책무였다.[38] 생활필수품을 제공하는 도움이 사회적 통제와 복종의 대가로 주어졌다. 19세기 후반 편모들의 상황은 여전히 어려웠지만 최소한 그들의 자녀에 한해서는 관심을 받았으며, 이전보다는 상황이 나아진 것이었다. 비록 다른 집단들보다 한참 늦었지만, 그들의 사망률은 결국 감소하기 시작했다.

14. 자선 활동과 공공 기관

성인에 대한 교양 교육, 죄수들에 대한 복지, 장애인 지원 같은 활동을 하는 단체들도 있었다. 이 단체들은 흔히 사회적 보수주의나 사회적 자유주의 기업가와 공무원 중 사회적 지위가 높은 사람을 대표로 삼았다. 이것은 일종의 엘리트 국가조합주의elite corporatism♦가 생겨나게 했다. 공공과 민간 시설들은 서로 보완했고, 동일인을 양쪽의 임원진에서 찾아볼 수 있었다. 도덕주의와 개입주의가 혼합된 인도주의는 위계적 사회와 민주적 평등 간의 전환이 이루어지던 이념의 시기에 보인 특징적인 모습이었다. 19세기 많은 사회 활동가들이 약자에 대해 진정한 연민을 품었다는 데는 의심의 여지가 없다. 개입주의는 강하고 아는 것이 많은 사람들이 약하고 아는

♦ 국가조합주의는 정책 결정 과정에서 사회적 합의를 유도하기 위해 정부가 이익집단 등 민간 부문에 강력한 주도권을 행사하여, 정부와 이익집단 간 합의가 형성되도록 하는 국가 체제를 말한다. 이종수, 『행정학사전』(대영문화사, 2009).

것이 적은 사람들을 교육하는 의무와 자격을 가진다는 것으로 정당화될 수 있었다. 권리와 의무는 각 개인의 사례에서 협상되었는데, 항상 도움을 구하는 이들을 즐겁게 하는 방식으로 이루어지지는 않았다. 민간과 공공 양쪽의 사회 시스템이 일부 사례에서 지나친 통제를 시행하기 시작했다.

한편 엘리트주의적 자선 활동은 비판을 면치 못했다. 한 줄의 비평이 사회다윈주의Social Darwinism◆와 '적자생존'을 신봉하는 이들에게서 나왔다. 그들은 가난한 사람들을 도우면 나중에 사회가 약자들에 의해 점령될 것이라고 주장했다. 반면에 가장 통렬하고 유명한 공격이 좌파들에 의해 이루어졌다. 그 한 예를 아우구스트 스트린드베리August Strindberg의 소설 ≪빨간 방 Röda rummet≫에서 볼 수 있다. 가난한 사람들에게 구호품을 주어 자기 기분을 나아지게 하려는 상류 계급 여성의 모습을 그려낸 이 비평에 사회주의자 노동운동 내의 급진적인 개척자들도 호응했다. 그러나 동시에 자선은 현대 복지국가의 일부로서 발전되고 수정될 수 있는 사회적 지지의 원형과 모델을 확립하는 데 도움을 주었다.

15. 대중운동: 새로운 사회의 사회적·정치적 풀뿌리

상당수의 근면한 중하위 계층 사람들이 새로운 노동 계급의 일원과 함께 19세기 후반에 빠르게 성장한 자유교회운동과 금주연맹에 동참했다.

◆ 1870년대 영국과 미국에서 나온 사회 이론으로, 다윈의 진화론을 사회학과 정치학에 적용하려 시도했다. 생존경쟁과 자연도태를 사회 진화의 기본적 동력으로 간주한다. 사회다윈주의의 개념은 스스로를 돌볼 수 있는 이들과 그렇지 못한 이들을 구분하지 않는 사회 정책을 정당화하는 데 사용되었다. 위키피디아(www.wikipedia.org); 임석진 외, 『철학사전』(중원문화, 2009).

1880년대 중반 이 자발적 단체들은 각각 10만 명의 회원을 두고 있었고, 1920년에 스웨덴 성인 4명 중 1명은 노동자 운동, 자유교회운동 또는 금주 연맹의 일원이었다. 회원들 중 다다수는 노동 계급이거나 중하위 계층이었다.[39] 성장하는 이들 노동 계급은 스스로의 존재를 자각하면서 새로운 세계관과 가치, 그리고 새로운 사회적 구조를 갖춘 새로운 사회의 창조어 중추적인 역할을 했다. 다중운동은 노동조합의 발전과 확장된 노동 계급의 정치적 진출에 중요했다.

그들의 '더 큰 계급의식'은 그저 당국과 고용주 가운데서 반대자를 찾는 것이 아니었다. 그것은 미래를 위한 자신의 독자성, 일관성, 연대와 희망을 요구하는 것이었다(이들 각각은 아마도 건강의 관점에서 더 중요했을 것이다). 지난날의 계급사회와 소작농, 장인 공동체의 사회규범과 사회연대에 비해 더 자율적인 모습이 출현하기 시작했다. 또한 대중운동은 (그들이 희망할 경우) 국립 교회, 마을 공동체, 길드 연합의 사회화 및 징계 기능을 넘겨받았다. 노동 계급 운동 내에서 중요한 이상으로 급속히 자리 잡은 성실은 과음과 술 소비에 더 엄격한 태도를 보였다. 많은 노동자가 노동조합과 사회민주주의당 양쪽 모두에, 그리고 절제운동에도 참여했다. 스웨덴에서 과거 19세기의 '위험한 사회 계급'은 서로운 '대중운동'으로 교체되었다.

그러나 대중운동은 단지 규율관을 염두에 두지 않았다. 예를 들어 공부 모임 운동의 확산은 위생과 건강한 식습관에 대한 건강 관련 권고를 전파하는 역할을 주도했다. 자유교회에 속한 신도들 역시 부제◆들에게서 정신적 지지와 물질적 도움을 받을 수 있었다. 세기말에 노동조합들은 자발적

◆ 부제(deacon and deaconess)란 로마 가톨릭교, 영국 성공회, 그리스 정교회에서 사제 바로 아래의 직분을 맡은 남녀를 말한다.

의료보험 기금을 설립했는데, 이로부터 가입자들은 필요할 때 재정적 지원을 얻을 수 있었다.

이것은 전통적으로 스웨덴 대중운동Folkrörelsesverige이라 불리기 시작했으며, 지역 공동체들은 복지를 개선하기 위한 새로운 아이디어와 활동을 실험했다. 산업화 이전 사회에서 토지 소유자나 고용주는 병들고 나이 든 노동자를 가족의 일원으로 여기고 돌볼 책임을 가졌다. 산업화와 도시화는 새로운 해법의 필요성을 낳았으며, 19세기 후반 자발적 의료보험협회(공제회)가 확대되었다. 대부분 가입 제한이 없었고 일반 개인을 대상으로 가입을 받았다. 다른 것들은 고용주가 관리하는 조직 또는 노동조합에 의해 관리를 받았다. 1880년대 중반 노동 인구의 약 10%가 이런 협회의 일원으로 등록되었다.[40] 의료보험 체계에 대한 공적 기여가 (정부 보조금에 의해) 시간이 갈수록 증가했다. 노동시장 참여 주체들 간의 집단적 합의를 통해 공적 부문과 민간 부문의 대다수 화이트칼라 피고용인들이 상병 수당sick pay을 보장받았다. 한편 보편적 의료보험이 도입되었던 1955년 이전까지 육체노동자들에게는 의료보험협회에 개인적으로 가입하는 것이 더 일반적이었다.[40]

16. 요약: 위생주의, 경제적 성장과 사회적 안정화

제1차 세계대전 이전의 40여 년은 스웨덴에서 전례 없는 산업화와 급속한 도시화, 그리고 경제적 성장의 시대였다. 주로 북아메리카를 향한 대규모 이민은 19세기 후반 수십 년 동안 인구 증가의 압박을 덜어주었다. 동시에 급속히 성장하는 산업 단지에서는 새로운 직업과 상향된 임금이 제공되었다. 비록 20~30년의 매우 짧은 시기를 두고 일어난 것이었지만, 이러한 이주, 특히 시골에서 도시 및 산업 지대로의 인구의 대규모 유입은 건강 문제를 낳았다. 첫 세대 산업 노동자들은 수인성 및 공기로 운반되는 감염성 질환이 쉽게 퍼지는 과밀한 생활공간에 정착해야 했다. 어린이들은 설사, 디프테리아, 성홍열, 기타 유행병을 심하게 앓았고, 성인들은 유행성 결핵에 시달렸다. 시골 사회에서 겪었던 사회적 통제에서 어느 정도 벗어나 있던 도시의 미혼 남성들은 수많은 음주 시설과 싼 술값 때문에 술을 과다하게 소비하도록 하는 도시의 유혹에 쉽게 희생자가 되었다.

그러나 동시에 점점 늘어나는 도시 거주민들에게 신선하고 덜 오염된 물을 제공하는 상수관이 건설되었고, 건설 산업 붐의 결과로 주거 환경이 개선되었다. 엄격한 규제와 함께 사회가 안정되면서 1인당 술 소비도 감소했다. 가족을 꾸리기가 더 용이해졌고, 이는 안정된 생활에 대한 고용주와 노동자 모두의 요구를 충족시켜주었으며 사회 안정에도 기여했다.

새로운 자발적 연합 단체들은 금주운동, 자유교회, 노동자의 정치적 정당과 노동조합 같은 형태를 띤 군중운동이 되었다. 이들은 새로운 형태의 사회 자본과 다음 세기의 공적 제도인 사회보장의 원형을 만들 수 있었다. 더 건강한 인구집단을 만들기 위해 결합된 이 요인들은 모든 연령대에서 사망률을 낮추고 모든 사회집단에서 남성과 여성의 기대여명을 꾸준히 증가시키는 데 기여했다. 어느 정도 조직적 모양을 갖춘 자선 연합체들은 빈곤한 사람들을 도우려 했는데, 대표적인 예 중 하나가 편모 자녀들에게 우유를 제공한 것이다. 하지만 그다지 긍정적이지 못한 점도 있었는데, 취약한 특정 집단의 자율성을 침해하는 방식으로 사회적 문제를 해결하는 데 대한 대중의 관심이 증가했다. 예를 들어 '일반적 기준에서 벗어난 형태'의 가정은 좋은 부모가 되지 못한다고 여긴 것이 그러한 예 중 하나이다.

제1차 세계대전 발발 전, 스웨덴 기업들은 세계 시장으로 성공적인 진입을 시작하고 있었다. 정치적 민주주의를 향한 첫 번째 단계도 진행되었다. 새로운 형태의 '연결형 사회 자본'이 출현했다. 그러나 급속한 경제성장(두 번의 경기 침체로 중단되었다), 보편적 선거권과 복지와 사회보장을 지향하는 정당이 의회의 다수당을 차지한 일 등이 모두 제1차 세계대전과 제2차 세계대전 사이에 이루어졌다. 공적 제도가 점점 더 적극적으로 '연계형 사회 자본'을 만들어가는 이야기는 다음 장에서 다루기로 하자.

5장 참고문헌

[1] Sandberg LG. The case of the impoverished sophisticate: human capital and Swedish economic growth before World War I. Journal of Economic History 1979;39:225-241.
[2] Schön L. En modern svensk ekonomisk historia. Tillväxt och omvandling under två sekel [A modern Swedish economic history. Growth and change during two centuries]. Stockholm: SNS förlag; 2000.
[3] Magnusson L. An economic history of Sweden. London: New York: Routledge; 2000.
[4] Sandberg LG, Steckel RH. Was industrialization hazardous to your health? Not in Sweden! In: Steckel RH, Floud R, eds. Health and welfare during industrialization. Chicago: University of Chicago Press; 1997.
[5] Nilsson H. Mot bättre hälsa: dödlighet och hälsoarbete i Linköping 1860-1894 [Towards better health: mortality and health work in Linköping 1860-1894]. Diss. Linköping: Linköping University; 1994.
[6] Bergmark R. De epidemiska sjukdomarna och deras bekämpande [Epidemic diseases and fighting them]. In: Kock R, ed. Medicinalväsendet i Sverige 1813-1962 [The Medical Care System in Sweden 1813-1962]. Stockholm: AB Nordiska Bokhandelns Förlag; 1963.
[7] Puranen BI. Tuberkulos: en sjukdoms förekomst och dess orsaker, Sverige 1750-1980 [Tuberculosis: the occurence and causes in Sweden 1750-1980]. Diss. Umeå: Umeå University; 1984.
[8] Åman M. Spanska sjukan: den svenska epidemin 1918-1920 och dess internationella bakgrund [The Spanish influenza: the Swedish epidemic 1918-1920, and its international background]. Uppsala: Uppsala University; 1990.

[9] Axelsson P. Höstens spöke: de svenska polioepidemiernas historia [The autumn ghost: the history of polio epidemics in Sweden]. Diss. Umeå: Umeå University 2004.

[10] Andersson T, Högberg U, Bergström S. Community-based prevention of perinatal deaths: lessons from nineteenth-century Sweden. Journal of Epidemiology 2000;29: 542~548.

[11] Nyström G. Kristid och hälsa [Depression and health]. Svenska läkartidningen 1946: 1422~1431.

[12] McKeown T. The modern rise of population. London: Edward Arnold; 1976.

[13] Szreter S. The importance of social intervention in Britain's mortality decline c. 1850~1914: a reinterpretation of the role of public health. Social History of Medicine 1988;1:1~38.

[14] Högberg U. Maternal mortality in Sweden. Diss. Umeå: Umeå University; 1985.

[15] Johansson SR. Deferred infanticide: Excess female mortality during childhood. In: Hausfater G, Hardy SB, eds. Infanticide: Comparative and evolutionary perspectives. New York: Aldine; 1984.

[16] Humphries J. Bread and pennyworth of treacle: excess female mortality in England in the 1840s. Cambridge Journal of Economics 1991;4:451~473.

[17] Klasen S. Marriage, bargaining, and intrahousehold resource allocation: Excess female mortality among adults during early German development 1740~1860. Journal of Economic History 1998;2:432~467.

[18] En socialhygienisk undersökning i Västerbottens och Norrbottens län, utförd med stöd av Kungl. Medicinalstyrelsen under åren 1929~1931 [A socio-hygienic investigation in the counties of Västerbotten and Norrbotten, performed with support from the Royal Medical Board 1929~1931]. Lund: 1934.

[19] Sundbärg G. Bevölkerungsstatistik Schwedens 1750~1900: with preface and vocabulary in English. [Swedish population statistics] Stockholm: Statistics Sweden; 1970.

[20] Sundin J. Äktenskap, ensamskap och hälsa förr och nu [Marriage, single life and health past and present]. In: Eriksson T, Guillemot A, eds. Individ och struktur i historisk belysning: festskrift till Sune Åkerman [The individual and structure in a historical perspective; a publication in honour of Sune Åkerman]. Umeå: Research report from the Department of History, Umeå University; 1997.

[21] Burström B, Diderichsen F, Smedman L. Child mortality in Stockholm during 1865~1910: the impact of household size and number of children in the family on the risk of death from measles. American Journal of Epidemiology 1999;12:1134~1141.

[22] Edvinsson S. Den osunda staden: sociala skillnader i dödlighet i 1800-talets Sundsvall

[The unhealthy town: social inequality in mortality in 19th century Sundsvall]. Diss. Umeå: Umeå University; 1992.

[23] Willner S. Det svaga könet? Kön och vuxendödlighet i 1800-talets Sverige [The weaker sex? Gender and adult mortality in 19th century Sweden]. Diss. Linköping: Linköping University; 1999.

[24] Hofsten E, Lundström H. Swedish population history: main trends from 1750 to 1970. Stockholm: Liber förlag; 1976.

[25] Willner S. Det regionala dödlighetsmönstret i Sverige från jordbrukarsamhälle till det postindustriella samhället [The regional mortality pattern in Sweden from agricultural society to the post-industrial society]. In: Nordin I, ed. Rapporter från hälsans provinser; en jubileumsantologi [Reports from "good-health provinces": a commemorative anthology]. Linköping: Tema Hälsa och samhälle, Linköping University; 2004.

[26] Graninger U. Från osynligt till synligt. Bakteriologins etablering i sekelskiftets svenska medicin [From the invisible to the visible. The establishment of bacteriology in Sweden 1850~1910]. Diss. Stockholm: Carlssons; 1997.

[27] Arbetarförsäkringskomitténs betänkande III. Statistiska undersökningar [The Committee of Occupational Insurances III. Statistical investigations]. Stockholm: 1889.

[28] Sörensen T. De ökonomiske forholds og beskjaeftigelsens inflydelse paa dödeligheden [Impacts of economic conditions and work on mortality] I-II. Copenhagen 1884~1885.

[29] Haines MR. Conditions of work and the decline of mortality. In: Schofield R et al, eds. The decline of mortality in Europe. Oxford: Clarendon Press; 1991.

[30] Almquist E. Allmän hälsovårdslära med särskildt afseende på svenska förhållanden för läkare, medicine studerande, hälsovårdsmyndigheter, tekniker m.fl. [General textbook of health service with special reference to Swedish conditions for medical doctors, medical students, health service authorities, technicians, etc]. Stockholm:1897.

[31] Thörnquist A. Arbetarskydd och samhällsförändring i Sverige 1850~2005 [Occupational safety and social change in Sweden 1850~2005]. In: Sundin J, Hogstedt C, Lindberg J, Moberg H, eds. Svenska folkets hälsa i historiskt perspektiv [The health of the Swedish people in a historical perspective]. Stockholm: Swedish National Institute of Public Health; 2005.

[32] Nelson MC, Rogers J. Cleaning up the cities: the first comprehensive public health law in Sweden. Scandinavian Journal of History 1994;19(1):17~39.

[33] Bourdelais P. Improving public health in France. The local political mobilization in the nineteenth century. Hygiea Internationalis 2004;4(1):229~253. http://www.ep.liu.se/ej/ hygiea/.

[34] Szreter S. Health Economy, State and society in modern Britain: The longrun perspective. Hygiea Internationalis 2004;4(1):205~227.
[35] Macassa G, De Leon AP, Burström B. The impact of water supply and sanitation on area differentials in the decline of diarrhoeal disease mortality among infants in Stockholm 1878~1920. Scandinavian Journal of Public Health 2006;34:526~533.
[36] Cutler D, Miller G. The role of public health improvements in health advances: the twentieth century United States. Demography 2005;42:1~22.
[37] Room R. Sweden in an international perspective: alcohol policy and drinking habits. Alkohol och Narkotika 2001;95(6):139~142.
[38] Weiner G. De räddade barnen: om fattiga barn, mödrar och fäder och deras möte med filantropin i Hagalund 1900~1940. [Saved Children: Poor children, mothers and fathers and their meetings with philanthropy in Hagalund 1900~1940]. Linköping Studies in Arts and Sciences, 113. Uppsala: Hjelm Förlag; 1995.
[39] Ambjörnsson R. Den skötsamme arbetaren: idéer och ideal i ett norrländskt sågverks-samhälle 1880~1930 [The honest and diligent worker: ideas and ideals in a Norrland saw-mill community]. Stockholm: Carlsson; 1988.
[40] Edebalk PG, Olofsson J. Sickness benefits prior to the welfare state: the case of Sweden 1850~1950. Scandinavian Journal of History 1999;24(3):281~297

6장

두 전쟁 사이에서

스웨덴 복지국가를 향해(1920~1945년)

1. 서론

1866년 이전까지 스웨덴 의회는 귀족, 성직자, 시민, 농민의 네 계급으로 구성되었다. 1866년의 개혁으로 인민을 대표하는 양원제가 확립되었다. 그러나 투표권과 선출권은 부유한 이들 또는 상류사회 남성으로 한정되었는데, 상원은 매우 부유한 이들과 정부 고위 관료가 차지했고 하원은 대개 지주나 농민으로 구성되었기 때문이다. 1907년 하원에 대한 투표권은 최소 연간 소득이 800크로나krona 이상인 성인 남성에게 주어졌는데, 이는 당시로서는 상당한 금액이었다. 동시에 지방정부 선거 시 투표는 부와 수입에 따라 1부터 40까지 가중치가 주어졌다. 지방선거의 승자가 상원의 대표자를 선출했다. 1911년에는 거의 모든 남성이 하원의원 선거 투표권을 얻었지만, 남성과 여성 모두에게 보편적이고 동등한 투표권이 주어진 최초의 보통선거는 1921년이 되어서야 가능했다.

이러한 개혁 덕분에 의회 내 좌파 정당이 점차 증가했다. 의회 다수당의 간섭 없이 왕이 정부에 대한 임명권을 가질 수 있는지를 두고 10여 년간의 뜨거운 정치적 대립이 있었던 후, 제1차 세계대전 이후부터 모든 정당의 만장일치로 의원내각제가 채택되었다. 즉, 정부는 의회 의석수를 반영하거나 다수당의 승인을 받아야 했다. 1920년대에는 소수 정당이 단기 집권한 사례가 많았는데, 사민당, 보수당, 자유당 또는 자유당과 사민당의 연합이 번갈아 집권했다. 1933년에 안정적 정부가 들어서서 사민당과 농민당(오늘날 중앙당의 전신)이 다수 연합을 구성했고, 이는 제2차 세계대전 내각의 위기가 오기 전까지 유지되었다. 좌파의 영향력 증가는 노동자와 소규모 농장 소유주의 이익을 반영하는 새로운 사회 정책이 도입될 수 있었던 중요한 요인이었다.

1930년대에는 스웨덴 역사상 최초로 농업에 종사하는 인구보다 산업에 종사하는 인구가 더 많아졌다. 그리고 동시대 프랑스와 마찬가지로 교외에 사는 인구보다 도시에 사는 인구가 더 많아졌다. 산업은 공업, 광업, 철강, 임업이 주를 이루었다. 세계 경제의 침체가 높은 실업률을 불러와 두 세계대전 사이에 주요한 문제가 되었다. 당시 스웨덴의 세금은 다른 나라들보다 상대적으로 낮았다. 1925년도의 조세 수준은 국가 수입의 16%에 불과했다. 그러나 기초 지방정부의 세금은 상당히 늘어났는데, 이는 사회 서비스와 보건의료에 대한 지방정부의 의욕적인 역할 확대를 보여주는 것이었다. '노동자·농민' 연합이 정부를 차지한 1933년에는 다양한 사회 개혁, 예를 들어 임의 실업보험에 대한 정부의 재정 지원, 출산 수당, 어린이 건강 센터가 도입되었다.[1] 물론 스웨덴 복지국가가 현재의 형태를 완전히 갖추게 된 것은 전후 시기이지만, 이 개혁안들을 비롯해 유사한 형태의 개혁들이 현대 스웨덴 복지국가의 기초가 되었다.

2. 역학적 레짐

1918~1920년 스페인독감 대유행으로 사망률이 최고로 달한 이후, 사망률은 지속적으로 감소했다. 앞서 살펴본 대로 급성 감염성 질환으로 인한 사망률은 19세기 후반과 20세기 초반에 상당히 감소했다. 두 세계대전 사이 시기에 젊은 연령층에서 결핵은 주요한 사망 요인이었다. 중장년층에서는 순환계 질환(낮은 연령 집단에서는 특히 감염성 류머티스 질환), 종양(특히 위암), 폐렴 같은 호흡기 질환이 주를 차지했다(〈표 6-1〉 참조). 사망률의 성별 차이를 감안할 때 자살과 사고는 남성의 초과 사망률에 기여했다.

표 6-1 | 인구 10만 명당 사망 원인(1921~1930년)

	남성 20~39세	여성 20~39세	남성 40~59세	여성 40~59세
결핵	206	219	133	126
순환기 질환	31	35	188	189
호흡기 질환	39	32	109	85
위암	4	3	87	58
기타 종양	12	17	83	143
자살	22	5	51	11
사고	53	7	53	8
기타	96	115	240	228
총계	463	433	944	848

자료: Befolkningsrörelsen. Översikt för åren 1921~1930(Vital statistics. An overview 1921~1930). Stockholm: Statistics Sweden, 1939.

3. 사회적·지역적 격차

에이나르 리츠Einar Rietz에 따르면, 1920년경 스톡홀름의 영아 사망률과 가구 소득 수준 간에는 분명한 연관이 있었다. 아버지의 연간 수입이 4,000 크로나보다 적은 가정에서 태어난 신생아는 첫해에 사망하는 비율이 4.9% 였으나, 아버지의 수입이 1만 크로나를 넘는 경우에는 1.4%에 불과했다.[2] 최근 연구들에서도 이런 패턴을 확인할 수 있는데, 2000년 전후로 스톡홀름에서 어린이 사망률에 명백한 사회적·경제적 차이가 있다는 것이 확인되었다.[3] 물적 요인 외에도 계급 차이 역시 지식에 대한 접근성 또는 지식을 받아들이는 태도와 연관이 있는데, 특히 적절한 어린이 돌봄, 그리고 어린이가 아플 때 의료 서비스를 이용할 의지와 상관관계를 가진다. 앞에서 본 바와 같이 19세기 초 중산층이 (다른 계층에 비해) 자녀에게 천연두 백신을 더 많이 맞추는 경향이 있었다는 것이 그 예가 될 수 있다. 반면에 보고된 자료들에 따르면 19세기 후반 공업 지역인 순스발의 노동자 계급 가정에서는 전염성이 있는 감염성 질환에 걸린 어린이를 격리하라는 의료 전문가의 권고에 대해 의심하는 경향이 있었다.

당시의 전문 지식은 북쪽 삼림 지역의 궁핍한 식생활, 거친 기후, 과밀과 빈곤을 결핵, 소화기 문제, 빈혈, 구루병 등과 같은 질병을 초래하는 원인으로 강조했다. 성인 여성의 경우는 잦은 임신과 고된 노동을 결부하여 설명했다. 그러나 주로 연구·논의된 점은 식이 습관과 주거 환경의 중요성이었다.

이 연구들은 1930년 국가의료위원회의 지원으로 북쪽 끝에 위치한 두 도시 베스테르보텐Västerbotten과 느르보텐Norrbotten에서 시행된 대규모의 사회위생학social hygiene 연구의 일부분이었다.[4] 거친 밀가루와 유제품을 기반으로 하는 식이 습관은 동물성 단백질과 신선한 야채가 부족하고 열량이 낮아 북쪽 지역의 건강 문제를 발생시키는 가장 중요한 요인이라는 것을 알 수 있었다. 비록 부정적인 효과를 상쇄시키는 것은 아니지만 한 가지 긍정적인 효과로, 스웨덴 북쪽 지역에서는 심혈관 질환의 주요 원인이 되는 동맥경화증의 유병률이 낮았다.[5] 산간 지역에서 사망률이 높은 근본 원인은 아마도 사회적·경제적 여건으로, 높은 실업률과 스웨덴의 다른 지역보다 높은 사회복지 의존도 등이 그것이다. 그리고 임업이 주가 되는 일방적 노동시장과 높은 출생률이 여기에 기여했을 것이다.[6]

4. 모자 보건의료의 제도화

출산율 감소에도 모자 보건의료는 점차 제도화되었다. 소아과와 산과가 전문 분야로 분리되었고, 집보다 병원에서 태어나는 아기의 수가 증가했다. 그러나 다른 나라들에 비해 조산사가 여전히 분만에 중요한 역할을 담당했는데, 이는 인구밀도가 높아 민간 소아과 의사 시장이 큰 덴마크에 비해 스웨덴은 그렇지 못했던 점이 부분적인 이유로 작용한 것으로 보인다. 병원 산과 병동의 위생 상태가 개선되고 1930년대부터 설파제가 산욕열을 근절하는 효과적인 수단이 되면서 모성과 신생아의 사망률은 점차 낮아졌다. 공공 기관은 박애적 형태의 지원을 대체했고, 때맞추어 1930년대 후반부터 모든 어머니가 모자 보건의료 클리닉에서 상담과 지원을 받을 수 있게 되었다.

5. 공중보건 임무를 수행하는 지역 간호사

병원 확장과 병원 전문화의 추세와 함께 병원 의사들은 보건의료에서 중요한 역할을 수행했다. 가난한 사람들만이 병원을 자주 이용하던 시기에 병원 의사의 지위는 지역 보건의료 공무원, 지방 의사 또는 대학교수만큼 지위가 높지 않았다. 그러나 점차 병원 환자가 국가의 평균 인구를 대변하기 시작했다. 연구를 위해서는 환자를 직접 볼 필요가 있었고, 보건의료 분야와 연구 분야 모두 실험실을 필요로 했다. 병원은 이런 의학 전문가와 연구자에게 적절한 근무 공간이 되었다. 이들을 지원하기 위해 병원들은 간병인 대신에 잘 훈련되고 자격을 갖춘 간호 인력을 갖추었다.

간호 전문 분야가 확립되었고, 지역 간호사district nurse들이 거기에 중요한 역할을 담당했다. 스웨덴은 인구수가 적은 나라였으며, 주로 도시 지역의 사람들만이 제도화된 보건의료에 쉽게 접근할 수 있었다. 20세기가 시작되면서 '지방 간호사rura nurse'들이 지방 의사들을 보조했다. 그러나 간호사들의 고용 환경과 지위는 아쉬운 점이 많았다. 1919년 의회는 기초 지방정부와 광역 지방정부에 적절히 훈련된 지역 간호사들을 고용하는 데 필요한 보조금을 지급하기로 결정했다. 이들은 지방 의사의 관리하에 있으며, 가정 내의 더 직접적인 보건의료 업무를 돌보고, 지역구 내 개인들의 다양한 정보와 공중보건 이슈를 의사에게 보고했다. 응급조치에 더하여 간호사의 업무는 대부분 조언을 하는 것으로 되어 있는데, 예를 들면 위생 관련 문제나 신생아 돌봄에 관한 조언을 제공했다.

지역 간호사는 보건의료 서비스를 학교에 전달하는 주요한 연결자가 되었으며, 나중에는 학교의 간호사 및 의사와 협조를 이루었다. 지역 간호사는 학교의 위생 시설 및 어린이들의 일반적인 건강 상태와 위생 상태에 관심을 기울였다. 지역 간호사의 주요 임무 중에는 우유와 야채가 건강에 좋은 식품이라는 것을 설명하는 일과 정기적으로 몸을 씻도록 설득하고 불건강한 생활습관을 막는 것 등이 있었다. 이 강인한 여성들의 영향력에 대해 많은 이야기가 전해지는데, 비록 남성들이 면전에서는 싫은 내색을 보였지만 그녀들의 방문이 예상될 때는 언제나 집을 깨끗이 청소했다.

초기 지방 간호사와 대조적으로, 지역 간호사는 지방 의사에게 직접적으로 속해 있었으며 좀 더 많은 자율성을 가지고 활동했다. 예를 들면 이들의 시각에서 제언된 개선책이 지역 정치인들에게 전달되었다. 유니폼을 착용하고 교육을 통해 자격을 갖춘 이 직업군은 역설적이게도 가부장적인 모권母權이 되었다.[7]

6. 결핵과의 싸움

의심의 여지 없이, 결핵의 근절은 20세기 스웨덴 공중보건에서 가장 눈부신 사건 중 하나였다. 결핵은 사전 예고 없이 인생의 전성기에 있던 남성과 여성을 공격했다. 인류는 고전고대◆부터 여러 형태의 질병과 친숙했으나 그중 가장 흔한 것이 폐결핵이었다. 소모성 질환이라고도 알려진 결핵은 19세기 성인들에게 퍼졌던 주요 질병으로, 처음에는 스웨덴 남부에서 문제가 되었다가 마침내 북쪽 끝까지 닿게 되었다. 인구 밀집, 그리고 먼 지역으로의 이주 증가가 감염의 확산을 도왔다. 결핵균 감염은 직접적으로 눈에 띄는 증상을 동반하지 않았다. 노출 정도와 개인의 저항력이 결핵에 걸리는 결정적인 요인으로 간주되었다. 이 질병은 섬유 산업 종사자와 같이 노출 위험이 높은 직업군과 과밀하고 비위생적인 주거 시설에 거주하는 빈곤층에게서 가장 빈번했다. 그러나 누구도 이 질병에서 벗어날 수 있다고 장담할 수 없었으며, 심지어 스웨덴 왕족의 일원조차 결핵에 걸렸다.[8]

19세기 말에 결핵은 풍토병이었다. 즉, 감염은 활동 상태이든 잠복 상태이든 간에 실질적으로 전체 인구에서 일어났다. 일부 가정은 황폐화되었고 질병에 대한 문화적 인식은 공포와 낙인으로 구체화되었는데, 문학작품 속에서는 결핵과 죽음의 그림자로 드리운 삶이 낭만적인 시각으로 표현되기도 했다. 전염병에 대한 고전적인 생각을 가지고서는 효과적인 치료법이나 예방 수단을 찾을 수 없었다. 감염자와의 접촉을 금지하고, 그들의 옷을 태우며, 환자가 죽은 후 집을 훈증소독했지만, 신체를 떠나서도 생존할 수 있는 결핵균의 능력은 이러한 수단만으로는 충분하지 않다는 사실을 일깨워

◆ 고전고대(classical antiquity)는 미케네 문명 시대부터 로마 제국 쇠퇴기까지 약 2,000년을 말한다.

주었다.

로베르트 코흐의 결핵 활성체 발견과 함께, 병원체가 존재할 때만 질병이 발생한다는 그의 가설은 세균학 역사상 최초의 획기적 사건이었다. 이처럼 위험한 미생물의 발견은 청결의 중요성을 강조하게 만들었는데, 이런 청결 강조가 20세기 초 스웨덴에서 결핵으로 인한 사망이 적었던 이유 중 하나일 것이다. 도시 인구의 비중이 증가하면서 상수도를 이용할 수 있게 되어 집을 청결히 하기가 쉬워졌다. 인구 밀집 상태가 줄자 이번에는 공기를 통한 전염병의 노출도 감소했다. 감염자가 살았던 주택과 아파트는 소독되었고, 사람들은 특수한 컵에 객담을 받도록 지시받았으며, 질병을 감시하고 새로운 사례를 보고하기 위해 국제적 체계를 갖춘 결핵 진료소가 만들어졌다. 생활수준 개선으로 사람들은 영양이 풍부한 식품을 획득할 수 있는 자원을 제공받게 되었으며, 이로써 질병에 대한 저항력을 높일 수 있었다.

그러나 정부 당국과 치료약은 여전히 효과적 치료를 위해 충분한 역할을 하지 못하는 상태였다. 폐질환 환자를 위한 스웨덴 최초의 요양소가 1891년에 문을 열었는데, 이곳은 20세기 초 '노년 요양소jubilee sanatorium'의 전신이다. 치료 수단으로는 깨끗한 공기, 휴식, 폐의 가스 처리 등이 있었는데, 이는 많은 생명을 살리는 것으로 여겼던 방법이었다. 엑스레이 같은 기술의 발전으로 진단학의 개선을 가져온 시기인 1904년에 국가결핵방지협회Svenska nationalföreningen mot tuberkulos가 설립되었다. 외국의 추세에 따라 1905년 이후로 결핵 클리닉이 설립되었는데, 이곳에서는 일반 대중에게 알맞은 위생, 식이와 주거를 통해 스스로를 지키는 방법을 조언했다. 이것은 BCG 백신이 개발되던 1920년대 전까지 새로운 질병 발생률을 낮추는 데 도움을 주었다. 마지막으로, 1940년대에 치료약이 성공적으로 개발되면서 결정적인 혁신이 이루어졌다.

7. 브라트 시스템: 적절한 연대

개인의 자유 대 공익과 타인의 안녕은 18세기 중상주의 시대 이후로 언제나 논쟁거리가 되어왔다. 19세기 후반과 20세기 초의 성매매 여성 단속은 그런 주제와 동일한 이해의 상충을 가져왔다. 제1차 세계대전 동안에는 다소 극단적인 형태로 개인의 자유에 대한 침해가 이루어졌는데, 이는 건강과 관련한 것이었으며 인구 전반에 영향을 끼쳤다. 1914년 스톡홀름에서 의사이자 1911년도 절주위원회의 일원이었던 이반 브라트Ivan Bratt는 금주운동의 요구에 대한 대안으로, 개개인을 대상으로 하는 관리 방식과 주류 배급제를 도입했다. 몇몇 도시가 스톡홀름의 사례를 따랐으며, 1919년에는 이 체계가 스웨덴 전국에서 의무화되었다.[9] 와인이나 술을 사려 하는 성인은 스웨덴 주류소매조합Systembolaget에서 개인용 배급수첩motbok을 제시하도록 요구받았다. 모든 구매품이 등록되었고, 주류 배급이 도입되었다. 남성과 부유층에게는 더 많은 양이 배급되었으며, '배급수첩'의 시기 말에 가면 한 달에 최대 3리터로 그 한도량이 커졌다.

1922년 국민투표에서 술의 전면적 금지가 제안되었는데, 여성 대다수와 남성의 절반 정도가 한 단계 더 나아가기를 원했으나 이 안은 근소한 차로 거부되었다. 비록 밀주와 밀수가 분명히 존재했지만, 배급 기간의 알코올 관련 사망의 낮은 비율은 밀주와 밀수가 실제 소비 정도에 미치는 영향이 매우 적었다는 것을 분명히 보여준다. 브라트 시스템은 개인당 소비를 상대적으로 낮은 수준으로 유지시켰으며 알코올 관련 질병을 최소화하는 데 도움을 주었다.

1955년 이후로 주류스매조합이 소매업에 대한 공적 관리를 이어받았지만 배급제는 폐지되었고 알코올 관련 사망률은 다시 급격하게 증가했다.[10]

8. '사회의학'의 도움으로 사회문제를 해결하기

세기의 전환 무렵 많은 대중 논객들과 과학자들은 사회다원주의의 견해, 즉 가장 적합한 개체의 생존에는 자연법칙이 존재하며, 이는 인간 사회에도 적용 가능하다는 생각에서 영향을 받았다. 이것은 복지와 약자의 인권에 대한 무관심을 낳고 인류의 좋은 건강 상태를 유지하기 위해 인구집단을 적극적으로 스크리닝screening하는 것을 허용했다. 이것은 부분적으로는 약자를 절대적으로 최소화하는 사회적 개입과 적극적 인구 정책을 통해 성취될 수 있었다. 우생학적 주장 역시 힘을 얻어 이와 같은 개념을 지지하기 위해 사용되었다. 18세기 초반부터 간질 의심 환자는 법에 의해 혼인이 금지되었는데, 이들이 다른 세대에게 질병을 물려줄 것이라는 생각 때문이었다. 정신보건의료에서 좋은 성과를 보이지 못하자, 많은 정신 질환이 치료로 나을 수 있을 것이라는 19세기의 낙관적 믿음이 20세기 초에 들어 쇠퇴했다. 새로운 추세의 의견들에 따르면, (예를 들어 급성 정신 질환의 박멸처럼) 사람들의 환경과 교육에 영향을 미칠 수 있는 더 강력한 시도가 필요했다.

스웨덴에서 사회의학의 대표적인 인물은 올로프 신베리Olof Kinberg(1873~1960)라는 법의학 정신과 의사이다. 신베리에 따르면, 범죄적 일탈도 때에 따라 사회적 질환으로 간주되는 부류에 속한다. 예를 들어 우생학은 많은 의료 전문가들과 대중 논객들에게 정신장애인의 유입을 막기 위한 치료법처럼 받아들여졌다. 신베리가 1935년에 표현한 바대로, 그 목적은 "생물학적으로, 그리고 사회적으로 개선된 형태의 인간을 만들어내기 위해 우리의 노력을 최대화하고 생물학의 발전을 잘 활용함으로써 이런 노력이 현실화될 수 있도록 한다"라는 것이었다. 사회 의료행정 책임자들은 인류의 퇴보를 막으려 했고 정신 질환이 초래하는 결과를 최소화하려 노력했다.

가장 잘 알려진, 그리고 가장 논란이 된 우생학의 산물은 불임술sterilisation로, 스웨덴을 비롯한 여러 국가에서 시행되었다. 특히 정신 질환자 또는 결함이 있는 자들의 혼인을 금지하는 1915년의 법률은 유전위생학에 근거를 둔 것이었다. 불임 법안은 의료계와 여러 정당의 찬성과 반대 속에서 1910년대에 최초로 마련되었다. 논쟁과 조사 요구가 뒤따랐고 1935년에야 의회에서 채택되었다. 찬성자들은 불임술을 우생학, 사회학, 또는 인도주의적 측면에서 정당하다고 주장했다. 이 시술은 정신적으로 아픈 상태에 있는 이들에게서 직접 동의를 얻거나, 국가의료위원회의 결정에 따라 시행되었다. 1941년 불임술은 사이코패스 같은 반사회적 행동을 한 사람들을 대상으로 도입되었는데, 이들 중 행위의 이유가 어떤 정신장애로 인한 것일 경우를 대상으로 했다. 의학은 임상의 형태로 사회적 현상과 행태의 넓은 스펙트럼 속에 편입되어 사회문제를 '의료화'했다. 의학계의 모든 이들이 불임술에 동의한 것은 아니었지만, 스웨덴의 개개 의사들은 출산이 그들의 자손과 스웨덴 인종에게 해롭다고 판단되는 사람들을 선별하는 잔인한 역할을 수행했다. 조사를 시행할 권한이 있는 기초 지방정부 사회 서비스의 대표자들 역시 개인적인 결정하에 그 역할의 일부를 담당했다.

불임술은 정신지체 여성을 위한 인도주의적 수단으로 여겨지기도 했는데, 이들이 강간당하는 일이 잦고 그로 인해 임신하기 때문이었다. 그들의 자녀를 보호 시설에 보내거나 양부모에게 보내는 것은 아이들의 사회적 미래에 부정적인 영향을 미치는 것으로 간주되었다. 많은 이들이 의학적 조언에 근거해 시술에 동의하기도 했다. 그러나 이 단계에서조차 부정확한 진단으로 실수가 벌어지기도 했다. 어떤 이들은 자신의 의지와 반하여 불임 시술을 받았고, 어떤 경우는 의학적 진단이나 이론이 모호하기도 했다. 그 때문에 시술 대부분이 윤리적으로 옹호될 수 없었으며, 사람들의 인권을 파괴했고 커다란 개인적 고통을 초래했다.

제1차 세계대전과 제2차 세계대전 사이 시기의 인구 정책 논쟁과 이들의 실질적 결과는 당시 과학적 진실이라고 여겼던 아이디어에 근거한 것이었다. 그러나 우리가 아는 한 불임술은 스웨덴의 인종적 민족성을 근거로 해서는 절대로 정당화될 수 없었다. 1934년 보수당은 나치의 영향을 받은 일부 보수당 청년들의 운동을 비판하는 논쟁에서 이렇게 말했다. "머리의 모양이 아니라 그 안에 무엇이 있는가가 중요하다." 1930년대 독일에서 일어난 일은 사람들에게 인종 우생학적 사고로 생길 수 있는 결과를 돌아보게 했다. 그러나 강제 불임 시술은 1960년대까지도 계속되었고, 정신적으로 아픈 이들도 다른 시민과 똑같은 가치를 지닌 존재라고 생각하기 시작한 1970년이 되어서야 법이 폐지되었다.

9. 사회적 유토피아: 과학적 믿음과 개입주의

스웨덴 인종을 개선한다는 아이디어는 기본적으로 과학적으로 증명된 교육 이론과 효과적인 사회조직에 기초를 두고 있다고 할지라도 많은 다른 얼굴을 가지고 있었다. 위본 히르드만Yvonne Hirdman과 몇몇 사람은 개인과 사회를 위해 인간을 좋고 건강한 개인으로 만들기 위한 시도를 설명하기 위해 사회 엔지니어링social engineering이라는 개념을 채택했다.[11] 당시 사회의 많은 구성원들이 참여한 이 프로젝트는 발전의 긍정적인 면, 과학 및 전문가의 능력에 대한 신념, 개입주의적 자선에 의한 인간 변화 가능성에 대한 믿음에서 영감을 받아 완전히 '현대적인' 사회를 창조하려고 했던 많은 이들에 의해 이루어졌다. 이것은 계몽주의 시대에서 보였던 정신과 사실상 큰 차이가 없는 것이었다.

부부인 군나르 뮈르달Gunnar Myrdal(1898~1987)과 알바 뮈르달Alva Myrdal(1902~1986)은 사회민주주의의 한 형태로 사회 엔지니어링을 구체화했다. 그들의 저작은 출산율과 인구가 감소하는 상황에서 이의 해결을 모색하기 위해 저술된 것으로, 이런 당시 상황은 1934년 그들의 대표적인 저서 『위기의 인구Kris i befolkningsfrågan』를 쓰도록 영감을 주었다. 이들의 아이디어 대부분은 어린이가 있는 가족에게 더 유리한 사회를 만듦으로써 그런 추세를 막는 방법에 관한 것이다. 이와 동시에 그들은 일반 대중에 대한 엘리트주의적 시각과 '삶을 올바르게 만드는' 집단적 제도의 잠재력에 대한 강한 신념을 드러내고 있다. 뮈르달 부부, 그리고 이들과 같은 의견을 가진 사람들에 따르면, 더 나은 사회를 확대하는 방법은 과학에 잘 기초하고 양육과 교육이 중요한 구성 요소를 차지하는 인구 정책을 수립해 시행하는 것이다. 과학자들은 확립된 진실에 근거한 지식을 퍼뜨리고 공유해야 할 의무가 있었다. 이것은 일차적으로 주정부의 교육 체계를 통해 달성되어야 하지만, 알바 뮈르달은 집단적으로 조직된 주간 탁아소가 이스라엘의 키부츠kibbutz◆와 유사한 역할을 수행하도록 했다.

◆ 이스라엘의 생활 공동체.

10. 도시에서 시골의 건강 위험으로: '더러운 스웨덴' 시골로 가다

오랫동안 스웨덴과 유럽의 다른 나라들에서 도시 지역은 위생과 건강의 관점에서 살기에 가장 위험한 곳으로 간주되었다. 그러나 19세기의 도시 개혁과 보건의료에 대한 접근성 증가가 의미 있는 결과를 낳았고, 이 덕분에 도시의 사망률이 점차 낮아져 20세기 중반 일부 질병과 연령대에서는 시골 지역보다 더 낮아지기 시작했다. 반면 스웨덴 농민, 소작농, 부유하지 못한 시골 지역 집단의 빈곤은 여전했다.

19세기 이후로 스웨덴 사람들의 주거 조건은 확실히 개선되었다. 그러나 제1차 세계대전과 2차 세계대전 사이 기간이 끝날 때까지도 여전히 서로 다른 사회집단 간에 차이가 있었다. 주거 정책 보조금이 두 세계대전 사이 기간에 연금 수령자와 대가족을 대상으로 도입되었으며, 시골 지역의 민간 주택 건설을 지원했다. 그러나 1938년 한 작가이자 방송인이 나타났는데, 그는 스웨덴식 복지국가에 덜 우호적인 사람이었다. 루드비그 '루베' 노르드스트룀Ludvig 'Lubbe' Nordström(1882~1942)◆은 국가 라디오 방송과 책을 통해 자신이 '더러운 스웨덴Lort-Sverige'이라 부른 당시 상황을 잘 기술했다.[12] 그의 전국 여행은 1930년대 말 스웨덴 시골 인구의 정신적·신체적·물적 상태와 조건을 어둡게 그려냈다. 계몽과 현대성의 상징이었던 지방의사와 지방정부의 시의회 위원은 가난하고 외풍이 들며 더러운 집을 관리하고 있었다. 노르드스트룀은 이들과 달리 종교 예식을 진행하는 신부들은 더 나은 세상을 만들고 진보하는 데 전혀 기여하는 바가 없으며 단지 과거

◆ 스웨덴의 저널리스트이자 작가. 헤르뇌산드 출생이며, 라디오 다큐멘터리 시리즈 〈더러운 스웨덴〉(1938)으로 유명하다. 그를 기리는 루드비그 노르드스트룀 기념회는 그의 이름으로 2년마다 저널리스트상과 단편작가상을 주고 있다.

스웨덴의 소설가이자 저널리스트인 루드비그 '루베' 노르드스트룀은 스웨덴 전역을 여행하면서 건강에 좋지 않은 환경 속에서 살아가는 농촌의 모습을 라디오, 신문, 책을 통해 고발했다.
자료: SVT Bild.

의 상징일 뿐이라고 말했다.

노르드스트룀이 그려낸 시골 주민들의 이미지(전반적으로 뒤떨어진 상태)는 최근 역사 연구가들에 의해 의문시되고 있다.[13] 예를 들어, 그는 농부들이 기술의 급격한 변화와 시장에 적응하지 못했으며 열등하고 무지했던 것처럼 기술하고 있다. 그러나 두 세계대전 사이 기간에 시골 주민들에게서도 교육과 공동의 이익 보호에 대한 관심이 커지고 있었다. 예를 들어 그들의 재화 생산과 분배를 위해 조합의 형태가 있었고, 정치적·비정치적 연합이 있었으며, 공부 모임에서는 농업부터 문학까지, 그리고 세계 정치와 가끔은 건강 문제까지 어떤 것이라도 토의가 이루어졌다는 것이 분명하게 확인되고 있다. 그렇긴 하지만 노르드스트룀의 발걸음을 잠시 더 따라가 보자.

그는 한 지방정부 회계원이 어느 가난한 소작농과 처음 간난 경험을 다음과 같이 옮기고 있다.

작고 나지막한 부엌, 황량하고 길쭉한 방과 낡은 넝마로 된 카펫 ……. 청어를 절이는 냄새와 숨 막히는 공기가 썩은 나무, 곰팡이, 요강, 낡고 축축한 옷가지, 습한 신발, 더러운 양말 근새와 결합하여 오두막을 채웠다.

또 그는 네르케Närke 지역의 마을 주민이 사용하는 우물 주변의 풍경을 이렇게 기술하고 있다.

길을 따라 난 도랑에 진흙투성이의 녹색 물로 가득한 구멍이 있었다. 빈 병이 막대 위에 매달려 있었다. 조금 더 들어가니 헛간 하나가 있었다. 나는 주위를 돌았다. 한 늙은이가 문에서 나타났다. 그의 옷은 묘사가 불가능했다. 그의 얼굴을 둘러싼, 크고 텁수룩한 회녹색의 머리카락은 유인원의 그것과 비슷했고, 불타는 듯한 눈과 얼굴은 녹색의 더러운 수염으로 뒤덮여 있었는데, 이것은 '더러운 스웨덴'의 도습을 함축하고 있는 살아 있는 인간의 모습이었다.

도시 지역과 그곳의 주민들은 현대화, 진보, 그리고 미래를 대표했다. 나쁜 고용주를 비난하기는 했지만, 노르드스트룀이 만난 이들은 합리적이고 세련된 상류 계층 사람들이었다. 그는 정부의 행위가 개선을 가져오는 데 도움이 되지 않을 것이라고 주장했다. 방송 리포트는 시골 마을에 있는 칼 라르손 이 뷔Carl Larsson i By(1877~1948)와의 인터뷰로 끝을 맺었는데, 그는 농부의 아들이자 작가이며 농촌 대중운동의 대의원이었다. 청취자들에게 이것은 그간 부족했던 책임에 대한 새로운 견해인 것처럼 들렸다. 복지국가라는 개념이 "마르크스주의 정신, 공공 조직, 정부가 모든 것을 해야 하고, 개인은 단지 도움을 받기만 하면 된다"라는 생각에 의해 만들어졌다는 것이다.◆ 노르드스트룀은 이것이 어떻게 "우리 인종의 부서져 벌어진 틈을 지속적으로 감싸서 메워왔으며, 이것의 핵심은 무엇인가?"라고 물었다. 이에 대해 라르손은 "사회복지사나 그 밖의 사람들은 지금 튼튼한 이들보다 약자와 무능력자에게 더 많은 관심을 기울이고 있다"라고 대답했다. 이렇게 '소극적이고 부정적인 복지국가에 대한 생각'은 복지국가에 대해 비판적인 이들에 의해 여전히 주장되고 있고, 스웨덴 논쟁사에서 오래된 역사를 가지고 있다.

노르드스트룀은 이것이 그가 시골 지역사회에서 만났던 모든 의사의 일반적인 시각이었다고 자신의 해석을 덧붙였다. 심각한 퇴보의 위험이 있고 인종의 질은 낮았다는 것이다. 이 이야기는 스웨덴이 '늙고 약한 할머니'가 될 것을 우려하면서 끝난다. 농업경제학자와 최종 인터뷰가 이루어졌는데, 그는 시골 지역사회의 미래가 합병과 농업의 합리화 및 산업화를 통해 지켜질 수 있다고 주장했다. 그렇게 되면 여성은 중노동을 하지 않아도 될 것이며 그들의 바람과 계획대로 가정을 돌볼 수 있을 것이라고 했다. 또한 농경 가정은 하인을 둘 수도 있는데, 이 경우 이들은 더 나은 근로 환경을 제공받아야 한다고 했다.◆◆

◆ [원주] 고딕체 강조는 노르드스트룀의 원문.

◆◆ [원주] 제2차 세계대전 이전 유전자와 인종적 차이에 관한 이론이 사람들 사이에 널리 퍼져 있었으며, 과학적 주장인 양하는 것들에 의해 지지를 받고 있었다. 이것은 스웨덴뿐 아니라 여러 유럽 나라들에서도 마찬가지였다. 제2차 세계대전 이후 인종주의적 나치 정권에 대한 공포가 폭넓게 인식되었고, 인종주의는 점차 설 자리를 잃었으며, 과거 유전학의 주장에 대해 문제를 제기하는 과학 이론이 힘을 얻게 되었다. 남녀평등에 대한 수용은 천천히 이루어졌다. 1921년에야 겨우 여성이 의회 선거의 투표권을 가지게 되었다. 남성이 양육에 참여해야 하고 집에서 남녀가 동일한 분담을 해야

1930년대 스웨덴에서는 민주주의가 통치의 정치 형식으로 성공을 거두었다. 많은 이들이 사회 개혁에 대한 강력한 소망을 드러냈다. 이 시기에 올로프 신베리, 루드비그 루베 노르드스트룀, 뮈르달 부부, 그리고 몇몇 대중 논객들은 개입주의적 태도를 표방했고 사회문제 해결에서 정보와 과학, 전문가의 역량을 맹신했는데, 이런 시각은 엘리트주의의 잔재에 기초한 것이었다. 사회 위생주의는 두 세계대전 사이 시기의 스웨덴 주거 정책에도 반영되었다.[14]

현대를 살아가는 우리는 우리가 두 세계대전 사이 시기의 사회 엔지니어들보다 더 자비로우며 윤리적이라고 느낄 것이다. 그들은 약자에 대한 동정심을 부정하지는 않았지만, 결과와 계획 방식은 냉정했다. 특히 그들의 저술 방식을 그 이전의 계몽주의 시대인 18세기 사람들과 비교하면 이런 면은 더욱 뚜렷하게 드러난다. 이 차이를 설명하는 한 가지는 두 세계대전 사이 시기에 지식층과 일반 대중 사이, 그리고 이른바 과학적 논의에 의한 이론과 실용주의적 생각 간의 간극이 커졌기 때문이라는 것이다. 린네와 그의 동시대 사람들은 물리적으로 더 가까운 장소에서 빈곤과 사회적 박탈을 경험했으며, 심지어 그들이 도심의 귀족 거주지로 옮겨가서도 그러했다. 그들은 종종 자신을 표현하기 위해 의학 용어를 사용했다. 그러나 그들이 자신의 실제적 경험이나 언어, 예시와 논리적 근거를 제시하고 설명한 것은 본래 사용하던 토착 언어와 크게 다르지 않았다.

이런 측면에서 볼 때, 이후 세기에서는 점점 더 급격한 변화가 일어났다. 객관성을 중요시하는 과학 집단의 노력은 분석과 계획에 가치가 개입되거

하며 동일 노동에 대해 남녀가 동일한 보수를 받아야 한다는 전후 현상은 아직 완전히 실현되지는 못하고 있다.

나 '비과학적' 요소가 침투하는 것을 막았다. 한편 과학 전문 용어는 점점 복잡해졌는데, 심지어 매일의 현상을 기술할 때조차 그러했다. 인간을 뉴턴의 기계Newtonian machine◆ 또는 생물학적으로 복잡한 유기체로 보는 시선이 강화되었다. 하지만 노골적인 형태로 표현되는 이러한 시각을 담고 있는 과학 이론과 이러한 생각에 대한 지지는 극도의 환원주의, 단순화, 실제 근거에 기반을 두지 않은 비민주적 개입 등 때문에 점차 크게 문제가 제기되기 시작했다. 정책 의사결정자들을 향한 유토피아적 조언은 종종 당시의 과학적 진실에 대한 믿음을 지나치게 과장하고 있었다. 주관성에 대한 그들의 우려와 과학성을 강조하는 그들의 태도는 사회 논쟁에서 연민, 겸손, 공감의 여지를 남겨두지 않았다. 그러나 우리는 당연히 당시의 가치와 주류적 태도에 비추어 이 대중 논객들을 바라볼 필요가 있다.

당시 공중보건 이슈에 참여했던 수많은 스웨덴인 가운데 한 사람인 노르드스트룀은 공중파를 통해 스웨덴 모든 가정에 화면을 전송하기 시작한 새 미디어에서 자신의 이미지를 과감하게 드러내어 정치 토론에 큰 영향을 미쳤다. 다른 이들 역시 농촌 문제를 드러내는 데 중요한 기여를 했는데, 농업 종사자들과 그들의 운명에 대해 사실적이고 표현주의적이며 더 온정적인 묘사를 한 프롤레타리아 작가 이바르 로-요한손Ivar Lo-Johansson과 라디오 리포터 스벤 예르스테트Sven Jerstedt가 여기에 속했다. 노르드스트룀은 여론에 커다란 영향을 미쳐 개혁을 가속하는 데 도움을 주었는데, 아이러니하게도 그가 거주하던 지역이 주정부의 커다란 특혜를 받으면서 신용을 잃기도 했다. 과학적 지식이 더 나은 공동체를 세우는 데 도움을 준다는 뮈르달 부부와 의학적·비의학적 이상주의자들의 맹목적 믿음은 더 급진적인 개

◆ 뉴턴은 자연 세계 전체를 하나의 커다란 기계 개념으로 파악했다.

혁의 방식으로는 실현되지 않았다. 비록 많은 사회 개혁이 국가적 차원에서 설계·도입되었다고 하더라도 요구와 실천 사례들은 빈번히 개별 기초 지방정부와 도시 지역구의 풀뿌리 수준에서 일하는 이들에게서 나왔다. 복지국가는 실제로 이렇게 만들어졌다. 국민의 행동은 복잡한 이데올로기나 이론적 근거보다는 실용적인 이유에 기초하고 있었다. 그러므로 개혁은 지방선거에 의해 표출되는 지역 주민의 바람과 필요에 대한 지식에 기반을 두었다. 그들은 거기서 부나 사회적 배경에 상관없이 모든 이를 위한 모자보건, 노령 연금, 실업과 질병 보험, 교육 체계 등의 제도들을 만들어냈다.

11. 복지국가의 탄생

두 세계대전 사이 기간의 공중보건 역사에서 몇 가지 요인이 중요한 영향을 미쳤는데, 전례 없는 부의 급성장, 민주화, 복지국가, 과학 발전, 지속적인 경제 구조의 변화 등이 그것이다. 이 요인들이 상호 의존적이었다는 것은 명백하다. 산업화는 부의 성장에 기여했을 뿐 아니라 새로운 중산층과 노동 계급을 등장시켰고, 그리하여 민주화의 초석이 되었다. 동등한 투표권과 민주주의 집단 안전 보장에 근거한 시스템을 촉진하는 것이 이들의 관심사였고, 그리하여 복지국가가 보편적인 목표가 되었다. 이것의 비전은 가장 유명하며 여전히 인용되고 있는, 1928년 스웨덴 국회에서 사민당 대표인 페르 알빈 한손이 한 연설에 잘 나타난다.

한손은 잘 작동하는 사회의 이미지로서 '인민의 집'이라는 표현을 사용했다. 이 개념은 이미 보수당에 의해 사용된 적이 있는데, 이들은 정부를 총체적 편익을 위해 모든 각 부분이 조화롭게 작동하는 유기체로 간주했었다.

페르 알빈 한손 총리
자료: http://en.wikipedia.org/.

그러나 한손의 시각에서 이 '집'은 다른 특성들을 가지고 있었다. 그는 다음과 같이 천명했다.

> 집의 토대는 공동체이다. …… 좋은 집은 개인들이 특권을 가지거나 경시 당하는 것을 인정하지 않고, 선호하는 자식이나 의붓자식도 없다. 한 사람이 다른 이를 깔보지도 않는다. 누구도 다른 사람의 희생으로 이득을 취하지 않으며, 강자는 약자를 억압하거나 약탈하지 않는다. 좋은 집에는 평등, 이해, 협력, 도움이 있다. 인민과 시민의 위대한 집이 실현될 때, 현재 시민들을 특권 계층과 경시 계층으로, 지배자와 예속자로, 억압자와 피약탈자로 구분하고 있는 모든 사회적·경제적 장애물은 파괴될 것이다.

몇십 년이 지나도, 여전히 21세기의 살아 있는 상징인 '인민의 집'은 스웨덴 복지국가를 세운 이들에 의해 가장 강력한 이상주의적 이미지가 되었다. 과학적 진보는 기술적 진보를 이끌었고, 차례로 복지 시스템과 과학의 편익을 위한 새로운 자원을 생산했다. 그러나 당시 지식의 풍경에는 어두운 면이 존재했는데, 여기에는 우생학적 아이디어와 사회적 이슈를 과학이란 이름으로 '과도한 객관화'를 진행했던 것이 반드시 포함되어야 한다. 인종 생물학은 인구집단의 건강을 보호하려는 시도에 영향을 미쳤다. 가장 구체적인 시도 중 하나는 스웨덴 불임법의 형태로 나타났다. 사회의학 전문가와 대중 평론계의 거물들 역시 (비록 덜 적나라한 용어를 사용했지만) 정신적·육체적으로 완벽하게 건강한 인류를 만들 것을 요구했다. 후세를 고려한 이런 요구는 과학의 능력에 대한 과도한 자신감에서 비롯되었다.

그러나 '스웨덴식 모델'은 협력적으로 발전했는데, 1938년 고용주와 노동조합 간에 이루어진 살트셰바덴Saltsjöbaden 협약이 그 대표적인 상징이다. 계속되는 분쟁 대신 협상과 협력의 정신에 입각한 '사회 계약'은 장차 몇 년 동안 사회보장 체계 전반, 특히 건강·보건의료 서비스에 관한 스웨덴 정치 전망에 중요한 표식을 남겼다. 산업사회 시대의 불안정이 지금은 마치 과거의 일인 것 같지만, 구조적 변화와 생산·소비의 세계화가 영향을 미치기 시작했다. 국가의 경제 구조와 사회적 정책은 점점 더 외부 세계의 영향을 받았다. 20세기 초반의 30년 동안 스웨덴식 모형은 당시 널리 퍼졌던 다양한 아이디어에 기초하여 공식적으로 만들어졌다. 의회정치와 보편적 투표권이 도입된 후, 의회나 기초 지방정부 모두에서 독자적 이해 당사자가 자신의 결정권을 이용해 증대한 결정을 밀어붙이는 것은 좀처럼 불가능했다. 복지 체계의 공식화에 미친 정부의 중대한 영향이 노동운동과 함께했다는 점은 두말할 필요도 없다. 이는 사회를 각 부분을 상호 의존적인 하나의 유기체로 간주하던 20세기 초의 보수주의자들에게도 전혀 이질적인 것이 아니었다.

자유당은 개인의 자유 보호를 내세웠지만, 그들 역시 사회에 헌신적인 회원들을 채용하기도 하고 이들에게 호소하기도 했는데, 대부분은 금주회와 자유교회운동에 뿌리를 두고 있는 이들이었다. 농민을 대변하는 의회 정당은 본래 개인들과 긴간 소유권을 가진 이들에게서 지원을 받았지만,

이 구성원들은 보통 지방 사람들과도 접촉했으며 교구 밖의 일상적이고 실용적인 이슈와도 관계가 있었다. 상업 부문에서는 노동조합과 고용주가 서로 싸웠는데, 1909년 총파업 때에 그랬던 것과 마찬가지로 파업과 공장 폐쇄가 이들의 전투 무기였다. 정당은 특별히 투쟁에서 긍정적인 경험을 얻지는 못했으며, 1938년 고용주와 피고용인 간의 살트셰바덴 협약으로 잘 알려진 열린 토론의 결과로 혁신적 전환이라는 결실을 보았다.

복지국가는 대개 다양한 야망과 목표를 가지는 모든 이데올로기적 경향에 의해 지지되는 정치적 구조 안에서 발전했다. 다양한 시도를 펼친 대중운동과 박애적 사회단체들은 합법적으로 중앙정부와 기초 지방정부의 위탁을 받아 협력적으로 활동했다. 장애가 있는 사람들이 관심을 받기 시작했는데, 일례로 1930년대에 시각장애인과 청각장애인을 위한 특수학교와 장애 시설이 설립되었다. 어린이 돌봄에 대한 투자가 지속되었고, 지역 간호사는 스웨덴 지역사회의 예방 및 1차 의료에서 가장 활동적이고 중요한 요원이 되어, 특히 결핵을 퇴치하기 위한 싸움에 참여했다.

건강 및 실업 보험 기금도 시간이 경과하면서 개편되었는데, 초기에는 노동자 집단만을 포함하다가 최종적으로 모든 인구를 포함했다. 부족했지만 최초로 노령 인구 연금이 1913년 초에 도입되었으며, 빈민 구제가 더 인간적인 형태가 되었다. 노인 극빈자가 한 가족에서 다른 가족으로 옮겨가거나 넘겨지던 일은 양로원에 영구 거주하는 방식으로 전환되었다. 구빈원의 개념은 오랫동안 유명한 어법으로 살아남았다. (하지만) '노인들의 집'이라는 표현이 더 긍정적인 울림을 가지고 있었다. 노년층에 대한 기초 지방정부의 돌봄이 민주적으로 선출된 교구회 일원의 친척들의 복지에도 도움이 되었다는 사실은 공동체의 결속을 더 단단히 해주었다. 병원 및 외래 환자를 대상으로 하는 보건의료 역시 민주화되었다. 의학에 대한 믿음과 진료 기관의 효과적이고 인도적인 치료 역량이 커지면서 초기 환자 구성은 주로 빈곤층이 주를 이루었지만 점차 전체 사회의 평균을 대표하게 되었다.

노동자 안전과 산업 보건은 한 세기가 지나면서 점차 주목을 받았다. 오래된 가부장적 전통은 제철소와 제제소의 역사와 더불어 일부 지역에서 여전히 유지되었다. 이 가부장제는 작업장마다 다른 양상을 보였다. 고용주에 대한 노동자의 헌신은 무상 의료, 숙박, 은퇴 노동자에 대한 재정 지원과 같은 혜택으로 보상되었다. 고용주가 자신의 책임을 인지했다는 것은 대규모 사업장에 노동자를 대상으로 일반의의 역할을 했던 기업 의사가 존재했다는 사실에서 뚜렷이 드러난다. 하지만 20세기 동안 개입주의식 문제 해결 방법은 당연히 더는 장기적으로 가능하지 않았다. 노동자 보호는 국가적 틀에서의 법률 제정에 의해 규정되었고, 고용주와 피고용인은 직접적인 협상과 동의를 거쳐 해결법을 찾으려 했다.

12. 요약: 기대여명의 증가, 복지와 사회 위생

1918년 스페인독감 이후로 스웨덴에서는 큰 사망률의 피크가 발생하지 않았다. 두 세계대전 사이 시기에 조심스럽게 출발해 마침내 복지국가가 세워졌다. 1920~1930년대 경제 침체는 실업으로 인한 고통을 야기했지만, 모든 연령층에서 장기적인 사망률 상승을 일으킬 만큼의 압박은 아니었다. 대체로 사람들은 경제적으로 부유해졌다. 정치적 민주주의는 산업 위험 요인에 더 주의를 기울이도록 만들었다. 병자와 실업자를 위한 기초 경제 안전망이 만들어졌다. 보건의료는 모든 이들에게 접근성이 더 높아졌다. 지역 간호사라는 새로운 전문 인력은 건강 정보의 전령사가 되었다. 과도기 사회의 한 가지 가시적 효과는 교외 지역에 비해 높았던 도심의 영아 사망률이 낮아진 것이다. 한편 1930년대 교외 지역은 한 논평자의 눈에 '더러운 스웨덴'으로 표현되기도 했다.

'사회 위생'은 보편적인 개념이 되었으며 일부 의학 및 정치 전문가의 관심 분야가 되었다. 이것은 '우생학' 운동에서 가장 뚜렷했는데, 이들은 더 강하고 건강한 인구를 육성하기 위한 적극적 정책을 주장했다. 공공연한 인종차별주의적 이론과 결합하지 않았더라도, 이 아이디어는 지지자들에게 '약한 사회 구성원'의 재생산을 방지하기 위한 수단을 요청하도록 만들었다. 법률이 강제 불임술을 허용한 것이 가장 대표적인 결과였다. '사회 엔지니어링'이라고 명명된 논의도 진행되었는데, 이것은 개인들의 삶에 대한 어느 정도 광범위한 사회적 개입이 개인과 사회 모두에게 이익이라는 개입주의적 주장에 의해 지지를 받았다.

동시에 노동 계급의 주된 정치적 대변자인 사민당은 사회주의자의 혁명 대신 점진적인 개혁의 가능성을 보여주었다. 사실은 보수주의자들에게서 빌린 개념인 '인민의 집'은 특권 계층도 없고 의붓자식도 없다는 복지국가의 이상이 되었다. 1930년대 사민당과 중도당의 연합에 뒤이어, 제2차 세계대전 기간에 공산당을 제외한 모든 의회 정당으로 구성된 연합정부가 세워졌다. 전쟁 기간의 경제 규제 요구는 1945년 이후 더 체계적인 계획을 원하는 이들에게 좋은 토대가 되었다. 이러한 경험은 전후 경제 번영의 도움을 받아 (다음 장에서 다루게 될) 복지국가의 수확기로 정의되는 시기에 대한 영감을 제공했다.

6장 참고문헌

[1] Magnusson L. An economic history of Sweden. London: New York: Routledge; 2000

[2] Rietz E. Sterblichkeit und Todesursachen in der Kinderjahren: eine sozialhygienische Untersuchung in den vier grössten Städten Schwedens. Diss. Stockholm: Karolinska Institutet; 1930.

[3] Burström B, Bernhardt E. Social differentials in the decline of child mortality in nineteenth century Stockholm. European Journal of Public Health 2001;11:29~34.

[4] En socialhygienisk undersökning i Västerbottens och Norrbottens län, utförd med stöd av Kungl. Medicinalstyrelsen under åren 1929~1931 [A social hygiene study in the northern counties of Västerbotten and Norrbotten, performed with support from the Royal Medical Board between 1929 and 1931]: Lund; 1934.

[5] Lundquist CW, Björnwall J. Iakttagelser över arteriosclerosen i norra Sverige på grundval av obduktionsmaterialet vid Centrallasarettet i Umeå [Observations of arteriosclerosis in northern Sweden on the basis of the autopsy material at Umeå General Hospital]. Svenska läkartidningen 1936:1209~1215.

[6] Willner S. Det regionala dödlighetsmönstret i Sverige från jordbrukarsamhälle till det postindustriella samhället [The regional mortality pattern in Sweden from agricultural society to the post-industrial society]. In: Nordin I, ed. Rapporter från hälsans provinser; en jubileumsantologi [Reports from "good-health" provinces; a commemorative anthology]. Linköping: Tema Hälsa och samhälle, Linköping University; 2004.

[7] Emanuelsson A, Wendt R. I folkhälsans tjänst: sju decennier med den svenska distriktssköterskan [In the service of public health: seven decades with the Swedish district nurse]. Stockholm: Vårdförbundet SHSTF [Swedish Association of Health Professionals]; 1994.

[8] Puranen B-I. Tuberkulos: en sjukdoms förekomst och dess orsaker, Sverige 1750~1980 [Tuberculosis: its occurence and causes in Sweden 1750~1980]. Diss. Umeå: Umeå University; 1984.

[9] Bruun K. Bratts genombrott [The breakthrough of Bratt]. In: Bruun K, Frånberg P, eds. Den svenska supen [The Swedish snaps]. Stockholm: Bokförlaget Prisma; 1985.

[10] Willner S. Alkoholpolitik och hälsa hos kvinnor och män [Alcohol policy and gender specific health]. In: Sundin J, Hogstedt C, Lindberg J, Moberg H, eds. Svenska folkets hälsa i historiskt perspektiv [The health of the Swedish people in a historical perspective]. Stockholm: Swedish National Institute of Pubic Health; 2005.

[11] Hirdman Y. Att lägga livet till rätta: studier i svensk folkhemspolitik [Putting life in or-

der: studies in Swedish welfare policy]. Stockholm: Carlssons; 1989.
[12] Nordström L. Lort-Sverige [Dirty Sweden]. Stockholm: Kooperativa förbundets förlag; 1938.
[13] Waltersson K. Bildning för livet: framtidsstrategier och bildningssträvanden i Tengene JUF 1930~1960 [Education for life: strategies for the future and educational efforts in Tegene association for agrarian youths]. Linköping: Linköping University, 2006.
[14] Karlsson SO. Arbetarfamiljen och det nya hemmet: om bostadshygienism och klasstruktur i mellankrigstidens Göteborg [The working class family and the new home: on hygienism and class-structure in mid-war Gothenburg]. Linköping: Linköping University; 1993.

7장
복지 정책과 의학 발전의 수확기
(1945~2006년)

1. 서론

전후 성숙한 복지국가는 낮은 실업률, 여성 노동시장의 확대, 지속적인 임금 상승, 공중보건 서비스와 사회 안전망의 확대로 특징지을 수 있다. 하지만 이 시기는 지역적 이주와 도시화를 동반한 생산 체계 내의 전면적 구조 이행을 보인 때이기도 하다.[1] 1950~1960년대는 서구 사회 전체가 매우 빠른 경제성장을 보였던 시기이며, 그중에서도 스웨덴이 다른 그 어떤 나라들보다 더 빠른 성장을 보였던 시기이다.[2] 소득의 균등화를 동반한 이런 성장은 국민 대다수의 생활수준에 큰 향상을 가져왔다. 주거 조건의 개선, 부분적인 소득 연계 사회보장, 대중 소비의 증가 등이 그러한 향상된 삶의 예이다. 1950년부터 1970년까지 총소비는 거의 100% 증가했다. 공공 지출은 사적 지출보다 더욱 빠르게 늘어 세금이 급속히 증가하도록 만들었다. 1970년대 초 세금 수준은 정규 소득의 50%에 이르렀다.

농업이 쇠퇴하고 산업, 특히 공업 부문이 상당히 커졌으며 서비스 부문이 확대되었다. 인구집단의 대규모 재분포도 이루어졌다. 북쪽 산림 지방의 인구가 줄어든 반면, 대도시와 그 주위 인구는 빠르게 증가했다.

전후 시기에 여성의 유급 고용이 빠르게 증가했는데, 특히 1960년대 이후에 두드러졌다. 많은 여성이 급속히 팽창하는 보건의료, 학교, 보육 영역에 취업했다. 실업률은 1990년대 경제 위기 전까지 5% 이하로 매우 낮았다.

2. 역학적 경향

1930년대를 시작으로 설파제와 같은 약에 의한 효과적인 화학요법과 페

그림 7-1 | 스웨덴의 인구 10만 명당 결핵 발생률과 사망률(1911~2000년)

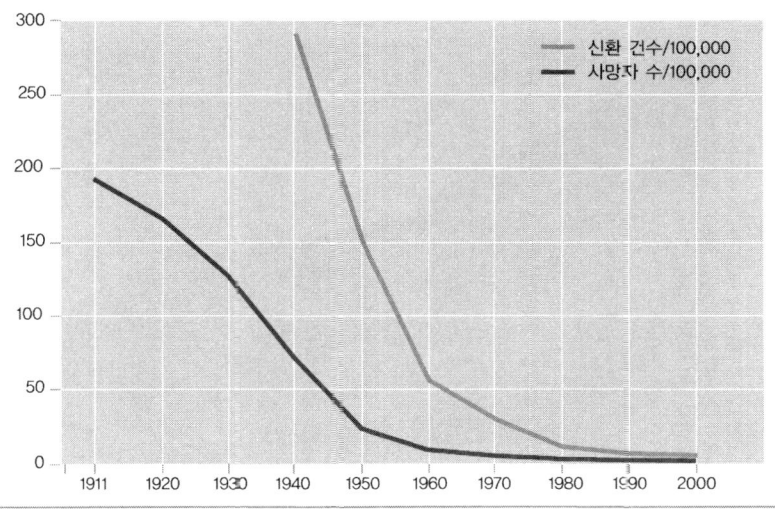

자료: EPI-aktuellt 2004; 3:13(Swedish Institute for Infectious Disease Control), Statistics Sweden.

니실린 같은 항생제 치료로 폐렴과 류머티스성 심장 질환 같은 감염성 질환으로 인한 사망률과 이환율이 극적인 감소를 보였다. (스트렙토마이신strep-tomycin과 파라아미노살리실산para-aminosalicylic acid 같은) 효과적인 약이 1940년대 중반 결핵과의 전쟁에 투입되었고, 그 결과로 사망률이 감소했다. 또 대규모의 소아마비 예방접종이 1950년대 후반에 도입되었다. 하지만 앞 장에서 본 것처럼 (결핵을 포함한) 감염성 질환의 감소는 이러한 효과적인 약과 백신이 도입되기 전부터 시작되었다(〈그림 7-1〉).

18세기 초반에는 진단이 부정확했기 때문에 암과 심혈관계 질환의 장기적인 경향을 파악하기가 쉽지는 않은데, 당시에는 암과 심혈관계 질환을 단순히 '노환'으로 간주하는 경우가 많았다.[3] 폐암과 같은 암은 확실히 증가하고 있고, 반면에 위암은 감소하고 있다. 1980년경까지 일부 집단(중년 남성)에서 심혈관계 질환으로 인한 사망은 상대적으로 현저한 증가를 보였

그림 7-2 | 여러 요인에 의한 연령별 사망률(1911~2001년)

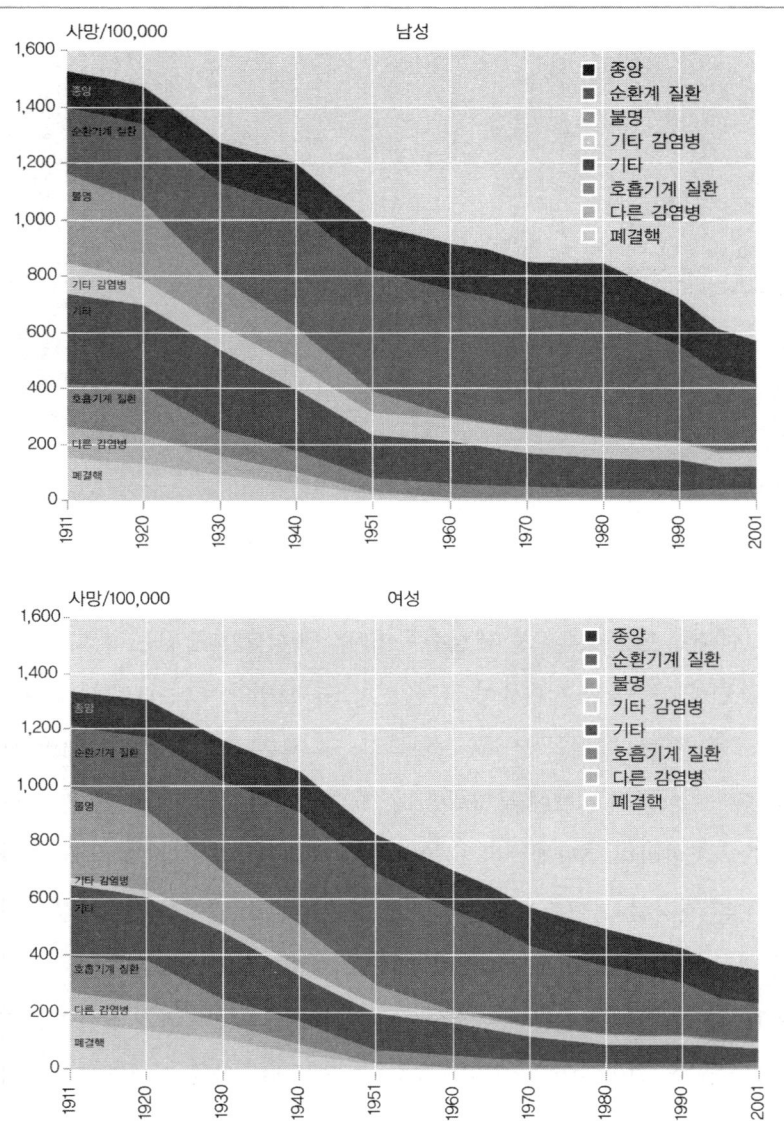

자료: Sveriges Officiella Statistik, Dödsorsaker(Statistics Sweden, Causes of Death) 1911, 1920, 1930, 1940, 1950, 1960, 1970, 1980, 1990, 2001; S Preston et al. Causes of Death. Life Tables for National Populations, 1972.[4]

다(〈그림 7-2〉).

등록된 인구 1인당 술 소비량과 (아마도 알코올성 질환으로 판단되는) 간경화로 인한 사망률은 1950년대 중반부터 1970년대 중반까지 크게 증가했다. 술 소비량은 성인 1인당 술(알코올 도수 100) 5리터에서 7리터가 넘게 증가했다. 이와 같은 술 소비량의 급격한 증가에 기여한 것은 1955년에 이루어진 '할당제motbokssysemet', 술 소비에 대한 대중의 너그러운 태도, 그리고 1965년에서 1977년 사이에 이루어진 중간 도수 맥주에 대한 자유로운 판매 허용이었다. 1995년 스웨덴이 유럽연합의 회원국이 되면서 좀 더 자유로운 수입 규율이 도입되었고 유럽의 다른 나라들로부터 많은 양의 술이 수입되었다. 그 결과 2000년대 초반에는 15세 이상 1인당 술 소비가 10리터(알코올 도수 100)에 도달했고, 이것은 아마도 지난 100년 이래 가장 높은 수치이다. 그렇지만 스웨덴은 아직까지 유럽에서 상대적으로 술 관련 사망률과 1인당 술 소비량이 낮은 편이다. 이것은 아마도 과거 강력한 음주 정책의 영향 때문인 것으로 보인다. 여전히 스웨덴에서는 국가가 소유를 독점하고 있는 주류소매조합이 독한 맥주, 포도주, 증류주의 국내 소매를 지속적으로 주도하고 있다.

전 지구적 관점에서 보면 전염병의 위협은 여전히 현실적인 문제이다. 세계는 오래된 감염균과 새로운 감염균 모두로부터 새로운 위협에 직면하고 있다. 에이즈HIV, 레지오넬라병, 에볼라 출혈열, 사스SARS, 다재내성 결핵은 일부의 예에 불과하다. 오늘날 감염성 질환은 스웨덴 사망 원인에 매우 적은 영향만을 미치고 있지만 병가 및 의료와 관련한 비용에서는 아직까지도 중요한 비중을 차지하고 있다. 또 여행 증가와 주위 나라로부터 내성을 가진 병원체의 유입은 다양한 감염성 질환에 대해 효과적으로 대응하는 것을 더욱 어렵게 만들고 있다.

3. 남성과 여성

전후 남성/여성의 상대 사망비는 신생아를 제외한 모든 연령군에서 극적으로 증가했다(부록 참조). 전염병(특히 결핵)으로 인한 사망률의 감소는 젊은 군에서 중요한 역할을 했다. 결핵으로 인한 사망률은 원래 젊은 여자들에게서 약간 더 높아 젊은 남자들의 사고로 인한 높은 사망률의 효과를 감소시켰다. 반면 오늘날에는 사고와 자살이 젊은이들의 가장 많은 사망 원인이 되고 있다. 20세기 시작 이래 사고로 인한 남성의 사망률은 상당히 줄어들었지만, 젊은 남자가 젊은 여자보다 사고 사망률이 훨씬 높아 전체 사망률에서 남녀 간 큰 차이를 보이고 있다(〈표 7-1〉).

두 세계대전 사이에는 많은 가임기 여성들의 불법 낙태가 중요한 사회 문제가 되었다. 시술을 받은 여성의 20~25%가 불임이 되었고, 병원에 입원한 사례의 약 10%가 사망했다. 이것은 매우 엄격한 낙태법에 기인한 것으로 보인다. 1975년이 되어서야 낙태에 대한 여성의 권리가 법제화됨으로써 취약 여성 집단의 주요 사회적·의학적 문제를 상당 부분 해소할 수 있었다.[5]

중년과 노년기 전염병으로 인한 사망률의 감소는 전체 사망률의 젠더 간 차이에 큰 영향을 미치지 않았다(〈표 7-1〉). 하지만 젠더 간 차이에 순환기계 질환에서의 남녀 간 큰 차이(특히 허혈성 심장 질환에서의 차이)가 많은 영향을 미쳤다. 1980년경까지 남성에게서 이 질환이 증가했고, 반면에 이 질환으로 인한 여성의 사망률은 감소했다. 그 후 남성의 사망률이 더 빨리 떨어져 약간 수렴하는 양상을 보였다. 오늘날과 비교하면 20세기 초에는 (특히 젊은 집단에서) 심장 질환에 의한 사망률이 감염성 질환(류머티스열)에 의한 사망률보다 더 높았는데, 이 사실은 변화된 젠더 패턴을 설명하는 데

표 7-1 | 15~19세와 50~59세 남녀의 사망 원인 패턴(인구 10만 명당 사망 수)

1911~1915년 사망 원인	15~19세 남	15~19세 여	50~59세 남	50~59세 여
감염*	229.9	280.0	245.7	201.4
종양	4.9	4.3	264.0	258.6
순환기계**	39.0	38.0	283.9	253.2
호흡기계***	36.9	36.3	193.0	128.1
외부 요인	75.0	14.6	145.9	23.2
기타	67.0	64.9	315.8	260.7
전체	453	438	1,448	1,125

1991~1995년 사망 원인	15~19세 남	15~19세 여	50~59세 남	50~59세 여
감염	0.8	0.5	3.6	1.9
종양	4.9	3.0	185.2	205.5
순환기계	2.1	1.5	234.6	68.8
호흡기계	0.8	0.3	19.2	13.3
외부 요인	33.6	13.4	81.2	33.6
기타	6.6	4.3	97.1	44.3
전체	49	23	621	367

*인플루엔자 제외, **뇌출혈 포함, ***인플루엔자 포함.
주: 1991~1995년의 자료는 유사한 분류를 사용하여 얻은 것이다.
자료: Sveriges Officiella Statistik, Dödsorsaker(Sweden's official statistics, Causes of Death) 1911~1915, 1991~1995, Statistics Sweden.

도움을 준다. 당연히 진단 방식의 변화가 시기별 차이에 영향을 미쳤다는 사실도 고려해야 한다.

제2차 세계대전 이후 여성보다 남성의 사망률이 높은 것은 흡연 습관의 젠더 간 차이와 남성에게 더 부정적인 영향을 미친 변화된 식습관 때문으로 보인다.[6] 1980년대 이후 젠더 간 사망률의 차이가 작아진 것은 남성 흡연이 더 빨리 감소했기 때문일 것이다. 1980년대 후반 이후 남성보다 여

그림 7-3 | 25~64세 기혼·미혼 남녀의 연령 표준 사망률(1901~2004년)

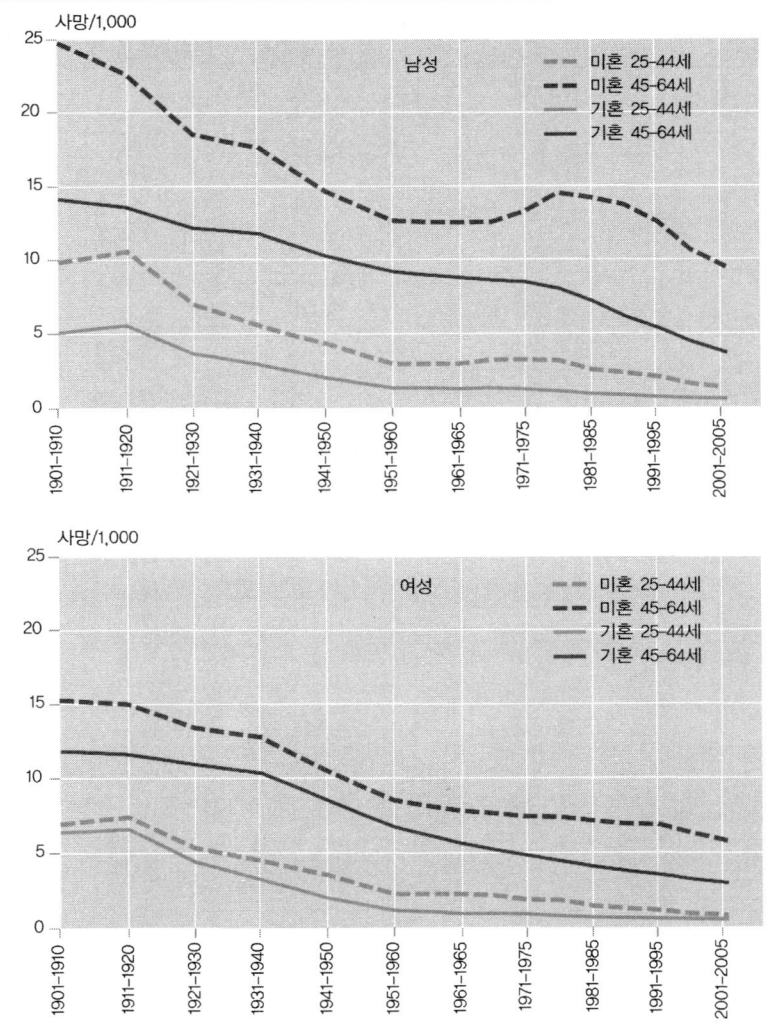

자료: Befolkningsrörelsen(Vital statistics) 1911~1920, 1921~1930, 1931~1940, 1941~1950, 1951~1960, Befolknings-förändringar(Population changes) 1961~1990, Befolkningsstatistik, Del 4, Födda och döda, civilståndsför-ändringarmm(Population statistics. Part 4, Vital statistics) 1991~2004, Statistics Sweden.

그림 7-4 | 사망 원인과 결혼 상태(1969~1978년, 45~64세)

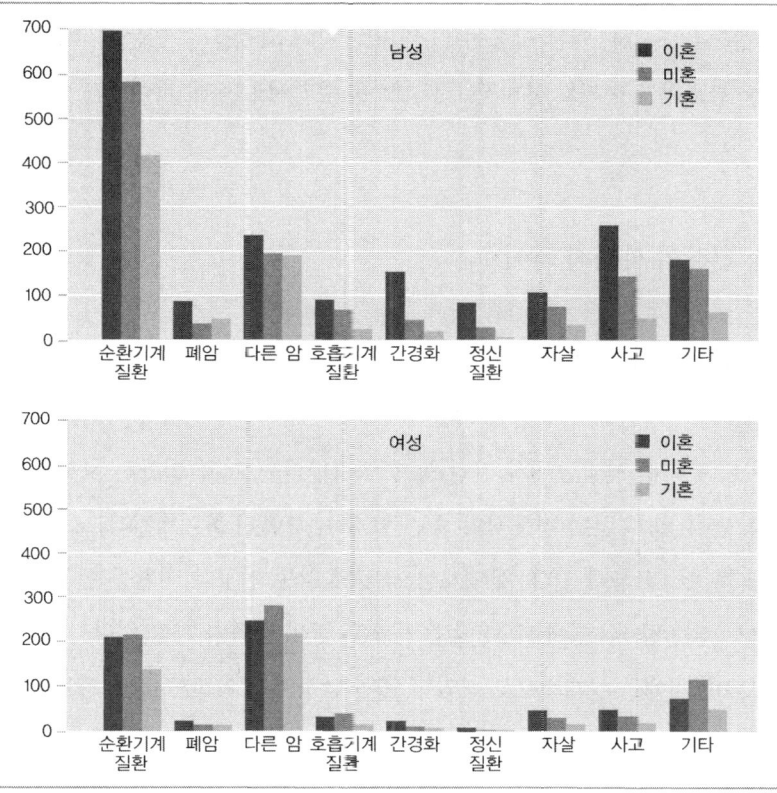

자료: Statistics Sweden, Statistical report HS 1981:10.3, vol III.

성의 흡연자 비율이 높아지고 있다.[7]

남성의 초과 사망률은 특히 독신이나 이혼 남성에게서 두드러진다(〈그림 7-3〉). 20세기 전반에 결혼 상태에 따른 사망률의 차이는 감소했으나, 1960년대부터 1980년대까지 45~64세 미혼 남녀 모두의 초과 사망률이 증가했다. 1960~1970년대에 독신 중년 남성에게서 사망률이 절대적으로 증가했는데, 이러한 높은 사망률에 대해서는 간경화, 알코올성 정신 질환, 자살, 사고, 심혈관계 질환 등과 같이 생활습관과 어느 정도 관계가 있는 사망률의 증가가 한 가지 설명이 될 수 있다(〈그림 7-4〉). 동시에 대규모의 지역 이주와 도시화, 임금 상승이 그 기저 요인이 되었을 수 있는데, 이는 담배와 술 소비를 늘리고 사회적 스트레스를 증가시키는 데 기여했다.[8]

4. 건강의 사회적 차이

20세기 후반 스웨덴을 비롯한 여러 나라에서 이루어진 연구들은 모두 불건강과 사망률의 위험이 남녀를 불문하고 모든 연령군에서 사회적·경제적으로 불리한 사람들에게 가장 높게 나타난다는 것을 명확히 보여준다. 예를 들어 덜 숙련된 전문직의 중년 남자는 숙련된 화이트칼라 노동자에 비해 두 배 더 죽기 쉽다. 무엇보다 직업적 활동 인구와 비활동 인구(장기 실업자, 장기 병가나 장애 연금을 받는 사람들) 간의 격차가 가장 컸다.

1960년대에는 상대적으로 작았던 중년 남성(특히 독신) 사망률의 사회적 격차가 1970년대에는 커졌다. 이것은 무엇보다 산업 노동자의 심혈관계 질환으로 인한 사망률 때문으로 보인다. 반면 좋은 조건에서 일하는 화이트칼라 노동자들은 훨씬 좋은 건강 양상을 보였다. 1980년대 이후 산업 노동자들의 사망률 역시 떨어지기 시작했다. 하지만 상대적으로 서비스와 운송 영역의 비숙련 전문 인력의 사망률 감소는 다른 집단에 비해 크지 않았다.[9] 2005년 공중보건 보고서에 따르면, 일부 사망률의 사회적 격차가 남아 있기는 하지만 비숙련 여성 인력을 제외하고는 노동 연령의 모든 사회적·경제적 집단에서 지속적인 건강 수준의 향상을 보이는 것으로 나타났다. 하지만 사회적 격차는 여전히 여성보다 남성에게서 유의하게 컸다.[10] 폐암, 자살, 술 관련 사망이 여전히 큰 비중을 차지하고 있으며, 특히 심근

경색은 성인 사망률의 사회적 격차에 매우 중요한 원인 중 하나이다.[11, 12] 많은 연구들은 스웨덴을 비롯한 현대 유럽 사회에서 보이는 사망률의 사회적·경제적 격차에는 건강 관련 생활습관(운동, 식사 습관, 흡연, 음주), 스트레스가 많은 상황 속에서의 심리적 문제, 사회적 배제, 사회적 지지 등의 요인들이 서로 얽히고 중복되어 영향을 미치는 것으로 보고하고 있다. 예를 들어, 일부 연구들은 사회적 소외, 직장이나 집에서의 생활에 대한 통제력 부재가 건강에 영향을 미치고, 심지어 조기 사망에 이르게 할 수 있다고 지적하고 있다. 또 다른 연구들은 사회적 지지와 좋은 사회적 관계가 건강에 도움이 된다는 것을 보여주고 있다.[13] 하지만 공공과 민간의 자원 분포의 불균형과 같은 '진정한' 물질적 조건보다 사회적·심리적 요인들에 초점을 맞추는 것에 대한 반대도 존재한다.[14]

20세기 후반 스웨덴 중년 남성에게서 보이는 사회적 격차는 다른 노르딕 국가들이나 영국, 이탈리아, 스페인과 같은 서유럽 국가의 그것과 유사했다. 블루칼라 노동자의 사망률은 화이트칼라의 두 배 정도였다. 하지만 스웨덴의 블루칼라와 화이트칼라 노동자는 다른 나라들에 비해 절대적인 수치에서 일반적으로 낮은 사망률과 낮은 사회적 격차를 보였다.[10, 15] 최근 들어 건강의 불평등을 이해할 때 전 생애 과정의 영향이 강조되고 있다. 현재의 건강 결과는 현재와 과거 모두의 사회적·경제적 조건에 영향을 받는다는 사실도 고려해야 한다.[16, 17]

5. 사망률의 지역 간 차이

지역의 사망률 양상은 두 세계대전 사이 기간에 상대적으로 안정적인 모습을 보였는데, 북부 산림 지대와 대도시 지역에서 (전체 남성의) 사망률이 가장 높았고, 대도시를 제외한 서부 지역에서 가장 낮았다(〈그림 7-5〉). 또 이것은 광역 지방정부 간 평균 기대여명의 차이도 반영하는데, 1990년대에 최고와 최저 수준 지역 사이에 약 2년의 차이를 보였다. 심혈관계 질환으로 인한 사망률은 북부와 남부 간의 사망률 격차에 가장 큰 기여를 했는데, 남부에 비해 북부에서 사망률이 매우 높았다. 또한 스웨덴 북부 광역 지방정부들은 자가 평가 건강 수준, 장기 병가자 수, 장애 연금과 같은 불건강 또는 질병 지표에서도 좋지 않은 양상을 보였다. 기초 지방정부들 간의 평균 기대여명과 사망률의 격차도 컸으며, 이것들은 사회 조건의 변이와 분명한 상관관계를 보였다. 예를 들어 사회적 지원에 대한 높은 의존도는 낮은 평균 기대여명과 확실한 통계적 상관관계를 보였다. 대도시 지역의 높은 초과 사망률은 높은 수준의 폐암과 술 관련 사망에 상당 부분 기인한 것이었고, 이는 흡연과 술 소비 습관의 격차를 반영한 것이다.[18]

지난 20~30년 동안 산림 지역의 초과 사망률은 높은 포화지방 섭취와 이에 따른 높은 (혈중) 콜레스테롤에 의한 것이었다.[19, 20] 우리가 보아온 것처럼 두 세계대전 사이 기간에 산림 지역의 좋지 않은 건강 상태는 대부분 우유와 밀가루, 그리고 부족한 단백질 식사에 따른 열량 부족, 불균형적인 식사에 기인한 것이었다. 제2차 세계대전 이후 현대 복지국가의 출현과 일반적으로 향상된 생활수준과 같은 극적인 사회 변화에도 불구하고 사회적·경제적 조건의 격차는 지역 사망률의 안정적인 양상에 중요한 기저 요인으로 작용했다. 결핵 유병률의 지역 간 격차는 두 세계대전 사이 시기에

그림 7-5 | 스웨덴 20~59세 집단의 연령 표준화 사망률

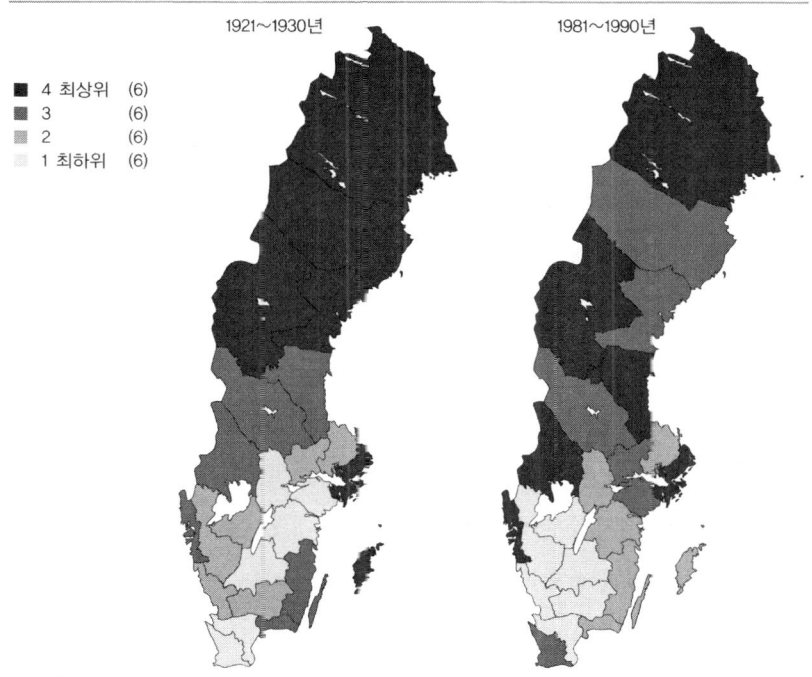

자료: Befolkningsrörelsen(Vital statistics) 1921~1930, Livslängden i Sverige. Livslängdstabeller för riket och länen (Life expectancy in Sweden) 1981~1990, Statistics Sweden.

지역 간 건강 격차의 중요한 요인이었으며, 심혈관계 질환은 제2차 세계대전 이후의 중요한 원인이었다. 두 세계대전 사이 시기와 전후 시기 모두 산림 지역 거주자들은 상대적으로 사회적 지원에 많이 의존했고 불균형한 식사와 높은 실업률 속에서 살았다.[21]

6. 복지국가를 위한 수확기

어떤 형태로든 전쟁에 개입한 국가들과 비교하여 스웨덴은 전쟁이 끝난 직후 경제적으로 나은 위치에 있었다. 생산 시설들은 파괴되지 않았다. 또 유럽의 재건을 위해 목재, 철강, 공업 상품에 대한 수요가 많았다. 전쟁 시기에 정부의 계획은 핵심적인 수단이었고, 사회자유주의자들을 포함한 좌파 정치인들은 증가하는 자원을 지금보다 더 많이 복지에 사용하기를 원했다. 이미 시행되고 있던 질병, 장애, 실업, 노인 및 자녀가 있는 가족을 위한 사회 안전망을 향상하는 것이 문제였다. 위기의 시기에 연합정부는 와해되었으며, 의회가 해산되고 국가의 역할, 경제계획, 그리고 공공과 민간의 관계에 대한 정치적 반목이 있었다. 1950년대 말 정치적 정황은 새로운 사회 개혁이 여전히 필요했으나, 국가보충연금이라는 이슈를 두고 좌파와 우파 정당 간에 의견이 대립했다.

전후 영국에서 국영 의료 서비스가 바로 도입된 반면, 스웨덴의 보건복지 체계는 여러 단계를 거쳐야 했다. 특히 1960년대에 정부 주도로 시행된 복지 개혁의 극적인 확대가 있었다. 예스타 에스핑-안데르센Gösta Esping-Andersen에 따르면, 스웨덴의 복지 레짐은 (사회민주주의 정당에 크게 영향을 받은 다른 스칸디나비아 국가와 마찬가지로) 보편주의, 위험에 대한 포괄적 보장, 너그러운 급여 수준, 평등주의, 복지 체계에서의 시장 의존의 최소화를 특징으로 한다.[22] 이런 분류에 따르면 다른 유형의 사회복지 체계와 비교할 때, 빈곤 해결을 중시하는 자유주의적 보호 체계, 그리고 노동자의 소득 수준을 유지하는 것을 중시하는 보수적 조합주의 체계와 달리, 스칸디나비아 체계는 모든 이에게 평등한 삶의 수준을 보장하는 것을 목표로 삼는다. 북유럽과 영국의 복지 체계는 기본적으로 세금을 재원으로 한다. 반면에 유럽 대륙과 남유럽 체계는 주로 자발적 보험처럼 '사회 기여금social contribution'을 재원으로 한다. 1950년부터 1980년까지 공공 부문 지출 정부 예산은 11%에서 34%로 증가했다.[2] 세계대전 이후 시행된 사회 개혁의 예로는 전 국민을 위한 국가기본연금(1946년), 국민 육아 수당(1947년), 3주간의 법정 공휴일(1951년), 강제 의료보장(1955년), 빈민 구제에 관한 오래된 법률을 대치하는 공공복지 제도를 위한 법률(1957년), 9년의 기초 의무교육(1960년) 등이 있다. 이후에도 연간 휴가를 5주로 늘리고, 보충연금을 도입했으며, 주당 노동시간을 40시간으로 줄였고, 주거 지원 체계를 도입했으며, 육아휴직 기간을 연장하는 등의 조치가 이어졌다. 기초 지방정부의 주간 육아 서비스뿐 아니라 보건의료 및 병원 진료의 확대도 이루어졌는데, 이는 여성들이 노동시장으로 들어가는 것을 가속화했다. 보건의료 서비스 제공(일반의 진찰, 입원 등)은 주로 강제 의료보장 제도에 의해 재정 지원이 이루어졌고, 아주 적은 환자 부담금만이 있었다. 하지만 1990년 초 경제 위기가 시작되자 추가적인 복지 개혁은 중단되었다.

기초 또는 임금 연계 사회보장 제도를 보장하는 현대 복지사회의 건설은 모든 이에게 절대적 빈곤을 없애주었으며, 이는 누구도 더는 추위와 굶주림에 고생하지 않아도 된다는 것을 의미했다. 하지만 여전히 사회 안전망은 노동시장에 들어갈 기회가 있는 이들에게 유리하게 되어 있는 반면, 무슨 이유이든 그렇지 못한 이들에게는 상대적으로 덜 자비롭다.

7. 도시화, 주택 위기와 '100만 호' 프로그램

전반적인 부의 상승과 더불어 사회는 농업에서 도시 산업 및 서비스 분야로의 빠른 이주 문제에 대처해야 했다. 어머니가 개방된 노동시장으로 뛰어들 수 있는 기회를 제공하기 위해 주간 탁아 시설을 비롯해 여러 가지 형태의 육아 서비스 기관이 만들어졌으며, 어린 자녀를 위해 유급 휴가를 받을 수 있는 부모의 권리를 확대하는 추가적 조치가 이루어졌다. 과학 기술의 발전에 따른 새로운 서비스 도입이 지속적으로 이루어지면서 보건의료 서비스 분야에는 특별히 더 많은 자원이 요구되었다.

농촌에서 도시로의 이주 현상과 함께 나타난 주택난은 제2차 세계대전 이후 새로운 건설에 대한 다양한 경제적 지원, 그리고 경제적 취약 계층을 위한 주택 지원으로 해결을 시도했다. 주택 문제가 정치적으로 가장 중요한 우선순위가 되자, 이 문제를 해결하기 위해 이른바 '기록적인 해'라고 불린 1965년부터 1974년까지 '100만 호 프로그램miljonprogrammet'이 시작되었다. 경제적으로 부유한 사람들은 도시 시내에 정착하거나 국가가 보조하는 대출을 받아 개인 소유의 집을 지었다. 대도시에서 덜 부유한 임금 소득자는 사회문제가 많은 곳(비판자들이 도시 외곽의 '콘크리트 게토'라 부르는 곳)에 살게 되었다. 농촌 지역의 인구 감소가 다소간 현대사회의 필요조건 또는 긍정적인 결과로 보이기도 했지만, 정치가들은 1970년대에 농촌 지역이 빈곤화하는 것을 막기 위한 지원과 노동시장 정책을 통해 농촌 이주민의 행렬을 감소시키려 노력했다.

큰 규모의 지원을 받는 주택 영역은 일정한 속도로 성장했지만, 이는 일부 도시 외곽 지역이 사회적으로 효율적인 환경을 가지도록 하는 것을 어렵게 만들었다. 그런가 하면 부적절한 시설과 잘못 설계된 토지는 일부 거주 지역이 사회적으로 관리되는 것을 어렵게 만들었다. 사람들의 선택의 자유를 많이 침해할 수밖에 없는 경제적·사회적 격리가 일어났다. 이주 자체의 속성상 많은 문제가 있을 수밖에 없었다. 어떤 환경에서 다른 환경으로 들어간다는 것은 소속감을 갖지 못하고 불화를 조성할 위험을 내포하고 있다.

1970년대에 스웨덴 성인 남성의 사망률이 증가했다. 이런 증가는 독신 또는 이혼 남성에게서 두드러졌는데, 이 집단은 빠른 사회 변화에 민감한 경우가 많다. 앞서 지적한 바와 같이 19세기 초와 1870년대 전례 없이 빠른 도시화 시기에도 같은 양상을 보였다. 하지만 이주 연구에 따르면, 일정 시간이 지나면 이주 주택 지역에 사는 사람들은 새로운 형태의 사회적 안정을 찾을 수 있다. 이는 아주 오래전 스웨덴 도시 외곽 지역에서도 마찬가지였다.

공평한 판단을 위해 (특히 건강의 관점에서) 우리는 '100만 호 프로젝트' 시행 시기와 전후 대규모 이주 초기 도시화의 효과를 비교해야 한다. 1930년대 노르드스트룀이 작가로서의 드라마적 감각으로 '더러운 스웨덴'을 그려냈지만, 제2차 세계대전이 끝난 시기에도 여전히 해결해야 할 문제가 많이 남아 있었다. 도시 아파트 대다수에 수세식 변소가 있었지만, 전부 그랬던 것은 아니었다. 또 가전제품이 없는 집에서는 여성의 물리적 부담이 매우 컸다. 하지만 뒤돌아보면 1970년대 '기록적인 해'라 불린 시기에 어떤 것들은 좀 더 인도적 방식으로 이루어진 측면도 있는데, 이러한 긍정적인 결과는 커다란 정치적 압력 속에서 주택 문제를 해결하기 위해 노력했던 지방 관리, 도시 계획자, 설계자, 엔지니어의 공이 컸다.

8. 생의학의 발전

20세기 기술과 과학 혁명은 새로운 경제적 자원, 지식, 도구와 함께 의약품과 보건의료 서비스를 제공했고, 이는 과거 세기에는 상상할 수 없을 정도의 속도로 진행되었다. 1차 의료, 병원, 전문 클리닉이 빠른 속도로 확대되었다. 실험과 미생물학이 의학 발전의 상징이 되었고, 이것은 점차 인간 세포와 그것을 둘러싼 세계 사이의 관계에 대한 더 깊이 있는 지식을 제공하고 있다. 19세기 초 천연두 백신이 도입된 이래 제2차 세계대전 발발 전까지 전염병에 대한 면역력을 높이고 전염병을 줄이는 데는 단지 약간의 진전만이 있었다. 설파제와 페니실린이 감염의 응급치료에서 주요 해결책이었다. 하지만 제2차 세계대전 이후 새로운 백신과 항생제가 많은 인구집단에 편익을 가져다주기 시작했다.

결핵, 디프테리아, 소아마비, 그리고 기타 감염성 질환은 적어도 부유한 나라에서는 예방뿐 아니라 치료도 가능해졌다. 1970년대 WHO는 세계에서 천연두를 박멸하기 위해 극적이고 성공적인 캠페인을 전개했다. 이는 마치 역학적 혁명처럼 보였고, 적어도 부유한 국가에서는 완전히 성공하는 것 같았다. 멸균, 마취, 통증 제거, 정교한 수술 기법, 새로운 의약품의 발달과 함께 이 대단한 진전은 의료인과 이들의 오랜 숙적인 질병 간의 힘의 균형에 극적인 변화를 약속하는 듯 보였다. 하지만 20세기 말 많은 미생물학자들은 전염병이 사라질 것이라는 그들의 약속에 대해 좀 더 신중해졌다. 지구의 가장 부유한 나라에서조차 그런 일은 생기지 않았다.

9. 경제 위기 시기의 보건의료 서비스

20세기 후반 스웨덴에서 사망률은 모든 연령대에서 천천히 지속적으로 감소했고 평균 기대여명은 증가했다. 그러나 역설적으로 들릴지 모르겠지만, 이것은 의료비의 감소로 이어지지 않았다. 오히려 그와 반대로 이 사회 영역은 공급자에 의해 주도되었다. 새로운 지식, 새로운 약, 새로운 치료법은 질병의 치료와 완화에 대한 새로운 시각을 형성했을 뿐 아니라 대다수 질환에 대한 치료 기간을 줄여주었지만, 비용을 증가시키고 돌봄에 대한 필요를 늘렸다. 인구 노령화에 따라 돌봄에 대한 필요가 증가하는 것을 고려한다면 이것은 더욱 분명하다. 초기에 광역 지방정부 위원회와 중앙정부는 이러한 경향에 대처하기 위해 추가적인 자원을 동원할 수 있었다. 하지만 1980년대 동안 장기적으로는 이것이 불가능하다는 것이 분명해졌다. 클리닉에 대기자 명단이 생기기 시작했고, 의료 체계는 심각한 위기를 맞게 되었다. 1990년대 초 경제 침체기에 중앙정부와 기초 지방정부의 재정난에 의해 이러한 양상은 더욱 악화되었다. 재정 축소는 보건의료 인력에 영향을 미쳐 실업이 늘고 장기 병가자의 수와 장애 연금이 증가하기 시작했다. 상황은 스웨덴의 공공복지 체계와 복지국가의 경제에 매우 심각하게 작용했다. 보건의료 서비스의 우선순위를 놓고 갈등이 시작되었으며, 한정된 자원을 두고 예방적 조치는 진료 활동과, 외래 진료는 전문가 진료와, 전문 분야는 다른 전문 분야와 경쟁하게 되었다. 새로운 해결 방식이 요구되고 시도되었다. 가정 내 돌봄이 좀 더 강조되고 비싼 시설 이용은 억제되었으며, 병원 부문에 구매자-공급자 모형purchaser-provider model◆이 도입되었고, 과거 공적으로 운영되던 시설들의 민영화가 이루어졌으며, 이런 경향은 중

◆ '구매자-공급자 모형'은 시장의 영향을 받은 조직·관리 모형으로, 신공공관리(new public management)하에서 조직 단위 간의 효율적 관계를 추구하는 모형이다. 몇몇 국가들에서 효율성을 개선하고 추구하기 위해 이용되었다. 스웨덴에서는 1980년대 후반에 처음 도입되었으며, 보건의료 서비스 부문에서 구매자는 정치인으로 구성된 위원회로, 공급자는 (대부분 광역 지방정부가 소유하고 있는) 병원과 보건의료 센터로 구성되며, 자본가와 소유자들은 직간접적으로 정치인들과 협상하는 역할을 맡는다. 이렇게 구매자와 공급자를 분리하여 경영의 효율을 도모하는 것이다. Sven Siverbo, "The Purchaser-provider Split in Principle and Practice: Experiences from Sweden," *Financial Accountability & Management*, 20(4): 401~420(2004).

앙정부와 기초 지방정부의 모두에서 이루어졌다. 이러한 발전은 집단적 수단에 대해 비판적이고 최소한의 규제를 선호하며 좀 더 많은 경쟁과 개인의 책임을 강조하는 자유주의적 경향으로부터 강력한 이념적 지지를 받았다.

10. 직업, 환경의 건강 위험 인자

산업화는 노동조건을 20세기의 중요한 건강 이슈로 부각했다. 산업의학과 보건의료 서비스는 다른 공중보건 이슈들과 분리되어 다루어지는 것이 보통인데, 노동시장에 대한 스웨덴 모형이 그 예이다. 산업화가 진행되면서 공장들은 더 많은 양의 화학물질을 다루게 되었는데, 이 물질이 자연환경과 건강에 미치는 영향은 어느 정도 잘 알려져 있었다. 농업에서는 생산을 증대시키는 화학 첨가물이 사용되었다. 석유로 움직이는 자동차가 말을 대신했고, 화물선과 기차가 물건과 사람을 실어 나르는 주된 수단이 되었다. 과학과 기술 연구는 이러한 새 물질들을 환경, 작업장, 집, 식품에 새로이 투입했다. 그리고 이로 인한 위험을 줄이기 위한 새로운 의약품을 빠르게 개발하기 위해 과학이 동원되었다.

환경문제를 확인하고 어떻게 그 문제를 해결하고 모니터링할지는 점차 생화학과 역학적 연구의 역할이 되었다. 석면에 의한 암, 규폐증처럼 노동자들에게 나타나는 건강 재해 사례의 경우, 정부 당국과 기업들은 선견지명이 있는 학자들의 경고에 주의를 기울이기 시작했다. 많은 연구 결과로부터 관련 지식이 널리 퍼졌고 치명적인 문제가 발생하기 전에 이러한 지식을 수용하기도 했다. 하지만 스웨덴에서 산업의학과 산업위생의 발전은 먼저 산업화한 다른 국가에 비해 늦었다.

1960~1970년대 작업장의 건강과 안전에 대한 관심이 커지면서 지역안전대표위원회, 국립산업안전건강위원회, 노무 사찰단의 위상과 영향력이 커졌다. 그 후 근골격계 질환과 사회심리적 문제가 강조되기 시작했다. 여러 연구 결과들은 사람들이 노동조건에 대한 자신의 통제력이 적고 강도 높은 노동을 요구받을 때 건강에 나쁜 영향이 미치는 것으로 나타났다. 그리고 이것은 요통과 심장 질환의 위험을 증가시킬 수 있다.[23] 스트레스를 많이 받는 직종으로는 간호조무사, 우체국 사무원, 상점 보조원, 운전사, 웨이터, 요리사 등이 있다.[24]

결론적으로 이렇게 건강에 나쁜 스트레스는 서비스 산업 분야에 종사하는 여성 직업에서 가장 많았다. 치명적인 작업장 사고는 (규폐증, 석면폐증 등과 같은) 전통적인 직업병의 감소와 함께 확실히 줄었고 발암물질에 노출되는 노동자의 수도 적어졌다. 이는 예방적 조치에 크게 힘입은 것이었다. 하지만 전문 간병인과 같이 특정 직업군에서는 신체적 요구의 증가가 스트레스를 심각하게 높였다.

스웨덴에서 산업의학과 안전은 국가와 법(예를 들어 1949년 산업 안전 및 보건법, 1977년에 제정되고 1991년에 개정된 작업환경법)의 통제하에 있다. 하지만 1990대 초까지 스웨덴 사용자 연합SAF과 스웨덴 노동자 연합LO 간의 협상과 협력이 큰 영향력을 가지고 있었다.[25]

11. 스웨덴 공중보건원

정치적 논쟁과 조사, 검토를 거친 후 1938년에 스웨덴 공중보건원Statens institut för folkhälsan이 설립되었다. 연구소는 록펠러 재단의 재정적 지원을 받아 최상의 시설과 장비를 갖추었는데, 이러한 지원은 다른 몇몇 나라에서도 함께 이루어졌다. 보건원의 과제는 '국민의 건강을 보호하고 증진하는 데 초점을 둔' 예방적 수단들을 준비하고 향상하는 것이었다. 임무는 다양한 위생 영역에서의 조사와 연구 활동을 포함했다. 이에 더해 보건원은 국영 의료 서비스의 여러 종사자에 대한 훈련을 제공했다. 보건원에는 식품 위생 실험실뿐 아니라 공중위생과 산업위생 부서가 있었고, 나중에 비타민 실험실이 추가되었다. 이후 산업의학 기능과 스톡홀름의 카롤린스카 병원 Karolinska Universitetssjukhuset의 임상적 활동 간의 연계가 이루어졌다. 1950년대에는 독성학 관련 활동이 더해졌다. 기본적인 과제는 주요 위생학적 문제들을 확실히 밝히고 이를 제거시킬 수 있는 과학적 방법을 지원하는 것이었다. 1956년에는 211명이 보건원에서 일했는데, 그중 50명이 공무원의 지위에 있었다. 시간이 지나면서 전문화되었고, 1960년대 다양한 활동들이 분리되어 식품, 환경 안전, 산업 안전 및 건강을 전담하는 또 다른 국가 기구로 편입되었다. 결국 스웨덴 공중보건원의 활동은 1971년에 종료되었다.

12. 역학, 위험 인자, 건강

사회의학과 역학이 현대 건강 과학으로 새로운 모습을 갖추게 되었다. 국제 연구 공동체들은 사회와 건강·질병의 관계에 대해 많은 연구 결과를 쏟아냈고, 이것은 최근 연구와 논문의 주된 주제가 되었다. 1968년 국가의료위원회와 국가사회위원회가 국가보건복지위원회로 합쳐지면서 공공복지와 건강의 관계가 분명하게 천명되었다. 또한 스웨덴 국립 등록 시스템은 다른 크고 작은 등록 제도 및 데이터베이스와 함께 통계 기반 연구를 위한 풍부한 자료원이 되었다. 인구집단의 건강 상태와 사망률이 연령, 성, 지역적 위치, 직업, 가족 상황 등과 같이 매우 광범위한 영역의 변수들과 함께 모였다. 국가 암 등록 사업은 폐암에 대한 흡연의 해로움을 비롯해 많은 위험 요인들을 확인하는 데 도움을 주었다.

13. 경제의 구조 조정, 사회 스트레스, 건강

1990년대 경제 위기는 많은 사람을 더 불안정한 상태에서 살게 만들었다. 작업장에서 고용주와 경영인이 경제적 규제와 극심한 경쟁에 시달리게 되었고, 개개 노동자들과 노동조합들은 감축을 참고 견디도록 강요받았다. 모든 근거가 보여주듯 실업은 사회적·심리적 요인에 의해서뿐 아니라 여러 가지 이유로 질병의 위험을 증가시킨다. 생산성을 높이는 것은 기술의 발전을 통해서도 가능하지만 적은 수의 사람이 더 열심히 일하는 것을 통해서도 가능한데, 보건의료나 사회 서비스와 같이 노동 집약적 분야에서는 더욱 그렇다. 정리해고의 위협은 고용 안정성을 악화시키고 작업장에서 자신의 상황에 대한 통제력과 영향력에 대한 느낌을 약화시킨다. 많은 연구자들은 이것이 1990년대 병가 증가의 주요인이라 생각하고 있다. 문화적으로나 사회적으로 취약한 이민자들에게서 평균보다 높은 이환율을 보이는 것은 이상한 일이 아니다.

하지만 이환은 명확하게 측정하기 어렵다. 동시에 특정 한 세대가 아니라 여러 연령군에서 스웨덴 사람들이 그들 스스로에 대해 걱정하는 경향이 늘었고 불만족스러운 조건에서 일하기보다는 병가를 내려고 한다는 주장이 있어왔다. 하지만 여러 증거들은 실업, 강압적 노동조건, 사회심리적 문제, 신체 질환과 함께 사회보장 제도의 차이가 더 중요하다고 강조하고 있다. 규제 체계 속의 다양한 보상 방식과 지불 보상의 수준이 개인들에게 여러 종류의 체계 속에서 일하게 만들고 있다.

사회구조적 요인 및 환경 요인과 연관이 있는 감염성 질환의 문제는 지난 20세기의 마지막 10년 동안 상대적으로 덜 위협적이며 우선순위가 낮은 것처럼 간주되었다. 반면에 공중보건학적 개입은 암, 심혈관계 질환과 생활습관 문제에 관심을 집중해왔다. 따라서 개인적 요인과 행동에 관심을 대부분 집중하는 것이 논리적으로 타당한 것처럼 보였다. 또한 에이즈HIV의 전 세계적 창궐이 큰 불안을 가져왔을 때에도 개인적 요인과 행동 요인에 집중하는 것이 중요한 전략이었다. 따라서 안전한 성행위를 권장하는 것이 주된 예방의 노력이었다.

14. 몸 돌보기, 완전한 몸의 이상, 시장 상품으로서의 건강

20세기 말까지 흡연이 질병과 사망에 큰 영향을 미치는 심각한 건강 유해 요인이라는 사실은 법령 제정이나 공중의 자각에 거의 영향을 미치지 못했다. 그래서 그때에는 점잖게 파이프 담배를 피우는 (남자) 의사들이 빈번히 광고나 캠페인에 등장해 건강에 대한 조언을 하기도 했다. 하지만 결국 그는 학교나 대중매체의 금연 캠페인에서 교체되었다. 공공장소에서 흡연자로부터 나머지 사람들을 보호하는 것을 목적으로 새로운 법령이 제정되었다. 흡연자의 이미지는 단지 자기 자신의 건강에만 위해를 주는 자가 아니라 주위 사람들에게도 무례한 자라는 이미지로 대체되었다. 자동차 사고 사망률을 크게 낮추었던 안전벨트 관련 법령과 함께 금연 캠페인은 스웨덴에서 흡연자 수를 극적으로 낮춘 성공적인 공중보건 사업의 예이다. 하지만 동시에 흡연은 낮은 계층의 저소득 여성과 같은 계급 요인과 더욱 연관을 맺게 되었다. 역설적이게도 이 여성들은 의료 서비스 영역에 종사한다.

19세기 초, 아니 그 전부터 체조는 건강뿐 아니라 군사적인 목적의 훈련을 위해 권장되어야 하는 것으로 간주되었다. 19세기에 국민 대부분은 중노동에 참여했기 때문에 추가적인 신체 활동이 필요하지 않았다. 20세기는 스포츠의 세기였으며, 중간 계급에서 먼저 시작해 이후에는 대중운동으로 발전했다. 건강한 식이와 신체 훈련을 통해 몸을 가꾸는 것에도 역시 의료 전문가들의 처방이 이루어졌다. 고대 그리스 동상이 상징하는 미적으로 완벽한 몸은 바로크 시대의 튼튼한 몸 stout torso 또는 다른 시대의 천상의 모습으로 이상화되었다. 심지어 나치 독일이나 소비에트연방과 같은 전체주의 정권에서조차 완벽한 신체는 공공복지나 국가적 염원의 예로서 예술과 선동 속에 그려졌다. 이것은 1936년 베를린 올림픽과 제2차 세계대전 후 최고 수준의 스포츠 실력을 갖추었던 사회주의 국가의 노력을 보아도 잘 알 수 있다. 1940년대에 스웨덴인은 행진을 했고, 이른 아침 라디오에서 들려주는 기상 알림과 함께 군인 목소리에 맞추어 운동을 했다. 전후 세대의 많은 이들은 (노동이 덜 육체적인 것이 되고 직장이나 상점에 차를 타고 가게 되었는데도) 자발적인 신체 운동의 필요성을 느끼지 못하고 있다. 고열량의 일상 음식에 설탕과 지방이 많은 패스트푸드가 더해졌다. 스웨덴인은 평균적으로 체중이 늘었고 신체가 덜 건강한 방향으로 변했다. 이와 더불어 날씬하고 잘 훈련된 이상적인 몸은 대중매체와 광고에 점점 더 많이 등장했다. 체육관에서 피트니스 훈련이나 에어로빅이 남녀에게 제공되었고, 과거의 건강 온천과 목욕 시설이 현대적인 형태로 다시 태어났다. 기적의 다이어트 방법이 신문의 광고란을 연일 장식하고, 건강식품이 가게에 점점 더 많이 채워졌다. 저지방 식품에 대한 광고가 신문과 상점의 진열대를 가득 메웠고, 동시에 국립식품청Livsmedelsverket은 어떤 상품이 불필요한 설탕 첨가물로 소비자를 유혹하는지를 알려주었다. 상업적으로는 건강을 증진하는 것으로 생각되는 '기능식품'이 각광을 받았다.

거식증anorexia과 과체중 문제에 대한 의학과 보건의료 서비스의 선점은 인간 역사의 새로운 장이었다. 너무 많은 음식을 먹거나 먹기를 거부하는 것은 식품이 과다하게 많다는 것을 보여주는 것이다. 신체 활동과 비만은 새로운 공중보건 목표의 우선순위가 되었고, 우리는 이런 양상을 되돌려놓기 위해 더 많은 활동을 필요로 한다. 역학적 보고서들은 성, 사회적 배경, 건강 상태 및 기타 요인들에 따른 고위험군을 보여주는 수많은 소견을 기술하고 있다.

불행히도 과체중의 부정적 효과에 대한 불안감은 의도하지 않게 바람직하지 않은 부작용인 낙인화를 불러왔다. 또한 통계적으로 과잉 대표된 어떤 요인들에 근거를 두고 건강하다고 간주되는 것으로부터 멀리 떨어진 사람들을 모두 문제가 있는 것처럼 다루는 과학적 논문들이 계속 쏟아져 나오고 있다. 수많은 개인적 요인들과 특정 건강 문제들 사이의 원인과 관련한 통계적 연관성이 어느 정도만 입증되거나 심지어 종종 그렇지 않을 때조차 대중매체는 너무 자주 '전형적인 뚱뚱이', '전형적인 흡연자', 그리고 다른 문제 집단들을 언급하여 상황을 더욱 나쁘게 만들었다.

이러한 가운데 현대 남성을 대상으로 하는 조언들에선 종종 혼란스러운 흐름이 지속되었다. 건강, 아름다움, 매력을 유지하는 방법에 대한 새롭거나 오래된 발견과 조언이 매일매일 대중매체를 통해 방송되었다. 건강은 우리의 국내총생산 중 차지하는 비율이 지속적으로 증가하는 산업(아마도 공공 재정 부문보다는 민간 부문에서 더욱 큰 역할을 하는 산업)의 일부로서 판매를 위해 요구되고, 만들어지며, 포장되어 제공되는 생산물 중 하나가 되었다. 이제 우리는 선택하는 입장에 있다. 이것은 자신의 건강 관련 요인들에 대해 영향을 미칠 수 있는 개인의 권리와 기회를 강화할 뿐 아니라 지역사회의 건강 수준을 높이기 위해 공중보건학이 당면하고 있는 가장 큰 도전 중 하나이다. 이것은 좋은 건강을 가지기 위한 올바른 길에 대해 말하기 위한 지식과 선호에 대한 권리를 독점하고 있던 18세기 의사와 목사에게는 쉬운 것이었다.

15. 전 지구적 개인주의 세계에서의 스웨덴 공중보건

지난 60년간 공중보건의 역사를 모두 늘어놓으면 그것 자체로 하나의 책이 될 것이다. 이 시기는 기업 부문의 구조 조정, 공공복지 체계의 재정적 위기, 시민의 자유와 집단적 해결 방식, 자본과 교역의 전 지구화와 한 국가의 결정에 간섭할 수 있는 국제기구의 설립으로 인한 한 나라의 정치 권력 쇠퇴와 같은 모습이 나타난 전통적 산업사회의 절정기였다. 하지만 그것은 (적어도 긍정적인 시기에) 세계의 부유한 국가들에서 역학적 변천의 마지막 단계를 경험한 시기이기도 하다. 과거에는 감염성 질환이 건강의 가장 큰 위협이었으나 이제는 심혈관계 질환이나 암 같은 질환에 대한 대응이 공중보건학적 개입에서 가장 중요한 임무가 되었다. 하지만 에이즈HIV, 점차 증가하는 다재내성 결핵 바이러스와 공격적인 행동을 보이는 미생물의 증가에서 볼 수 있듯이, 미생물학 권위자들은 감염과의 전쟁에서 승리를 선언하기는 아직 이르다고 경고하고 있다. 부유한 나라라 할지라도 세계의 가장 가난한 지역이 아직 겪고 있는 역학적 변천과 같은 문제가 여전히 남아 있다는 것이 확인되곤 한다. 또한 요즘 빈곤국은 빈곤과 관련한 건강 문제와 산업화된 국가들에서 흔한 생활습관 관련 질병 두 가지 모두로 고생하고 있다.

새로운 밀레니엄의 해가 시작된 이후 산업화된 국가에서는 조기 사망의 일차적인 원인이기도 한 과체중, 신체 활동, 약물중독, 기타 생활습관 요인들이 구체적인 공중보건 정책의 주된 관심이 되고 있다. 또 이와 같은 이슈들이 미래 공중보건 분석가나 실무자를 위한 훈련 코스의 시나리오 사례와 역량 강화 프로그램의 주된 내용이 되고 있다. 어떤 집단과 개인의 건강 행동에 더욱 초점이 맞추어지고 있다. 동시에 전통적인 개입주의는 더는 받아들여지지 않고, 국제 공중보건학계는 이른바 '신공중보건학'이라 불리는 것을 통해 문제를 해결하려 노력하고 있다. 현재 키워드는 '역량 강화'인데, 이것은 개개인이 자신의 건강에 대해 더 폭넓은 영향력을 가지도록 하는 것이다. 새로운 밀레니엄을 위한 스웨덴의 공중보건 계획은 구조적 요인을 확인하고 그것에 영향을 미치는 것의 중요성을 강조한다. 하지만 건강에 영향을 미치는 사회구조를 찾아 그것을 변화시킬 방법을 찾아내는 일은 (역사를 뒤돌아봐도) 공중보건 정책가에게 가장 어려운 숙제이다. 선포된 건강 목표에 도달하기 위한 구체적인 방법을 찾을 때 개인을 대상으로, 규제적 방식을 통해, 행동을 변화시키려는 개입 방식이 가장 흔하다. 하지만 경제적일 뿐 아니라 사회적인 구조적 조건은 역사적으로 가장 강력한 건강의 결정 인자였다. 이러한 조건들은 경제와 복지 정책을 통해 가장 크게 영향을 받는다.

16. 포괄적 스웨덴 공중보건 정책

2003년 4월 스웨덴 의회는 포괄적 스웨덴 공중보건 정책을 채택했다.[26] 이것은 건강을 정치적 어젠다로 밀어 올리고 건강 형평을 높은 우선순위로 설정하도록 만들었다. 정책의 종합적인 목표는 "모든 국민에게 동등하게 건강에 도움이 되는 사회적 조건을 창출하는 것"이다. 이 목표를 달성하는 데 여러 분야에 걸친 노력이 가능하게 하기 위해 정부는 11개의 '목표 영역(집중적인 노력이 필요하다고 보이는 국민 건강의 결정 요인 영역)'을 다음과 같이 제시했다.

1. 사회 참여와 영향
2. 경제적·사회적 보장
3. 아동·청소년기에 안전하고 바람직한 조건 제공
4. 더 건강한 작업 조건
5. 건강하고 안전한 환경과 생산물
6. 건강을 증진하는 건강 서비스
7. 감염성 질환에 대한 효과적인 대처
8. 안전한 성생활과 좋은 생식 건강
9. 신체 활동 증가
10. 좋은 식사 습관과 안전한 식품
11. 담배와 술의 이용량 감소, 약물로부터 안전한 사회, 도박으로 인한 악영향 감소

이 정책의 기반은 스웨덴 공중보건 역사의 여러 영역에서 찾을 수 있다.

한 가지 중요한 측면은 건강 불형평에 대한 관심의 증가이다. 현대 첨단 의료의 성장과 함께 1980년대부터 나타나기 시작한 상당한 수준의 건강 불형평은 생활습관, 환경문제 때문에 발생하는 주요 건강 문제만큼 중요하게 다루어지지 않았다. 하지만 1987년 정부는 건강 형평을 증대시킬 뿐 아니라 공중보건을 일반 복지 정책 체계에 통합시키기 위한 국가 공중보건 전략을 개발하기 위해 공무원, 과학자, 공중보건 관계자로 구성된, 상당히 권한이 큰 전담팀을 구성했다. 그들의 제안에는 국가 수준에서 건강 증진과 질병 예방을 직접 진두지휘하기 위해 새로운 기관, 즉 스웨덴 국립보건원을 설립하는 내용도 들어 있었다. 결국 1992년 스웨덴 국립보건원이 설립되었다.

1997년 정부는 공중보건을 위한 국가위원회를 구성했다. 여기에는 중앙정부 기구와 학회, 노동자, 노인, 이민자, 장애인을 대표하는 조직 등 여러 분야의 다양한 기관뿐 아니라 모든 의회 정당이 참여했다. 위원회의 핵심 과제는 국가 공중보건 목표를 제안하고 부문 간 공중보건 연계 사업을 이끄는 전략을 제안하는 것이었다. 두 번째 과제는 공중보건 이슈를 '정치화'하는 것이었다. 예를 들어 공중보건 이슈를 광역·기초 지방정부 수준에서 상기시키고 상위 정치 어젠다로 만드는 것이다. 위원회는 2000년에 「동등한 건강-공중보건의 국가 목표 Hälsa på lika villkor - nationella mål för folkhälsan」라 불리는 최종 보고서를 제출했다. 건강 결정 인자로 초점을 맞춘 목표와 대상을 포함하고 있는 이 보고서는 정부 공중보건 법안의 기초가 되었다.

법안에 따르면, 사회 모든 수준에서 많은 행위자가 새로운 포괄적 공중보건 정책의 실행에 대해 책임을 가진다. 공중보건에 직접 영향을 미치는 과제와 활동을 맡고 있는 중앙정부 기관들은 그들 작업의 영향을 고려하고 모니터링해야 할 책임이 있다. 기초 지방정부(290개)와 광역 지방정부(21

개)는 그들 자신의 세금 징수권과 중앙정부에 대한 상당한 수준의 자치권을 가지고 있다. 11개 목표의 영역은 전체 국가 공중보건 목표의 달성을 돕기 위해 그들이 어떻게 통합적인 노력을 해야 하는지 제시하고 있다.

공중보건부 장관과 관련 공공 기관의 장들의 리더십 아래에서 중앙정부, 광역·기초 지방정부 수준에서의 협력을 증진하기 위한 국가운영위원회가 설립되었다. 스웨덴 공중보건원은 국가 공중보건 정책의 실행을 모니터링하고 조정하는 책임을 맡았다. 또 공중보건원은 공중보건 현장에서 사업의 방법과 전략을 개발하고 이를 전파하며, 술·마약·담배에 대한 감독권을 행사하는 국립 연구소이기도 하다.

공중보건 정책 모니터링의 일환으로 스웨덴 국립보건원은 건강 결정 인자들을 찾고 건강 증진을 위한 행동에 초점을 둔 기술적이고 분석적인 보고서를 발간하고 있다. 2005년 공중보건 정책 보고서가 정부에 제출되었고, 몇 년 안에 또 하나의 보고서가 제출될 예정이다. 보고서의 목적은 공중보건 이슈와 관련해 정부가 의회와 효과적으로 소통하는 방법을 제공하는 것이다.

2005년 공중보건 정책 보고서는 42개 주요 건강 결정 인자들의 시계열 자료를 보여주고 있고, 2003~2005년에 30개 중앙과 지역 공공 기관, 21개 광역 지방정부, 290개 중 239개 기초 지방정부가 어떤 활동을 전개했는지를 기술하고 있다. 스웨덴 공중보건원은 이 보고서를 통해 정신 건강, 노동 조건, 대기오염과 사고 감염성 질환, 과체중과 신체 활동, 담배, 술, 여성에 대한 범죄, 건강 불평등 관련 영역에서 건강 위해 요인과 관련한 29개의 우선 과제를 제안하고 있다. 또한 보고서에서는 더 많은 행의자의 참여, 지역 공중보건 사업의 더 많은 협력, 공중보건 영역에서 다른 여건을 가지고 있는 기초 지방정부에 대한 더 많은 지원의 필요성을 이야기하고, 공중보

건 사업의 향상을 목표로 하는 열세 가지 제안도 하고 있다.[27]

17. 건강: 타협의 영역

역학, 생물학, 화학, 그리고 다른 자연과학은 건강의 위험들을 극복하는 데 필요한 지식의 초석이 되었다. 그러나 문제들은 다차원적이다. 이들 복잡한 문제에는 정치, 경제, 그리고 기타 여러 요인이 영향을 미친다. 전체 집단의 이해와 개인의 완결성과 자유에 대한 권리 간의 충돌은 빈번히 일어난다. 종종 경제적 이해가 자연환경과 인간의 건강에 영향을 미칠 가능성이 있는 위험보다 더 중요하게 간주되곤 한다. 환경오염, 지구 온난화, 오존층 파괴와 같은 문제에 대해 개인적인 대응은 불충분하거나 의미 없을 때가 많다. 한 국가의 공중보건 정책도 국가를 둘러싼 세계에서 고립되면 점점 힘을 잃는다. 모든 행위자는 매우 밀접한 연대 속에서 참여해야 한다. 가장 좋지 않은 시나리오는 이것이 상이한 이해관계자 간의 담합으로 이어져 공중보건에 오랫동안 심각하게 나쁜 영향을 미치는 것이다. 스웨덴 음주 정책에 대한 EU 회원국의 결론은 이러한 갈등의 대표적인 예이다.

18. 요약: 복지 정책의 수확기

제2차 세계대전 이후의 시기는 스웨덴 복지 정책의 수확기로 기술되어 오고 있다. 개혁의 가장 적극적인 요소들은 좌파, 그리고 사회자유주의 정치가 속에서 발견되지만 대부분의 복지 개혁은 넓은 정치적 스펙트럼에 의해 점진적으로 수용되었다. 사회보장과 보건의료를 위한 체계는 모든 취약한 생활 상황에 대처하기 위해 점차 향상되었다. 이들 중 일부는 중앙정부 차원에서뿐 아니라 지방 수준에서도 조직되었다. 사람들의 건강과 생존에 도움을 주는 의학 기술의 긍정적인 기여는 과거보다 더욱 분명해졌다. 스웨덴이 전쟁의 참사를 피할 수 있었던 사실에 더해 지속적인 경제성장은 당연히 사망률을 떨어드리는 데 기여했다. 1950년대 이래 산업 생산과 서비스에 노동 인구의 유입이 가속화되면서 농촌의 일거리는 줄어들었고, 이것은 도시로의 대규모 이동을 낳았다. 산업화된 삶이란 더 같은 보수를 주는 직업과 더 많은 부를 의미했다. 하지만 농촌 생활 방식에서 도시 생활 방식으로의 전환은 몇십 년간 중년 남성 사망률의 감소를 정체시키고 미혼 남성의 사망률을 증가시켰다. 이들 남성은 첫 번째 골초 세대이기도 했고, 좀 더 관대한 제재 덕에 술에 더 쉽게 접근할 수 있었던 사람들이기도 하다. 사망률의 절정기가 지난 후 남성 사망률의 일시적인 증가는 사라지고 새로운 감소세가 나타났으며, 20세기 마지막 10년 동안 젠더 간의 격차가 좁아졌다.

전후 시기에 심혈관계 질환이나 폐암과 같은 만성질환에 의한 사망자의 수가 증가하고 전체 사망에서 차지하는 비율도 증가했다. 이것은 공중보건 담론이 점차 개인의 생활습관에 더 많은 관심을 집중하게 만들었다. 제2차 세계대전 이후 시작된 전통에 따라 (건강 관련) 정보 제공과 사업을 맡아 진행하는 학교와, 사회적 이슈와 건강한 생활습관을 권고하는 대중매체는 변화를 이끄는 대중적 수단이 되었다.◆ 이러한 캠페인의 가장 성공적인 예는

◆ [원주] 모든 형태의 사회적 이슈에서 의사소통의 새로운 통로인 라디오에 대해서는 Seifarth(2007) 참조.[28]

두말할 나위 없이 금연 사업이었다. 이후 젊은 세대에서조차 증가하는 과체중 인구 비율, 1995년 스웨덴의 EU 가입에 따라 값싼 술에 대한 관대한 규제의 부정적인 건강 영향이 예견되면서 새로운 공중보건학적 개입이 시작되었다. 개인의 행동에 관심을 집중하는 것은 현대 '복지병welfare disease'◆의 대부분이 행동과 관련이 있다는 면에서 이해할 만했다. 동시에 어떤 집단에 꼬리표가 붙거나 낙인이 찍히면 개인의 존엄, 자존, 독자성이 훼손될 가능성도 커져 이에 대한 보호의 필요성도 커졌다.

동시에 국가 보험과 보건의료 체계에서 정신적 문제의 호소가 점점 더 중요한 관심사가 되고 있다. 과학적 연구들은 이런 문제가 직장 등에서의 사회심리적 생활 조건과 긴밀한 관계를 맺는다는 점을 보여주고 있다. 구체적으로 노동조건, 실업 등에 의해 발생하는 사회심리적 스트레스와 심혈관계 질환이나 당뇨병 같은 부정적인 생의학적 반응 간에는 연관성이 있다는 것이 밝혀지고 있다. 이러한 소견들과 그 밖의 근거들은 건강에 좋지 않은 개인의 생활습관을 개선하기 위한 캠페인을 전개할 때 사회와 건강의 구조적 요인에 대해 지속적인 관심을 배제해서는 안 된다는 주장을 지지하고 있다.

7장 참고문헌

[1] Guteland G, Holmberg I, Hägerstrand T, Karlqvist A, Rundblad B. Ett folks biografi: befolkning och samhälle från historia till framtid [The biography of a people – past and future population changes]. Stockholm: Liber; 1983.
[2] Magnusson L. An economic history of Sweden. London: New York: Routledge; 2000.

◆ 여기서 '복지병'이란 사회의 경제적 수준이 올라가면서 많이 생겨난 심혈관계 질환, 암 등의 퇴행성 질환을 말한다.

[3] Carlsson G. Liv och hälsa: en kartläggning av hälsoutvecklingen i Sverige [Life and health: mapping the health development in Sweden]. Stockholm: Liber förlag; 1979.

[4] Preston SH, Keyfitz N, Schoen R. Causes of death: life tables for national populations. New York: Seminar Press; 1972.

[5] Högberg U. Maternal mortality in Sweden. Diss. Umeå: Umeå University; 1985.

[6] Hemström Ö. Biologiska förutsättringar och sociala förhållanden: hypoteser om könsskillnader i dödlighet [Biological and social conditions: hypotheses on gender differences in mortality]. In: Östlin P, Danielsson M, Diderichsen F, Härenstam A, Lindberg G, eds. Kön och ohälsa: en antologi om könsskillnader ur ett folkhälsoperspektiv [Gender and ill-health: an anthology of gender inequalities from a public health perspective]. Lund: Studentlitteratur; 1996.

[7] Nordlund A. Tobaksrökning och hälsa i Sverige under 1900-talet [Smoking and health in Sweden during the 20th century]. In: Sundin J, Hogstedt C, Lindberg J, Moberg H, eds. Svenska folkets hälsa i historiskt perspektiv. Stockholm: Swedish National Institute of Public Health; 2005.

[8] Sundin J, Willner S. Social stress, socialt kapital och hälsa: välfärd och samhällsförändring i historia och nutid [Social stress, social capital and health: welfare and social change in past and present]. In: Sundin J, Willner S, eds. Samhällsförändring och hälsa: olika forskarperspektiv [Social change and health: different research perspectives]. Stockholm: Institute for Futures Studies; 2003.

[9] Diderichsen F, Hallqvist J. Trends in occupational mortality among middleaged men in Sweden 1961-1990. International Journal of Epidemiology 1997;4:782-787.

[10] Socialvetenskapliga forskningsrådet. Ojämlikhet i hälsa: ett nationellt forskningsprogram [Inequality in health: a national research programme]. Stockholm: SFR; 1998.

[11] Persson G, Danielsson M, Rosén M, Alexandersson K, Lundberg O, Lundgren B et al, eds. Health in Sweden – The National Public Health Report 2005. Scandinavian Journal of Public Health 2006;34(Suppl 67).

[12] SOU [Official Government Report] 2000:91. Hälsa på lika villkor – nationella må. för folkhälsan [Health on equal terms – national goals for public health]. Available in English in: Scandinavian Journal of Public Health 2001;29(Suppl 57).

[13] Marmot M, Wilkinson R, eds. Social determinants of health. Oxford: Oxford University Press; 2006.

[14] Lynch JW, Smith GD, Kaplan GA, House JS. Income inequality and mortality: importance to health of individual income, psychosocial environment, or material conditions. BMJ 2000;320:1200-1204.

[15] Kunst AE, Groenhof, Mackenbach JP. Mortality by occupational class among men 30~64 years in 11 European countries: EU Working Group on socioeconomic inequalities in health. Social Science Medicine 1998;11:1459~1476.

[16] Kuh D, Ben-Shlomo Y, eds. A life course approach to chronic disease epidemiology. Oxford: Oxford University Press; 2004.

[17] Fritzell J, Lundberg O, eds. Health inequalities and welfare resources: continuity and change in Sweden. Bristol: The Policy Press; 2007.

[18] Molarius A, Janson S. Regionala skillnader i medellivslängd i Sverige [Regional differences in life expectancy in Sweden]. Läkartidningen 2001;10:1084~1089.

[19] Rosén M. Epidemiology in planning for health. Diss. Umeå: Umeå University; 1987.

[20] EpC-rapport 1997:1. Riskfaktorer för hjärt-kärlsjukdom – regionala och sociala skillnader i Sverige [Risk factors for cardiovascular diseases – regional and social differences in Sweden]. Stockholm: National Board of Health and Welfare, Swedish National Institute of Public Health; 1997.

[21] Willner S. Det regionala dödlighetsmönstret i Sverige från jordbrukarsamhälle till det postindustriella samhället [The regional mortality pattern in Sweden from agricultural society to the post-industrial society]. In: Nordin I, ed. Rapporter från hälsans provinser: en jubileumsantologi [Reports from "good-health provinces": a commemorative anthology]. Linköping: Tema Hälsa och samhälle, Linköping University; 2004.

[22] Esping-Andersen G. Social foundations of post-industrial economies. Oxford: Oxford University Press; 1999.

[23] Theorell T, Karasek R. The demand-control-support model and CVD. In Schnall et al, eds. The workplace and cardiovascular disease. Philadelphia: Hanley & Belfus; 2000.

[24] Järvholm B, ed. Working life and health: a Swedish survey. Solna: Swedish National Board of Occupational Safety and Health; Stockholm: Swedish Council for Work Life Research; 1996.

[25] Thörnquist A. Arbetarskydd och samhällsförändring i Sverige 1850~2005 [Occupational safety and social change in Sweden 1850~2005]. In: Sundin J, Hogstedt C, Lindberg J, Moberg H, eds. Svenska folkets hälsa i historiskt perspektiv [The health of the Swedish people in a historical perspective]. Stockholm: Swedish National Institute of Public Health; 2005.

[26] Hogstedt C, Lundgren B, Moberg H, Pettersson B, Ågren G, eds. The Swedish Public Health Policy and the National Institute of Public Health. Scandinavian Journal of Public Health 2004;32(Suppl 64).

[27] Statens folkhälsoinstitut. Folkhälsopolitisk rapport 2005 [The 2005 Public Health Policy

Report]. Stockholm: Statens folkhälsoinstitut; 2005. A summary in English can be found on the web: http://www.fhi.se/templates/Page____6725.aspx

[28] Seifarth S. Råd i radion modernisering, allmänhet och expertis 1939~1968. [Advice on the radio: modernisation, general public and expertise 1939~1968] Diss. Linköping: Linköping University; 2007.

8장

결론

과거로부터의 교훈

1. 서론

사회와 그 속에서 살아가는 사람들의 건강 사이에 이루어지는 상호관계는 흥미진진하지만 때로는 많은 도전을 야기하는 역사를 만들어내기도 한다. 그리고 이를 이해하기 위해서는 의학과 과학에서부터 경제적·정치적·사회적 요인, 그리고 문화와 사회심리적 조건에 이르기까지 수많은 영역에 관심을 쏟아야 한다. 하지만 이 책에서는 각 분야의 깊은 이야기까지 다루지는 않는다. 그렇지만 우리는 도전을 인지해왔고, 광범위한 맥락에서 건강과 사회 변화의 가장 확실한 측면들의 일부를 확인하기 위한 시도를 피하지 않았다. 건강의 조건은 끊임없이 변화하고, 이것을 그들의 역사적 맥락으로부터 독립적일 수 있는 '법칙'과 폭넓은 일반 이론으로 만드는 것은 어려운 일이다. 다른 시기와 다른 지리적 위치, 그리고 여러 가지로 유사하지 않은 사회들을 서로 비교하는 것은 심지어 위험하기까지 하다. 이 장에서는 스웨덴의 250년에 걸친 주요 테마, 패턴, 과정을 부각하려 시도할 것이고, 이는 인구집단 건강의 기본적 조건에 대한 생각과 성찰에 도움을 제공할 수 있을 것이다.

2. 사회적 결정 인자와 건강: 스웨덴의 예◆

지난 250년에 걸쳐 한 인구집단 내에서 건강의 차이를 야기하는 가장 두

◆ [원주] 사회적 결정 인자와 건강에 관한 좀 더 구체적인 논의에 대해서는 J. Sundin & S. Willlner(2008) 참조.[1]

드러진 요인 중 하나는 이른바 사회적·경제적 층화 socioeconcmic stratification의 효과이다. 여기서는 각기 다른 시기에 어떻게 이러한 패턴을 보였는지를 요약한다.

역사적 탐구에서 늘 그렇듯이, 우리는 건강과 전혀 다른 증거들에 의존해야 한다. 일반적으로 스웨덴의 인구 자료는 (1749년 이후로는) 시간 간격을 고려할 수 있을 만큼 충분히 좋다. 특히 연령과 성별에 따른 사망률을 제공하고 최근에는 사망의 원인까지도 잘 제공한다. 하지만 국가 자료는 사망의 '사회적' 분포에 대해서는 역사적으로 잘 보여주고 있지 않다. 이 중요한 요인에 대한 지식이 부족한 것은 아마도 과거 정부 당국과 과학자들의 관심이 적었기 때문일 것이다. 영국과 달리 스웨덴에서는 사회적·경제적 집단에 따른 사망률에 대한 공공 통계치가 상대적으로 늦게 수집되었다. 하지만 복지 프로젝트에 의해 사회적 불평등이 해소되지 못하는 것이 확실해지자, 1960년대 후반부터 이 이슈는 더 많은 관심을 받게 되었다.[2] 또 이것은 경제 자원과 복지의 관계에 대한 공공 보고서 시리즈로 발간되기도 했다.[3] 유명한 블랙 보고서에서 나타난 영국의 근거들은 스웨덴 연구자들을 자극해 부와 건강의 관계에 대한 연구를 진행하게 만들었다.[4]

앞에서 본 바와 같이 사회자원들은 사망 양상에 일관된 영향을 미쳐왔다. 사회 결정 인자를 확인하고 측정하는 가장 흔한 방식은 연구자에 따라 다양하게 정의되는 사회집단이나 '계급'에 따른 통계 자료를 이용하는 것이다. 이 개념은 흔히 직업, 소득, 또는 교육 수준이라는 변수로 표현되곤 한다. 물질적 자본, 노동조건, 지식은 개인이 좋은 삶을 영위할 수 있는 잠재력에 영향을 미친다. 또한 직업과 교육은 건강에 좋거나 나쁜 영향을 미치는 집단적 문화 패턴의 대리 변수이기도 하다. 이에 더해 경험적 연구들은 이 변수들이 건강 또는 불건강과 상관관계를 보인다는 점을 보여준다.

하지만 이 상관관계들의 뒤에 숨어 있는 복잡한 기전이 모두 잘 알려져 있는 것은 아니다. 사회적 요인들이 어떻게 건강에 영향을 미치는지 이해하기 위해 현대의 연구들은 (단순히 물질적 자원을 넘어서는) 지위와 직업에 대한 만족도, 사회 자본과 같은 개념들을 포함하는 심리사회 이론을 도입해왔다.[5] (하지만) 역사적 연구에서 이와 같은 요인들에 대한 자료는 찾기 어려운데, 당연히 이것들을 중요하게 여기지 않았기 때문이다. 이것들은 단지 설명적 고찰의 한 부분에 불과했다.

하지만 사회적 메커니즘에 좀 더 많은 관심을 보이는 추가적인 관점들이 존재한다. 유의하게 다른 조건에서 살아가는 남녀는 같은 '계급'에서도 다른 건강 결과치를 보인다. 사회 환경과 집합적 복지 체계의 조직은 각기 다른 연령군의 건강에 다르게 영향을 미칠 수 있고, 총기대여명은 계급과 같은 여러 가지 원인으로 인한 결과를 보여주는 기본적인 지표가 될 수 있다. 전통적 가족이나 부부 같은 일차 집단에 속하는 것은 건강과 양의 상관관계를 가진다. 어떤 시기, 어떤 장소의 물질적·문화적 조건과 같은 '생태학적' 요인 역시 중요하다. 물론 이들 모두가 서로 연관되고 상관관계를 가진다. 따라서 '계급'과 '사회집단'을 독립적으로 보아서는 안 된다. 그리고 자료가 허락하는 한 젠더, 연령, 사회적 지위, 지리적 위치 등을 요인에 포함해야 한다.

물질적 자원과 공중보건

물질적 자원에 적절하게 접근할 수 있는 것은 분명히 매우 중요한 자산이다. 구체적인 증거는 없지만, 우리는 이것이 과거에 사망률이 크게 감소한 이유라고 생각한다. 하지만 스웨덴의 경우에서 보듯이, 모든 유형의 감염에 높은 수준으로 노출되면 조기 사망이 '민주적' 양상으로 나타나고 누구도 그 위험에서 피하기 어려워진다. 높은 인구밀도와 밀착된 인간관계는 생명을 위협하는 요인으로 작용하는데, 따라서 이런 상황에서는 그가 어디에 살고 있는가가 누구인 것보다 몇 배나 더 중요했다.

6장에서 본 것처럼, 역사적 연구에서 제시된 많은 증거는 영양 개선이 유럽에서 사망률이 장기적으로 감소한 주된 이유였다고 일반화한 토머스 맥퀀의 주장이 지속될 수 없다는 것을 보여준다. 다른 한편으로 식량과 기타 필요 물품에 대한 기본적인 접근 역시 중요한 구실을 했다. 19세기 후반 흉작과 기근은 가난한 이들의 건강과 삶을 위협했다. 그 시기에 급격히 성장한 도시에 살았던 빈곤층은 좁은 집에 많은 사람이 함께 살았고 위생적으로 열악한 환경 속에서 살아야 했다. 이와 같은 요인은 스웨덴의 지방 사망률에 대한 연구들에서 두드러지게 나타난다. 지방의 풍속은 그러한 지역적 양상을 설명할 수 있다. 하지만 인구밀도를 중요한 변수에서 제외하면, 물질적 부와 관련한 지표들은 기대여명과 강한 상관관계를 보이게 된다.

사회집단이라는 개념은 소득과 부를 함축하고 있지만, 교육과 사회 자본 같은 문화적 자원에 따른 사회집단 또한 생존율과 상관관계를 가진다. 하지만 그 영향의 강도는 주어진 공간과 시간의 특별한 상황에 달려 있다. 19세기에 스웨덴의 영아와 소아 사망률은 유럽의 평균과 비교해 모든 사회집단에서 높았다. 감소가 시작되자 (물질적 자본과 문화적 자본 모두의) 사회집단이 더욱 중요해졌다. 모유 수유, 개인 및 환경 위생, 천연두 예방접종과 같은 공중보건의 권고와 캠페인은 장인이나 노동자보다 도시의 중산층이 더 일찍 수용하는 경향이 있었다. 이 시기에는 물질적 자원의 격차보다 조언과 여러 가지 조치를 수용할 준비를 할 수 있는 것이 영아와 소아 사망률에 더 중요한 요인으로 작용했던 것 같다. 일부 농촌 지역에서는 상대적으로 부유한 농부의 부인들이 오히려 다른 집단에 비해 모유 수유 습관을 늦게 바꾸기도 했다. 약간 늦기는 했지만 영아 사망률이 사생아를 제외하고 모든 사회집단에서 감소하기 시작했다.

19세기 후반 급격한 도시화 시기에 열악한 주거 조건이 소아 감염의 전파를 야기하면서 **사회집단**은 다시 더 중요해졌다. 소득은 두 세계대전 사이 기간에 영아 사망률과 음의 상관관계를 보였다. 영아와 소아 사망률의 경우, 사회 조건이 특히 빈곤층에 강력한 영향을 미칠 때, 또는 사회적으로 성공한 집단이 그들의 자녀 건강을 위해 새로운 지식과 태도를 더 빨리 적용할 수 있는 자원을 가질 때 어느 사회집단에 속하느냐가 영아의 생존에 강력한 영향을 미쳤다는 것을 확인할 수 있었다.

젠더와 건강

성인 세대의 사망률을 이해하기 위해서는 **젠더**의 영향과 연관 지어 사회집단을 분석할 필요가 있다. 자료를 얻을 수 있는 경우, 우리는 여성의 사망률이 계급적 차이에 덜 민감한 것을 빈번하게 발견했다. 특히 심각한 사회적 변동의 시기에 더욱 그러했다. 이것은 19세기의 몇몇 사례연구와 최근의 연구에서 관찰된다.◆ 확실히 이것은 순수한 경제적 요인들의 효과일 수 없다. 여성의 평균 소득은 모든 사회집단에서 남자의 소득보다 언제나 낮았다. 노동 관련 건강 문제가 특정 남성 직업집단에 존재하는 것은 사실이다. 하지만 이것은 남녀 간 건강 수준의 큰 차이를 설명하지는 못한다.

◆ [원주] 젠더 간의 차이를 보여주는 최근의 예는 1989년 이후 러시아 남성에게서 보이는 높은 사망률이다. 이와 관련해서는 Shkolnikov et al.(2004) 참조.[6]

(또한 여성의 건강 수준이 남성보다 좋았다고 해서) 우리는 지난 세대 노동 계급 여성들의 신체적 건강 위험을 과소평가해서는 안 된다.

전 시기에 걸쳐 성인 남성의 초과 사망 변동은 이 높은 상대비가 일정한 유전적 생물 요인들에 의해서만 일어난 것이 아니라는 점을 보여준다. 그 대신 우리는 다른 권리와 의무, 다른 조건과 수요에 대해 이들이 보이는 다른 행동 방식과 젠더 특이적 심리 반응을 포함하여, 사회적으로 결정되고 실행되는 젠더의 역할에 대해 주목해야 한다. 여기에는 남성들이 더 불건강한 행동을 하는 것, 잠재적으로 위험한 상황에서 더 많은 위험을 감수하는 것, 그리고 건강에 위해한 약을 사용하는 것 등을 요구받거나 스스로 이를 자초하는 것이 포함된다. 한편 여성들이 좌절에 대해 덜 과격하게 반응하거나 잘 견디는 경향이 있고, 종종 그들의 사회적 역할이 어떤 의미에서 살아남기에 좀 더 용이한 것으로 확인되기도 한다. 또한 남성상은 전통적으로 활동적이고 노동시장에 적극적으로 참여하며 식구들을 먹여 살리는 역할을 해야 하는 것으로 규정되어왔다. 따라서 우리는 이러한 역할이 위협받거나 그들이 그것을 충족시키지 못할 때 급격한 사회 변화에 대한 남성의 취약성을 이해할 수 있을 것이다. 젠더의 역할이 아직 남아 있지만 노동시장 안팎에서 이러한 차이가 두드러지지 않는 사회에서도 이런 패턴이 유지될지 살펴볼 필요가 있다. 최근 스웨덴 대중매체의 한 기사는 어떤 직업집단에서 오히려 여성의 건강이 1990년대 경제 침체에 의해 더 많은 영향을 받았다고 밝혔다.

사회 자본과 건강

최근 연구에서 사회 네트워크와 사회 자본이 좋은 건강 상태를 가지는

데 중요한 자원인 것으로 나타나고 있다. 1장에서 본 것처럼 사회 자본은 개인, 집단, 또는 사회 모두의 자원으로 간주되고 있다. 아마도 이는 과거 사회에서도 마찬가지였을 것이다. 양적인 면에서 남성은 여성보다 친구가 많고 참여하는 네트워크도 더 많은 경향이 있다. 하지만 질적인 면에서는 많이 다를 수 있다. 19세기 초 스웨덴 도시에서 이루어진 미시 연구들에 따르면, 당시에는 가난한 편모와 과부가 한 지붕 아래에서 서로 도우며 함께 사는 경우가 많았다. 예를 들어 나이 든 과부는 젊은 엄마가 밖에 나가 일하는 동안 아이를 돌보았다. 그리고 젊은 엄마는 물리적으로 일상적인 일을 할 수 없는 과부를 도왔다. 남성의 네트워크도 언제나 그들의 안녕에 나쁜 영향을 주는 것은 아니지만, 남자들이 술집에서 보내는 시간은 그들의 생존에 별로 도움이 되지 않는다.

1장에서는 세 종류의 사회 자본을 살펴보았는데, 동료들의 네트워크 내에 있는 **결속형 사회 자본**은 대다수 사람이 매우 적은 물질적 자본을 가진 전통적 사회에서는 필요한 자산이었다. 이웃, 장인 길드 등의 네트워크는 도움이 필요할 때 동료들을 도왔다. 이런 네트워크 안에 포함되지 않은 '이방인'은 불행이 닥칠 경우 치명적이었다. 19세기 말 새로운 종교적인 모임과 절제운동은 사회적 경계를 넘는 연결형 사회 자본을 만들어냈고, 연계형 **사회 자본**도 제공했으며, '가진 자들'이 '가지지 못한 사람들'을 돕는 방식을 제공했다. 오래전부터 지방정부가 제공하던 빈민 구제도 그러한 예 중 하나이다. 20세기 복지국가의 시기에 연계형 사회 자본은 제도화의 초석이 되었다.

취약한 독신 남성

여성에 비해 높은 남성의 사망률과 음주의 관계는 19세기 초에 매우 강력했다. 결혼 상태는 이런 양상에 차이가 나게 하는 개입 요소였다.◆ 산업혁명과 도시화가 가속되었던 19세기 후반 스웨덴에서 술 소비량과 도시에 사는 중년 미혼 남성의 사망률은 분명한 상관관계를 보였다. 과거와 달리 이 '일시적 증가'는 노동조건의 악화나 직업의 불안정으로는 설명될 수 없다. 이것은 많은 유혹이 있는 도시 환경에서 느슨한 사회적 통제에 기인한 것이라고 보는 것이 더 맞다. 같은 시기에 생활 조건의 향상과 좀 더 안정적인 가정 상황, 노동 계급 자체 내의 강력한 '단정함 decency'이라는 코드 덕분에 전체 남성 사망률이 급격히 감소했다. 결과적으로 19세기 후반 북쪽의 주요 산업 지역에서 성인 남성의 계급 간 사망률 차이는 현저하지 않게 되었다.

19세기 후반부터 장기적인 사망률은 결혼 상태와 무관하게 모든 남녀 성인 집단에서 지속적인 감소를 보였다. 하지만 우리가 보아온 것처럼, 중년 남성의 기대여명은 1970년대에 정체되었다. 사망률의 지역적·계급적 큰 차이에도 불구하고, 스톡홀름의 자료에서 보이는 것처럼 건강의 사회적 결정 인자로서 젠더에 따른 결혼 상태는 풍족한 시기이든 어려운 시기이든 사회적 변화에 매우 민감하게 반응했다.

◆ 앞에 기술된 바와 같이, 결혼한 남성은 가족에 대한 책임과 부인의 권고로 과음을 자제하는 경향을 보였기 때문이다.

역학적 변천 이전의 사회적 격차와 건강

사회적 결정 인자와 스웨덴 건강 역사에 관한 주요한 양상들을 요약해 보면 어떤 특징적인 시기들이 보인다. 역질과 기근 시기에 인구밀도와 전염병에 대한 노출 여부는 성인과 어린이 모두에서 사망률 차이를 야기하는 중요 요인이었다. 하지만 흉작과 물자 부족 때문에 사망률이 피크를 보이는 시기에는 빈곤 계층이 다른 사람들보다 더 많은 고통을 받았다. 일반적으로 영아 사망률은 사회 계층 간에 큰 격차를 보이지 않았지만, 남편이 없거나 지지 네트워크가 없는 여성의 자녀들은 극도로 취약하여 사망률이 생후 1년 동안 50%에 달했다.

19세기의 사망률 감소

도시 지역이 지속적으로 높은 사망률을 보였지만, 19세기에 전염병 유행이 감소하면서 인구밀도는 사망률에 덜 영향을 미치는 요인이 되었다. 사망률의 감소는 어린이와 성인 여자에서 시작하여 나중에는 성인 남녀와 노인 집단으로 이어졌다. 같은 시기에 사회적·경제적 요인이 사망률에 영향을 미치는 양상이 사망 통계에 더 많이 보이기 시작했는데, 이는 부분적으로 모유 수유와 천연두 예방접종을 비롯해 향상된 양육 습관이 수용될 때 사회적·문화적 요인에 따라 차이를 보였기 때문이다. 중년 남성 사이에서 사회적·경제적 차이는 더욱 분명하게 보였고, 이것은 모든 주요 사망 원인에서 남녀 간 사망률의 차이를 크게 만들었다.

산업 부흥기(1870~1900년)

빠른 산업화가 이루어지면서 19세기 후반에 모든 연령층의 남녀 사망률은 의미 있게 감소했다. 하지만 산업화 초기, 특히 경제 부흥이 최고조에 이르렀던 1870년대에 환경문제가 도시의 이주민 지역에서 문제가 되어 그 지역에서 어린이 사망률의 사회적 격차가 증가했다. 도시의 생활습관 때문에 미혼 남성 중에서도 높은 사망률이 보고되었지만, 몇십 년 후에 이러한 양상은 약화되었다. 위생 프로그램이 효과를 발휘하고, 이주가 감소하며, 더 젊은 연령이 가정을 꾸리고, 생활 조건이 지속적으로 향상되며, 더 숙련된 노동이 요구되기 시작했다. 노조, 절제운동, '자유교회운동'은 '나이 든 노동자'의 출현에 기여했다.

사회적 격차를 남겨놓은 상태에서 20세기 사망률 감소

19세기 후반부터 현재에 이르기까지 모든 연령의 남녀 사망률이 지속적으로 감소하고 있다. 하지만 복지국가의 발전에도 불구하고 스웨덴에 심각한 건강의 사회적 격차가 나타났다. 이것은 직업과 교육 수준에 따른, 남녀 간, 기혼 남성과 미혼 남성 간에서 두드러진다. 또한 주요 도시 내에서 사회적으로 차이를 보이는 지역 간에 수년에 이르는 기대여명의 차이가 나타나고 있다.

3. 건강과 사회적 대응

2003년 스웨덴 국회에서 채택한 스웨덴의 공중보건 정책에 대한 정부위원회의 보고서는 인구집단의 건강에 영향을 미치는 경제, 사회의 구조적 요인들의 중요성을 강조하고 있다.[7, 8] 우리가 보아왔듯이 이러한 결론은 경험적 소견들에 의해 지지된다. 각 역사적 시기의 사회적·문화적·경제적 상황은 복지와 건강의 조건을 결정하는 데 큰 역할을 한다. 하지만 여러 구조 역시 인간의 행동에 의한 영향이나 통제 밖에 있는, 보이지 않은 손의 결과물이 아니다.

그것이 신의 오묘한 의지이든 우연에 의한 것이든, 우리 삶의 조건에 대한 결정론적 해석을 받아들이지 않고 거부하게 된 것은 계몽주의 시기의 중요한 기여였다. 과학의 경험적 관측과 이치는 더 규모가 크고 건강한 인구집단을 바라는 경제적 논쟁 및 정치적 바람과 결합되어 공중보건에 관심을 가지는 선도적인 국가의 이데올로기적 기초를 제공했다. 20세기의 보고서에서 보이는 '과학적·객관적' 언어와 비교하여, 18세기 저서들에서는 고통받는 인류에 대한 더 감정적이고 인정 많은 논조를 자주 발견할 수 있다. 공중보건에 대한 관심은 경제적 논쟁에 더해 이런 온정적인 관점에서 질병과 조기 사망을 예방하기 위한 개입이 필요하다고 여겼던 사람들에 의해 제창되었다.

스웨덴에서 이루어진 최초의 직접적이고 집단적인 공중보건학적 개입은 17세기에 이루어진 흑사병과의 전쟁이었다. 18세기에는 천연두 예방을 위한 접종이 의료 전문가들에 의해 권고되었지만, 이 질병을 전면적으로 해결하기에는 충분히 효율적인 무기가 되지 못했다. 하지만 19세기 초 한 지역에서 시행한 에드워드 제너의 예방접종은 놀랄 만한 성공을 거두었고, 의사들의 권위에 큰 상징적 중요성을 제공했다. 또 이것은 19세기 모유 수유와 위생 사업을 진행한 관련 전문가들의 명성에도 시너지 효과를 발휘했다.

공중보건과 지역 공동체

스웨덴 사람들은 놀라울 정도로 정부의 메시지와 요구에 복종하는 듯이 보이고 개인의 자유와 권리를 고집하기보다는 집단주의를 받아들이는 경향이 있는 것처럼 보인다고 많은 이들이 말한다. 우리는 이 논쟁에 우리 자신을 너무 깊게 끌어들일 이유가 없다. 하지만 이와 관련한 한 가지 이슈는, 예를 들어 19세기 공중보건 캠페인이 왜 일반 대중으로부터 거의 저항을 받지 않고 시행되었는가 하는 것이다. 유럽의 여러 나라에 비해 성공적이었던 천연두에 대한 집단 예방접종 도입이 그 좋은 예이다. 19세기의 첫 10년에 이런 새로운 시도의 도입은 국가 전역으로 빠르게 퍼졌으며 새로운 어린이 세대에 편익을 가져다주었다.

예방접종의 선도적 기여 집단은 당연히 의사들이었지만, 이것이 성공적으로 되기 위해서는 지방 행정 조직과 주민들이 이런 메시지를 받아들여야 한다. 그러기 위해서는 지역 공동체 조직에 상당 부분 그 역할을 위임해야 하고, 이들 지역 조직과 중앙 또는 광역 정부 간에 원활한 커뮤니케이션이 이루어져야 한다. 지방의 목사들은 중앙정부와 일반인들 사이에서 중재자 역할을 하는 핵심적인 사람이었다. 그러므로 예방접종 캠페인 실행의 틀은 이미 있었다고 할 수 있고, 그들은 대부분 자연스럽게 그 역할을 수행했다.

다른 공중보건학적 시도들은 그렇게 쉽게 시행되거나 받아들여지지는 못했다. 모유 수유를 위한 홍보는 오래된 문화적 전통의 벽을 넘어야 했고, 위생 개혁으로 인한 편익은 거주자들에게 충분한 근거가 있어 보이지 않았다. 집단 예방접종의 가시적이고 즉각적인 성공은 의학 전문가의 권위를 강화시켰다. 하지만 다른 자문과 제안이 정치적 다수 집단에게 받아들여지기까지는 우선 환자들을 설득하는 데 상당한 시간(이것은 종종 수십 년 이상이 걸리기도 했다)이 필요했다. 그렇지만 마침내 보수적인 농부들이 공적으로 훈련된 조산사들의 충고를 받아들여, 그들의 부인은 신생아에게 지속적으로 모유 수유를 시작했고, 시민들은 도시를 더욱 깨끗하게 가꾸기 시작했다. 주민들이 전문가나 정부 대리인의 공고를 받아들이기 싫어하는 지역도 많았다. 하지만 솜씨 있게 타협을 이루어낸 경우에는 공중보건에도 성공적으로 기여했다.

19세기 초: 풀지 못한 사회 이슈

지방 지역사회에서 전통적인 1차 복지 체계는 가족과 친족에 달려 있었고, 지방 재정에서 '원조가 필요한 빈곤층'에게 최소한의 지원이 보완적으로 이루어졌다. 매우 작은 '사회 자본'을 가진 사람들이 절박한 처지에 있을 때는 약간의 지원이 이루어졌다. 가족이나 친구도 없고 사회적으로 평판이 나쁘기까지 한 '아웃사이더들'은 매우 열악한 상황에 놓일 수밖에 없었다. 사회에서 가장 취약한 사람들에 대한 국가와 지방 지역사회의 책임은 그들의 물질적 자원이 성장하고 19세기 동안 다른 이데올로기들이 나타나기 전까지 극도로 한정되었다.

19세기 전반 스웨덴에서 전통적인 농촌 사회가 큰 전환기를 맞을 때 빈곤층에 대한 공동의 보호가 취약했다는 것이 확인되었다. 인구는 급속히 증가하고, 일자리를 만들어낼 수 있는 상당한 규모의 산업화는 아직 이루어지지 않아서, 실업과 고용의 불안정은 스웨덴의 새로운 세대 대다수에게 운명의 일부가 되었다. 사회 개혁을 요구하는 목소리가 커지면서 주된 정책은 기본적으로 새로 생겨난 사회적 취약 계층인 거지, 유랑민, 감염성 성병의 감염원으로 간주되는 성매매 여성 등에 관심이 모였다. 이 문제의 크기가 커지자, 지방정부는 빈민 구제 기금의 지원을 받으려는 사람들 중에서 그 수가 늘고 있는 '자격이 없는' 빈곤층을 찾아 제외하려고 노력했다. 정부는 부랑자를 줄이기 위한 좀 더 강력한 법을 제정하고 강제 노역을 위한 집 건축을 진행했다. 하지만 이러한 추세를 되돌리기에는 많은 돈이 들어가고 방법도 비효율적이었다.

적절한 정책은 19세기 초반부터 여성과 어린이의 건강 수준을 향상하고 기대여명을 늘리는 데 기여했다. 하지만 중년 남성들에게는 이러한 양상이 관측되지 않았다. 이렇게 좋지 않은 그들의 상태는 사회적 쇠락의 산물이자, 젠더적 측면과 연관되어 있었다.

산업화와 공중보건 정책

19세기 마지막 30년 동안 산업화가 빠르게 진행되었다. 경제 후퇴 시기에도 장기적인 관점에서 이것은 노동자들에게 더 많은 일자리와 안정된 소득을 제공했고 중앙 및 지역 자원이 공공 영역에 더 많이 투입되도록 만들었다. 산업은 아직 새로운 노동자 세대를 모두 흡수하지 못했지만, 북미로의 많은 이민은 실업 양상을 완화하는 기능을 했다. 많은 사람이 스웨덴 밖으로 이민을 떠나면서 스웨덴에 남아 있는 사람들은 이 덕분에 더 나은 임금과 노동조건에 대해 협상력을 강화할 수 있었다. 19세기 전 시기에 걸쳐 정치는 소수 부자의 독주를 허용했고 땅이 없는 사람들에게는 기회를 제공하지 않았다. 한편 산업 노동자 수의 증가로 지방이나 중앙의 일에서 이들의 영향력이 커지게 되었다. 19세기 후반 지방 도시는 자신들이 사는 곳을 점차 깨끗하게 만들려고 노력했는데, 특히 깨끗한 물을 제공하기 위해 파이프라인을 설치하고 쓰레기를 처리함으로써 건강에 놀랄 만한 기여를 했다. 의료 전문가들의 대표들은 기술 혁신에서 편리함과 편안함을 더 중요한 것으로 여기기는 했지만 개혁을 요구하며 그들의 역할을 수행했다. 국가는 법과 규제를 만들고 감시를 위한 체계를 조직했다. 무엇보다 결정적인 요인은 도시 중간 계급의 세금 납부자들이 이러한 실질적인 결과를 받아들이고 채택할 용의를 가졌다는 것이다. 술에 대한 규제 역시 많은 지역에서 도입되었다.

산업화와 도시화 초기에는 시민 대다수가 정치나 공공의 사업에 대해 공식적인 발언권을 갖지 못했다. 새로 출현한 다수의 자발적 연합들(예를 들어 절제운동, 자유교회운동, 노동조합과 노동자들의 정치 조직)은 오래된 전통적 농경 레짐의 공백을 메우기 시작했다. 도움을 필요로 하는 형제자매를 돕는 것은 종교 조직과 복지의 제도적 장치하에서 피할 수 없는 일 중 하나가 되었고, 실업자와 아픈 자를 위한 사회보장 급여가 노동자들 스스로에 의해 시작되었다. 이러한 시도들은 제1차 세계대전 후 민주적 복지국가 건설의 초석이 되었다.

'인민의 집'과 복지국가

20세기에 의과학과 제도가 기대여명을 연장하는 데 중요한 역할을 했지만, 일반적인 복지 체계가 더 건강한 생활의 기본적인 요소로 간주되어야 한다. 물론 복지국가에 대한 아이디어는 스웨덴에서만 보이는 독특한 것이 아니다. 이것은 여러 가지 방식으로 천명되어왔고, 각기 다른 국가의 맥락

'인민의 집'
자료: Sydsvenskan / IBL bildbyrå.

하에서 약간씩 모습을 달리해왔다. 스웨덴에서 인민의 집은 1928년부터 기술되기 시작했고, 20세기 말까지 이상적인 사회로 여겨져 왔다. 이것은 요람에서 무덤까지 모든 시민에게 물질적으로 안정된 삶과 좋은 보건의료를 제공하기 위해 더 많은 공공 자원을 할당하는 것이었다. 법제화한 수많은 개혁이 이 과정에서 토석이 되었고, 개혁을 위한 대부분의 제안은 지역의 수요와 요구를 잘 대변하는 자발적 조직과 정치가들의 시도에서 나온 것이었다.

복지국가는 국가 최고 지도자가 배타적으로 시행한 사회 엔지니어링의 결과물이 아니라, 외국에서 수입한 모형, 국가 정책과 법제화, 그리고 지방정부와 중앙정부 간 이해를 둘러싼 협상의 산물이었다. 많은 실천 모형이 지방에서 먼저 채택되어 실험되었으며, 이후 국가 차원의 법제화가 이루어졌다. 스웨덴에서는 법률, 규제와 조정을 통해 지방 정치 기구들이 복지와 건강 재원을 마련하기 위한 세금을 징수하는 일을 비롯해 복지와 보건 체계의 주 행정 조직으로서의 역할을 해오고 있다. 결론적으로 우리에게 공중보건과 복지를 증진하는 것은 과거나 현재나 대부분 지역의 몫이었고 현재도 그러하다는 것을 역사적 증거들을 통해 알 수 있다. 또한 한 사회 건강 증진의 잠재력은 한 사회가 국제기구들과 상호 협력하고 지방 수준에서 서로 소통하는 사회의 능력, 모든 수준에서 소통하고 그들 시민의 신뢰를 받으며 그들의 필요를 확인하는 제도의 능력이 결정할 것이라는 교훈을 보여준다.

4. 건강과 사회 변동

초기 현대사회는 그들 사회 일원의 대다수에게 충분한 물질적 보장을 제공하지 않았다. 그래서 사람들은 필요한 시기에 도움을 받기 위해 집단적인 규범에 따라 살아야 했다. 하지만 이것은 실현될 수 있을지 없을지 알 수 없는 삶의 계획 속에서 늘 선택하며 살아가야 하는 개인주의적 세상에서 사는 것보다 용이한 측면이 있었다. 예를 들어 농부 또는 장인의 가족으로 태어나는 것은 어린 시절 심각한 신체적 장애 없이 살아남을 가능성이 큰 행운을 가지는 사회집단의 일원이 된다는 것을 의미한다.

산업화 이행 이전

새로운 세대의 인구가 증가하면서, 사회 체계는 19세기 초까지 변화했다. 19세기 초 스웨덴의 성인 남성에서 보였던 높은 사망률은 명확히 사회적·경제적 변동과 관련이 있었다. 정치적으로 스웨덴은 1809년 평화적인 쿠데타를 겪었다. 사회문제는 그들이 정치적 권력 조직에 가한 위협만큼 크지 않았고, 1860년대 개혁을 이룬 의회는 부유한 농부들과 새로이 성장하고 있던 중산층의 목소리를 대변했다. 중앙정부와 지역 공동체들은 어린이와 여성의 건강을 향상하기 위한 개혁적 조치들을 시행할 능력이 있었지만, 그들에게는 새롭게 성장하는 프롤레타리아트를 돕기 위한 경제적 자원이나 정치적 의지가 없었고, 이것은 성인 남성의 건강에 나쁜 결과를 초래했다. 그 결과는 4장에 잘 기술되어 있다.

산업화: 단기적 문제 발생과 장기적 이익

19세기 중반부터 산업화는 새로운 변화를 의미했는데, 농촌에서 (주거 조건이 위생적으로 열악한) 도시와 공장 지역으로 이주한 사람들에게는 확실히 건강에 나쁜 영향을 주었다. 그 영향은 세기의 마지막 10년 동안 사망률의 양상이 잘 보여준다. 결핵을 비롯한 감염성 질환들이 원시적 상태에 있었던 숙소와 작업장에서 창궐했다. 하지만 우리가 보아온 것과 같이 위생 상태가 점차 향상되었고, 조기에 가족을 꾸리는 양상이 그러한 영향을 안정화시켰으며, 이것은 다시 중년 남성의 사망 양상에도 반영되었다.

대중적 운동의 출현은 노동자 계급에 새로운 사회 네트워크를 제공했고 연대와 집단적 사회 보호의 정신을 제공했다. 물론 노동조합은 '결속형 사회 자본'의 생산자로서 역할을 했다. '자유교회운동'과 절제운동은 중하 계급과 노동자 사이의 '연결형 사회 자본'을 창출했다. 인도주의 단체들과 공공 당국은 어느 정도 그런 활동을 촉발시켰고, 이것은 수직적으로 만들어지는 형태인 '연계형 사회 자본'의 출현을 가져왔다. 지방 공동체는 일반적인 경제 발전에 따라 그들의 예산을 늘릴 수 있게 되면서 환경과 사회 문제를 다룰 수 있는 능력을 가지게 되었다. 편모슬하의 사생아와 같이 가장 취약한 집단들도 전보다 깊은 사회적 지지와 건강한 삶을 향유할 수 있었다.

국가와 연계형 사회 자본

힘 있고 '가진 자들'이 약하고 '못 가진 자들'을 옹호하는 연계형 사회 자본의 환경을 만들기 위한 시도들을 체계화해서 보여주는 것이 복지국가이며, 20세기 동안 스웨덴과 산업화된 나라들에서 경제 발전과 민주주의는 복지국가의 근간을 제공했다.

보건 서비스는 모든 시민에게 좀 더 효율적인 처방을 제공할 수 있었다. 경제 변동과 구조적 변화가 노동시장에 초래하는 결과들을 최소화하기 위해 사회 안전망이 점차 발달했다.

사회 변화: 승자와 패자

스웨덴의 역사는 사회 변화, 특히 광범위하고 상대적으로 급격한 변화가 건강에 가시적인 크기의 영향을 미칠 수 있다는 것을 보여주었다. 단기적으로 보았을 때 거기에는 승자와 패자가 있었지만, 그들은 맥락과 특별한 상황의 산물이었다. 승자는 새로운 사회 상황이 제공하는 기회를 사용할 수 있는 행운과 자원을 가진 사람들이었다. (종속변수로 사망률을 사용했을 때) 패자는 우리가 보아온 바와 같이, 새로운 상황을 극복하는 데 한 가지 또는 그 이상의 문제를 가지고 있는 사람들이었다. 사회적 성공의 기회가 불안정할 때 출현하는 이러한 양상은 놀라운 것이 아닐 것이다. 아마도 좀 더 예상 밖이었던 일은 경제적으로 확장기에 있는 도시 환경으로의 이주가 붐을 이루던 시기에 남성에서 보인 초과 사망과 같은 것이다.

사회 변화와 제도적 대응

인구집단의 건강은 인간의 영향을 초월하는 불가사의한 상태가 아니다. 이것은 자원을 필요로 하고, 자원은 모든 시기, 장소, 사회집단에 동일하게 분배되지 않는다. 두말할 나위 없이 여기에는 물질적 자원과, 우리가 문화 또는 사회 자본이라 불리는 것이 포함된다. 지식은 단지 구매력에 대한 질문이 아니라 이 지식을 받아들이도록 하는 문화적 규범의 획득까지도 포함한다. 사회에서 덜 부유한 사람들에게도 사회 자본은 다른 형태와 효과를 가지면서 존재할 수 있는 자원이다. 이것은 가족 내에서 매우 긴밀하게 짜인 결속형 사회 자본일 수도 있고, 지방이나 중앙 수준의 NGO나 공적 제도가 제공하는 집단적이고 제도화된 형태의 넓은 그물망인 연계형 사회 자본일 수도 있다. 사회 변화는 각기 상이한 문화적·사회적 자본이 사람들의 복지와 건강에 효과적으로 영향을 미치는 조건을 변화시키는 경향이 있다. 그런 사회 자본은 새롭게 만들어질 필요가 있고, 새로운 조건과 필요에 적합한 새로운 형태로 재구축된다.

이것은 사회 변화가 일어나는 정치적·제도적 맥락이 얼마나 중요한지를 보여준다. 오래된 농경사회의 사회적 네트워크는 어떤 면에서 19세기 초 변화하는 사회의 요구에 부응하기 어려웠는데, 특히 크게 증가하는 프롤레타리아트에게는 더욱 그랬다. 맨체스터 자유주의◆나 사회다원주의도 올바른 처방을 제공하지 못했다. 스칸디나비아에서도 영국, 프랑스와 같은 다른 산업국가들처럼 경제성장이 지난 세기 동안 복지와 건강을 위한 도구

◆ 개인의 자유와 사유재산을 우선적 가치로 두는 자유방임주의를 신봉하는 학파이다. 이종찬, 「보건대학원 모델의 역사성: 1910년대 미국을 중심으로」, ≪의사학≫, 5(2): 111~127(1996).

를 제공했지만, 이 자원들은 지방, 광역, 국가 수준에서 적절한 제도를 통해 전달되어야 했다.

5. 스웨덴과 이웃 나라들: 수렴하는 체계

여러 세기 동안 스웨덴은 공통의 유럽 전통을 공유해왔고, 유사한 발전을 경험했으며, 비슷한 생각들에 노출되었고, 이웃들에게서 서로 배우고 모방해왔다. 흑사병은 각 국가들이 어떻게 유행을 퇴치하고 적어도 확산을 막기 위해 어떻게 노력해왔는지를 보여주는 첫 번째 예이다. 스웨덴과 많은 다른 나라들은 계몽주의 시대의 낙관적이고 탐험적인 정신에 더해 중앙 정부의 힘이 커지고 생산 인구에 대한 필요성이 커짐에 따라 18세기 초부터 이미 공중보건 정책에 대한 관심을 높여가고 있었다.

마지막 20년 동안 이들 나라 간의 사회 정책과 그것의 건강 영향은 지속적으로 수렴하는 양상을 보였다. 복지국가의 방패 아래서 의학의 약진과 보건의료의 성장과 제도화는 이러한 발전에 기여했다. 또 건강을 이유로 동기 유발이 된 공중보건에 의한 감독과 개입이 이러한 양상의 이유이기도 했다. 스웨덴이 두 번의 세계대전을 피한 것도 생존율이 (유럽에서) 최고 수준을 보이게 된 이유 중 하나였다. 하지만 과거 유럽의 가난한 지역의 기대 여명은 최근까지도 그와 같은 수준에 도달하지 못하고 있다. 건강에 대한 동유럽 국가의 공공투자의 크기는 경제 발전의 수준과 관련되어 있다. 모든 나라에서 보건의료에 대한 공공 지출이 증가했지만, 공적으로 운영되는 보건의료와 민간이 운영하는 보건의료로의 분할 방식은 역사적 상황에 따라 매우 다양하다. 스웨덴의 경우, 공적으로 운영되는 보건의료 기관이 주를 이루고 있으며, 최근 병원과 1차 보건 센터의 민영화가 중요 어젠다가 되고 있기는 하지만, 그러한 특징은 현재까지도 유지되고 있다.

의료 전문가: 스웨덴 국가 공무원

스웨덴에서 의료 전문가들은 역사적으로 지역의 지리적·정치적 상황에 의해 만들어졌다. 17세기 북유럽에서 국가 권력이 확대됨에 따라 늘어나는 수요를 충족하기 위해 대학 체계가 탄생했고, 여기에는 의사협회도 포함된다. 의사협회는 점차 건강 상태와 보건의료를 모니터하고 감독하는 국가의 정보기관과 도구가 되었다. 지방 의사와 유사한 체계가 덴마크와 노르웨이 같은 나라에서도 관측된다. 하지만 영국, 덴마크, 심지어 노르웨이와 달리, 인구가 넓은 지역에 드문드문하게 산재한 스웨덴 같은 곳에서는 민간 개업의 시장이 몹시 제한되어 있었고, 소작농이 번성하지 못한 이유도 마찬가지였다.

이것은 인구수를 늘리겠다는 국가의 의욕과 결합 속에서 스웨덴의 의료 전문가들이 주로 민간 시장에서 일하기보다 국가에 고용되어 공무원으로 활동하게 만들었다. 이들의 수가 늘어나면서 이들은 환자, 지방 공동체, 그리고 스톡홀름의 의학·정치 분야 리더들과 연계를 만들었다. 훈련된 조산사 역시 이 조직에 들어왔고 시, 교구, 마을이 가난한 이들에게 무상 의료를 제공하는 일에 고용되고 월급을 받았다. 20세기에 지방의 조산사는 월급을 받는 지역 간호사의 출현으로 힘을 얻었는데, 이들은 질병 예방과 보건의료의 1차 요원으로서 지방 의사들과 매우 긴밀하게 협조했다.

위생주의

이미 살펴본 바와 같이 19세기 초반에 사망률의 감소가 나타났다. 한편 이 시기에 많은 다른 나라들은 프롤레타리아트가 성장하면서 만들어내는 사회적 문제를 해결하는 데 어려움을 겪었다. 성장하는 중간 계급 엘리트와 새로운 프롤레타리아트 사이의 경제적·문화적 격차가 커지면서 사회적 갈등과 소외된 슬럼 지역, 특히 도시 이주자 지역의 위생 문제가 발생했다.

19세기 후반 유럽의 경제가 성장하고 엘리트들이 도시 지역의 위생주의와 소독에 관심을 가지게 되었는데, 이것은 전염병의 창궐과 맞서는 싸움에 결정적인 영향을 미쳤다. 위생은 하나의 과학이자 실천적 활동으로 자리 잡았고, 전문화와 국제적 회의가 이루어지지 시작했다. 지방공중보건위원회와 감독관은 '독일식 위생 경찰 Gesundheitspolizei'의 스웨덴 버전이었는데, 이것은 19세기 빈의 의사였던 요한 페터 프랑크 Johann Peter Frank(1745~1821)가 제안한 개념이었다.[9] 영국과 프랑스에서도 보이는 도시 물 공급과 쓰레기 처리를 위한 공중보건 공무원, 사업, 기술적 개입이 스웨덴의 전문가와 정부 당국에 영향을 미쳤다.[10, 15]

권력이 주변화된 여성들에게 행했던 일처럼 위생주의의 부정적인 측면으로, 성매매 여성과 '불량한' 자로 간주되는 사람들에 대한 관리와 낙인화가 나타났다. 20세기 '사회 위생주의'의 유행은 준과학 quasi-science 으로서 우생학을 만들어내고, 이것은 강제 불임 시행으로 이어졌다. 이는 스웨덴에서만 나타난 현상이 아니다. 사회 위생은 국제적 운동에 영향을 받아 다양한 주장과 모형을 만들어냈다.

순종적 국민?

일반적으로 스웨덴 사람들은 정부의 결정과 의도를 순순히 따르며 순종적이라고 종종 말해진다. 이러한 주장은 다른 나라에 비해 스웨덴에서는 정책이 별 갈등과 충돌 없이 시행되는 경우가 많다는 주장으로 이어진다.

면적은 크지만 인구가 드문드문 퍼져 있는 나라에서는 지방의 자치권이 필수적이었다. 공중보건 사업이 성공하기 위해 그 사업의 목표로 설정한 사람들이 그 메시지를 받아들여야 한다. 최근 스웨덴에서 국가와 상대적으로 평등주의적인 지방 공동체 간의 협상 문화는 어느 정도는 지리적 요인에 의한 것이고, 또 어느 정도는 국민과 지배자 간의 신뢰에 기인한 것이다. 유럽인들 간의 차이가 과장되어서는 안 된다. 인구밀도가 높고 사회적으로 계층화가 이루어진 나라에서 더 심한 갈등을 경험하는 것도 사실이다. 하지만 19세기 후반 영국과 프랑스에서의 도시 지역의 위생 및 사회 개혁은 중산 계급의 정치적 헤게모니이면서 전체 인구의 요구에 대한 관심 증가의 산물이기도 하다는 점 역시 지적되어왔다.

6. 스웨덴의 역사와 오늘날의 세계

산업화된 지구의 부유한 지역에서 수명이 길게 연장된 대다수 사람은 건강한 삶을 살아가며, 이것은 이제 자연스러운 일로 받아들여지고 있다. 지난 200년 동안 스웨덴의 평균 수명은 40세에서 80세로 두 배 가까이 증가했다. 스웨덴 남자들이 그들의 이웃과 함께 전쟁에 군인으로 선발되었던 것도 곧 200년이 되어갈 만큼 오랜 평화 시기가 지속되었다. 심각한 전염병은 잘 발생하지 않고 발생하더라도 대부분 치유된다. 굶주림은 음식의 과잉 섭취 문제로 바뀌었고, 신체 활동과 비만이 핵심적인 보건 문제가 되었다. 하지만 이것은 단지 지구사의 소수에게만 해당되는 사실이다. 수백만 명이 넘는 신생아들이 산업사회 이전에 스웨덴 어린이들에게 일어났던 것과 비슷한 이유로 죽어가고 있다. 과거보다 좀 더 효율적이게 되었다 하더라도 전쟁은 세계 곳곳에서 극도의 혼란과 시민들의 고통, 죽음을 가져오고 있다. 말라리아, 결핵, 에이즈HIV/AIDS로 인한 고통은 여전히 가난한 나라들의 일상이 되고 있다. 러시아와 구소련에서 독립한 지역에서 1970년대 이래 기대여명이 감소하고 있고, 1990년대에는 매우 빠르게 감소하고 있으며, 최근까지도 의미 있는 수준의 개선이 관측되지 않고 있다.

그러면 세계가 과거 어느 때보다도 많은 집단적·물리적 자원을 가진 이 시기에 왜 이 나라들은 스웨덴이나 다른 운 좋은 나라들과 같은 성공을 거두지 못했을까? 왜 어떤 곳에서는 건강이 향상되기보다 악화되고 있을까? 물론 단순한 대답은 새로운 도전을 풀려 할 때 우리가 역사를 그대로 모방할 수 없다는 것이다. 왜냐하면 사회와 건강의 조건은 지속적으로 변하기 때문이다. 하지만 현재 세계의 빈곤 지역이 당면하고 있는 문제는 18세기 유럽의 경제적·사회적 도전, 즉 넓은 의미에서 위생주의로 알려진 것에 의해 해소되었던 구조적 문제와 많은 부분에서 일치한다. 향후 논의는 과거 우리의 경험에서 어떤 결론을 도출하려는 시도이다. 이것은 (도움이 될 수 있기를 바라지만) 단지 건강과 그 결정 인자에 대한 일반적 수준의 '구술적 시나리오narrative scenario'일 수 있다. 적어도 이것은 급격한 사회적 변동기에 무엇이 건강을 위한 '개인'과 '사회'의 자원을 침식하고 보존하며 강화시키는지에 대한 성찰을 자극한다.◆

러시아와 남아프리카공화국: 최근의 두 사례

현재 세계의 두 가지 사례를 간략히 살펴보자. 어떤 이들은 이것이 너무 단순화한 방식이라 말할 것이다. 물론 우리는 이 사례가 19세기 스웨덴의 경험과 모든 측면에서 비교 가능하다고 주장하는 것이 아니다

19세기 초반 스웨덴 중년 남성의 사망률은 1989년 급격한 변화를 겪은 구소련에서 매우 짧은 시간 동안 일어났던 양상과 매우 유사하다. 러시아에서 기대여명은 1970년대부터 1980년대 중반까지 감소했다. 그리고 1985년부터 1989년까지는 증가했는데, 이것은 아마도 고르바초프Mikhail Gorbachëv의 술 남용 금지 캠페인에 기인한 것으로 보인다. 1989년 이후 기대여명은 급격히 감소했는데, 특히 남성에게서 두드러졌다(1989년에서 1994년 사이 무려 6.6년의 기대여명 감소가 있었다). 그 후 사망률은 잠시 정체를 보이거나 약간 감소했으나, 최근의 양상을 보면 높은 수준에서 안정화되고 있는 것으로 보인다.[6, 17, 23]

1989년 정치적 급변 이후 러시아 성인의 높은 사망률은 특히 심장 질환, 사고, 술 관련 질환이 두드러졌고, 디프테리아와 결핵도 문제가 되었다. 중년 집단에서 사망률은 여성에서는 완만했지만 남성에서 극적으로 증가했다. 사망률은 결혼하지 않은 사람, 기초 교육만을 받은 사람, 그리고 실업자에서 더 높았고, 어떤 지역에서는 부정적인 양상을 보였다. 이런 일들이 벌어지는 데 영향을 미친 요인은 정치적·사회적 붕괴, 허약한 국가, 복지와 보건의료 체계의 퇴보, (실업을 양산하는) 급격한 민영화, 이주민과 유동 인

◆ [원주] 이 주제에 대한 우리의 성찰은 「건강과 사회 변동, 과거와 현재의 근거(Health and Social Change, Past and Present Evidence)」의 한 부분을 준비한 세계 여러 나라 동료들의 공동 작업에서 나온 것이다.[16]

구의 증가, 약한 시민사회(가족 구조 및 여러 유형의 사회 네트워크), 알코올 중독, 무법적 상황과 범죄 등이었다. 이것은 집단적·개인적 '사회 스트레스'라는 개념으로 요약되곤 한다.

    사하라 남부에서 가장 풍족한 나라인 남아프리카공화국에서 사회적·경제적·역학적 요인들은 모든 남녀 연령대에게 건강에 안 좋은 방식으로 결합되어 있다. 과거의 유산은 아직까지도 무거운 짐이 되고 있다. 인종차별에 따른 노동 이주 체계는 가족을 갈라놓았다. 예를 들어 요하네스버그의 광부들은 여러 '조국'에서 채용되었고, 분리되고 가난한 이질적 문화의 주거 지역이 흑인들을 위해 만들어졌다. 이들에게는 자신의 아내와 자녀를 데려오는 것이 허락되지 않았다. 이것은 가족 체계의 안정성에 파괴적인 영향을 미쳤고, 이렇게 남성만으로 이루어진 문화를 기반으로 에이즈 HIV/AIDS가 빠르게 번져나갔다. 일반적으로 1994년 '해방일 Freedom Day'◆ 이후 당면하고 있는 대부분의 문제들은 인종차별 정책에 뿌리를 두고 있다. 민주화는 모든 인종의 사람들이 사회보장과 평등 속에서 조화롭게 살아가는 무지개 사회 Rainbow Society를 즉각적으로 가져다주지 않았다. 좌절은 특히 빈곤층과 취약층에서 더 컸다.

    1990년대 남아프리카공화국의 국경은 전 지구적 경제로의 문을 열어젖혔다. 예를 들어 과거 국내 산업으로 국가의 보호를 받아오던 케이프타운의 모직 산업은 시장에서 경쟁하기 어려웠다. 그 결과 빠른 탈산업화와 실업이 초래되었다. 흑인에게 거주 이동이 허용되자, 농촌에서 대규모의 빈곤층이 유입되어 대도시의 근교에 빈민촌이 확대되었다. 이런 도시의 '비

◆ 4월 27일로, 1994년 남아프리카공화국에서 인종차별 정책인 아파르트헤이트가 종료되고 최초로 보통선거가 실시된 것을 기념하는 날이다. 위키피디아(www.wikipedia.org) 참조.

공식 거주지'에서 살아가기 위해서는 열악한 사회 및 위생 조건, 극도로 높은 실업, 약물 남용, 범죄와 교통사고로 인한 높은 사고율, 여러 종류의 범죄를 견뎌내야 한다. 비정부기구들과 정부가 이러한 조건을 개선하기 위해 노력하고 있지만, 잘 작동하는 지역 공동체를 수립하기란 매우 어려운 일이다.[24, 37]

사망률이 10여 년 넘게 증가한 이래로 기대수명은 급격히 감소하고 있다. 사망률은 2004년 현재까지 지속적으로 증가하고 있다. 이러한 양상은 물론 일차적으로 에이즈HIV/AIDS 때문이지만, 호흡기에 영향을 미치는 결핵과 기타 질병도 문제가 되고 있다. 2004년 에이즈HIV/AIDS의 발생률이 높은 나라에서 결핵에 걸린 사람 중에 에이즈HIV 검사로 확진된 사람은 60%를 넘었다. 어린이들은 고아가 되거나 부모에게서 옮은 에이즈 때문에 어린 나이에 죽었다. 보건의료 체계는 큰 도전에 직면해 있고, 아주 급박한 도움이 필요한 농촌 지역에 더욱 문제가 되고 있다. 2004년부터 에이즈를 치료하기 위한 레트로바이러스 치료 프로그램이 시작되었지만, 2005년 현재 이 프로그램에 접근 가능한 감염자는 극히 소수에 지나지 않는다.[38, 39]

정확하고 신뢰도가 높은 양상을 찾기는 어렵지만, HIV와 AIDS가 젊은 여성 및 중년 여성에서 동일 연령대의 남성에 비해 더 많다는 것은 분명하다.[40, 41] 이것은 부분적으로 바이러스에 감염되기 쉬운 여성의 생리학적 특성에 기인한다. 대다수 남아프리카인이 에이즈HIV/AIDS에 대해 알고 있고 어떻게 하면 에이즈HIV 검사에서 음성으로 남아 있을 수 있는지를 알지만, 문화적으로 정의된 젠더의 역할은 여성들이 자발적이고 안전한 섹스에 대한 그들의 권리를 고집하기 어렵게 만들고 있다. 문제 중 하나는 안전한 섹스가 기혼 또는 동거 배우자 간에서 이루어지지 않는 경우가 많다는 것이다. 그러나 다행히 긍정적인 변화는 젊은 미혼 세대, 적어도 좀 더 교육을

받은 집단에서 콘돔을 사용하는 비율이 서서히 올라가는 양상을 보인다는 것이다.[42, 52]

에이즈HIV/AIDS로 인한 여성 사망률보다 남성 사망률이 낮은 것으로 보고되고 있지만, 사고에 의한 사망률은 그 반대이다. 교통사고는 남녀 모두에게 주요 사망 원인이지만, 살인과 폭행으로 인한 사망은 가해자와 희생자 모두 남자인 경우가 압도적이다. 후자의 사망 원인(사고나 범죄로 인한 사망)의 연령별 분포는 러시아의 양상과 유사하다. 예를 들어 20~40세에서 높은 피크를 보인다. 폭행으로 인한 사망은 증가하다가 2004년에 이르러 정체를 보이고 있다. 이런 양상은 최근까지도 지속되고 있는 것으로 보이지만, 사망률은 전 세계적인 관점에서 볼 때 아직도 극도로 높은 수준이다.[39, 53]

다시 말해 어린이와 노인을 부양해야 하는 세대의 사망률이 높은 비율을 차지하고 있다. 치료비, 사회적 지지의 필요와 생산력의 감소가 이들 나라에서 큰 문제가 되고 있다.

맥락의 차이: 특성의 유사성?

사회 변동은 수십 년에 걸쳐 진행되고 변동에 대한 사회적·정치적·제도적 대응 역시 시간이 필요하다. 러시아와 남아프리카공화국 모두 압제적 체계의 유산으로 고통을 겪었고, 1990년대가 되어서야 새로운 민주주의 시대가 시작되었다. 새 밀레니엄의 첫 5년간은 안정화로의 흐름 전환, 복지 개선, 가장 취약한 계층의 건강 개선 중 어떤 것도 뚜렷한 징후를 보이지 않았다. 그리고 19세기 초 스웨덴의 사회 변동 시기의 건강과 복지 관련 수많은 요인 및 조건들을 현재의 러시아, 남아프리카공화국의 그것과 비교할 때, 역사적 시기와 지리학적 위치에 따른 차이를 빼고 생각하면 어떤 핵심적인 패턴은 그 성격이 유사해 보인다. 세 나라 사례 모두에서, 그러니까 러시아와 남아프리카공화국에서도 보이는 한 가지 긍정적인 변화는 민주주의, 사회 불안정을 야기하던 사회적·경제적 변화, 가난한 사람들을 도시 내 시설이 열악한 지역에서 살게 한 이주 문제가 개선됨에 다라 삶의 조건 역시 개선이 되었다는 것이다. 어떻게 하면 인생에서 성공할 수 있는지에 대한 오래된 규칙과 규범은 새로운 환경에 다른 지리학적·'정신적' 변화와 함께 변했다. 이주로 지역적 공동체 의식이 점차 사라지는 것은 지방 공동체의 안정과 신뢰를 위협했고, 일부 남성은 이러한 상황에 대처하는 데 특히 미숙했다. 동시에 지방 공동체는 건강한 사회를 만드는 데 가장 중요한 역할을 했다.

특징은 비슷했지만 구소련과 남아프리카공화국에서의 사회적 변동의 규모는 19세기 스웨덴의 그것보다 훨씬 더 컸다. 그때와 지금의 가장 큰 차이 중 하나는 21세기에는 물질적 복지와 건강을 위해 발달된 의학 지식과 기술이 있어 그것을 살 수 있는 사람들은 세계화된 시장에서 구매해 이용할 수 있다는 것이다. 한편 물질적 자원 부족과 전 지구화는 국가 정책에 제한을 가하고 있다. 세계 시장의 전 지구화가 이루어지기 전에는 지방정부와 중앙정부가 어떤 의미에서 사회적 이슈에 대해 좀 더 많은 자율권을 가지고 있었다. 하지만 최근 예를 들어 국제 융자 제공 기구들은 발전 차관에 대한 대가로 빈번히 구조 조정을 처방하고 적자인 국가 재정 문제를 해결하기 위해 정부가 사회 지출을 제한할 것을 권고하고 있다.

7. 건강, 그리고 역사로부터의 교훈

19세기 후반에 스웨덴과 서유럽에서 국민 건강의 향상에 기여했던 긍정적인 발전이 과연 아직까지 덜 부유하고 덜 건강한 세계의 다른 나라들에서도 오늘 또는 내일 재현될 수 있을 것인가 하는 질문이 제기되어왔다.[24] 물론 정답은 모든 상황은 그 상황에 맞는 해결책을 필요로 한다는 것이다. 하지만 어떤 관찰 소견들은 아직도 유효하다.

성공적인 보건 정책은 좋은 지식을 필요로 한다. 의학과 생물학적 지식을 우선 고려해야 한다. 전염병이 만연한 사회에서 토머스 맥퀸이 지적한 바와 같이, 세균과 인간의 몸이 상호작용을 한다는 것을 이해하는 것이 절대적으로 중요하다. 2세기 전 질병에 대한 이론적 이해는 현대의 관점에서 보면 어리석거나 많은 측면에서 틀린 것이었다. 하지만 의학 전문가들은 어떻게 전염병이 퍼져 나가는지 추론해냈다. 이것은 흙, 물, 공기로부터 온 것일까(독기설)? 아니면 어떤 물질이 사람과 사람 사이를 오간 것일까(접촉 감염설)? 독기설은 깨끗한 공기, 깨끗한 물, 깨끗한 음식에 대해 관심을 가지게 했다. 접촉 감염으로부터 방어하는 최선의 방법은 감염된 환자를 격리하거나 그로부터 멀리 머물고 이들이 땅이나 바다로부터 들어오는 것을 관리하거나 막는 것이었다.

어떤 면에서 이 두 가지 권고 모두 위생적 개입을 시행하거나 전염병의 도시 유입을 못 하게 함으로써 전염병과 싸우는 데 도움을 주었다는 것은 틀림없다. 그래서 초기 공중보건의 시도들은 그 근간이 되는 생물학적 지식에 대한 분명한 이해가 있기 전에도 좋은 효과를 볼 수 있었다. 19세기 말에 의과학이 시작되어 좀 더 확신에 찬 설명, 권고, 치료를 제공할 수 있게 되면서 그러한 노력들은 사람들을 이해시키거나 지지하게 만드는 데 더욱 효과적이고 쉬웠다. 현재 세계의 상황을 숙고해볼 때, 많은 잠재적 향상의 가장 큰 장애물은 생물학적 지식의 부족이 아니라는 것을 쉽게 알 수 있다. 더 중요한 것은 이러한 지식을 전체 사람들에게 효과적으로 전달하는 방법을 찾는 것이다.

200년 전의 스웨덴으로 돌아가면, 어떻게 공중보건학적으로 좋은 권고들이 문헌 속에 그렇게 깊이 있을 수 있었는지, 그리고 나아가 그것들을 어떻게 실행할 수 있었는지 하는 것이 여전히 흥미롭다. 18세기 초에도 의사들은 더 깨끗한 도시를 만들려고 노력했다. 천연두 접종에 뒤를 이어 1800년 이후부터는 집단 접종이 시작되었다. 이러한 메시지들이 점진적으로 수용되었고, 19세기에 걸쳐 특히 어린이의 사망률을 극적으로 감소시켰다.

관측과 행동

계몽기 동안 경험적 관측에 대한 새로운 관심이 나타나기 시작했고, 이것은 인구 등록에 대한 욕구를 만들어내어 마침내 스웨덴에서 인구학과 역학의 탄생을 가져왔다. 이것이 1749년부터 시작된 스웨덴 인구 등록을 이용한 통계 보고서이다. 그리고 이 보고서는 어린이의 매우 심각하게 높은 사망률의 양상을 강조하여 보여주고 있다. 유사한 관측이 프랑스와 독일의 초기 지역 조사를 통해 이루어졌다. 스웨덴의 통계는 도시 지역(그것이 작은 규모라 할지라도)이 건강에 좋지 못한 환경을 가지고 있었다는 것을 보여주고 있다. 또한 모유 수유를 적절하게 하지 않는 지역의 영아 사망률이 다른 지역보다 높은 것이 분명히 확인되었고, 이것은 문화적 습관과 건강의 관계에 대한 관심을 이끌어냈다. 18세기, 관측에 이어 많은 수의 연구와 보고서가 쏟아져 나오기 시작했고, 이것은 인구집단 내 건강과 질병의 분포에 대한 이해를 높였다. 그것은 논란의 여지가 없는 역질의 해로운 결과, 결핵으로 인한 사망자 수, 나중에는 약물 남용과 비만의 영향, 그리고 사회집단 간 지속되는 큰 건강의 차이를 보여주었다. 이들 모두와 그 밖의 문제들이 의학과 일반 사회 모두에 위협이 되었다.

스웨덴의 사례는 인구집단과 이들의 결정 요인들을 지속적으로 추적하는 것이 공중보건 정책의 기반으로 얼마나 중요한지 분명히 보여주고 있다. 통계학적 근거 속에서 직접적인 인과적 설명을 찾는 것은 어려우며, 자료의 부족은 문제 지역을 확인하고 잠재적 원인과 해법을 찾는 작업을 시작하기 어렵게 만든다. 따라서 정책 수립자들은 필요한 개혁 수행이 가능하도록 하기 위해 인구집단의 건강과 복지를 모니터링할 의지와 행정적 자원을 가져야 한다.

읽고 쓰는 능력과 젠더

읽고 쓰는 능력(그리고 현대에는 문자보다 대중매체를 활용할 수 있는 능력)은 지식을 필요로 하는 사람에게 전달하기 위해서는 꼭 필요한 조건이다. 18세기 후반 닐스 로젠 폰 로젠스테인은 어린이를 잘 돌보는 데 필요한 좋은 권고를 보통 스웨덴의 농촌 가정들이 사서 보는 책력에 인쇄하여 많은 가정에 배포했다. 이러한 대규모 보건 교육이 가능했던 것은 1세기 전 교회에 의해 시작되었던 읽고 쓰는 능력을 키우기 위한 캠페인 덕분이었고, 로젠스테인의 노력이 마침내 성공할 수 있었던 이유였다. 읽고 쓰는 능력은 문화 자본이 취약한 집단과 개인들이 자신이 필요로 하는 것과 요구를 말하고 부각하는 것을 가능하게 만든다. 일반적인 읽고 쓰는 능력 없이 민주주의가 작동하고 합리적인 평등이 이루어지는 것은 상상하기 어렵다.

연구 결과들은 전통적인 스웨덴의 가정교육과 전 국민에 대한 의무교육을 통해 실제로 남성보다 여성이 더 글을 잘 읽을 수 있게 되었다는 것을 보여주고 있고, 이것은 읽고 쓰는 능력이 '시장' 내에서 임의적으로 제공되는 경우에선 거의 없는 사례이다. 물론 읽고 쓰는 능력은 여성의 기본적인 책임으로 간주되던 어린이들이 건강하고 오래 살 수 있게 하는 데 매우 중요한 기능을 했다. 똑같이 많은 연구에서 현재 세계 여러 지역에서도 여성의 읽고 쓰는 능력은 어린이의 좋은 건강과 생존에 중요한 기여 요인인 것으로 나타나고 있다.

이것은 우리가 공중보건의 역사와 현재를 고려할 때 젠더 요인의 존재를 지속적으로 상기하게 한다. 전통적인 젠더 역할로 인해 어머니는 다음 세대의 건강에 중요한 역할을 하지만, 한편 이러한 동일한 역할이 출생부터 노인까지 전 생애에 걸쳐 건강 결과와 사망 양상의 큰 차이를 만들어내기도 한다. 하지만 그 차이는 시간, 장소, 사회적·문화적 조건에 따라 작을 수도 있고 클 수도 있다. 그런데 남자의 경우 (예를 들어 일 또는 전쟁에서와 같이) 더욱 위험한 일을 하도록 강요받아 더 높은 사망률을 보이기도 한다. 또 남자들은 공식적으로 강요하지 않아도 위험한 행동을 하기도 한다. 이러한 차이는 약물 남용, 가족 문제, 친척과 이웃에 대한 범죄, 성병, 에이즈 전파 등의 형태에 영향을 미친다. 결과적으로 더 많은 젠더 간 평등, 억압이나 학대를 받는 여성에게 더 많은 권력을 주는 것, 그리고 남성의 위험 행동을 야기하는 원인을 감소시키는 것은 양적으로나 질적으로 건강과 복지에 매우 주목할 만한 긍정적인 성취를 가져다줄 가능성을 가지고 있다.

개인과 구조

제2차 세계대전 이후 서구 사회는 개인의 행동 변화를 목표로 하는 직접적인 공중보건 정책과 사업을 주로 시행해오고 있는데, 풍요한 사회에서 폐암, 심혈관계 질환, 당뇨병, 그리고 기타 비감염성 질환이 주된 문제가 되기 때문이다. 우리가 알고 있듯이 이 질환들은 생활습관과 긴밀한 관계가 있고, 전통적인 상호 매개 요인은 신체 활동의 부족, 건강에 좋지 않은 음식의 과잉 섭취, 비만 또는 다른 유형의 약물 남용이다. 하지만 최근 연구들은 이 문제들이 사회가 제공하는 복지, 연대감, 안전, 그리고 유사한 심리적 현상들에 의해서도 영향을 받는 것으로 보고하고 있다. 이러한 지식은 우울증이 확실하게 나쁜 사회심리적 요인과 관련이 있다는 1990년대 연구 결과와 함께 2003년 스웨덴 공중보건 정책에서 공식적으로 구조적·사회적·경제적 요인에 대해 고려할 것을 강조하게 만들었다.

19세기 유럽의 상황과 유사한 역학적 레짐에 직면하고 있는 가난한 사회는 당연히 빈곤, 취약한 공공 인프라, 건강 간의 부정적인 관계를 잘 보여주고 있다. 비록 비만, 심장 질환, 그리고 기타 '현대적' 건강 위험이 남아프리카공화국과 같은 나라의 사망률 양상에 가시적인 영향을 주고 있다 할지라도, 감염성 질환과 싸우는 것은 여전히 가장 중요한 목표이다. 경제를 발전시키고 동시에 커지는 부를 인구의 모든 영역에 직접적으로 분배하려는 노력은 국가나 지역 정책의 큰 도전이다. 19세기 초 스웨덴의 경험에서 제1세대들은 전통적으로 빈곤한 농경사회에서 부유한 산업사회로 가는 길은 승자뿐 아니라 패자도 만드는 경향이 있다는 것을 알게 되었다. 이주와 통제되지 않은 채 급격하게 이루어지는 도시화는 문제 상황을 더욱 악화시켰다.

성공 또는 실패를 야기하는 어떤 일반적 조건들은 시사적이다. 예를 들어 도시 지역에서 건강 상태의 개선은 저절로 이루어지지 않는다. 전례 없는 경제 발전을 제외하고도, 공공 당국과 새로운 자발적 조직들의 의지와 능력은 20세기 복지국가의 성공 과정에서 중요한 요소였다. 일찍부터 국가와 주민들 사이에서 협상하는 위치에 있는 지방 행정의 존재는 국민의 상당한 지지와 함께 19세기 천연두 예방접종의 성공 신화를 만들었다. 같은 세기에 작은 개혁들이 유럽의 여러 나라뿐 아니라 스웨덴의 위생 상태를 지속적으로 개선시켰다.

중간 계급: 개혁의 주체?

규모, 부, 영향력이 커진 19세기 중간 계급의 역할에 대한 설명은 할 만한 가치가 있다. 탈봉건 제도의 승자인 이들은 자신들의 이런 승리가 물려받은 특권이 아닌 그들 자신의 능력에 기인한다고 느꼈다. 그들은 질서 잡힌 사회에 관심을 가져왔는데, 그런 사회란 개인의 장점과 능력이 고려되고, 예측하기 어려운 독재, 부패, 특권보다는 법과 좋은 거버넌스의 지배 아래 있는 사회였다. 게다가 그들 대다수가 서민에 뿌리를 두고 있으면서도, 그들은 '위험 계급'이 규범을 벗어난 행위를 하는 것을 혐오했다. 그들은 점차 국가와 지방 행정부의 요직에 자리를 잡기 시작했는데, 그들 중 많은 사람이 '사회적 보수주의자'이거나 '사회적 자유주의자'였다. 예를 들어 프랑스와 영국에서는 많은 이들이 자발적 인도주의 조직에 가입했고, '시민권'과 같은 미래 지향적 이데올로기를 수용했으며, 노동자 계급의 생활 조건을 개선하려 노력했고, 위생 도시 개혁을 위한 의욕적인 정책에 동의했다. 다시 말해, 그들은 '연계형 사회 자본'의 주체로서 활동했다.

또한 오늘날의 발전하는 경제에서 산업 중간 계급의 역할이 강조되어오고 있다. 일부 나라에는 그런 중간 계급이 존재하고 확실한 정치적 영향력을 가지고 있다. 하지만 어떤 나라는 소수의 경제적·사회적·정치적 특권 엘리트들이 있고, 나머지 구성원은 경제 발전의 편익을 제한적으로 누리거나 전혀 나누어 갖지 못하는 사회 피라미드를 만들고 있다. 유럽적 맥락에서 후자의 구조는 중세 봉건사회 또는 18세기 계몽 군주·귀족 정치 체계를 가졌던 시기와 유사하다. 좀 더 최근에 만들어진 일부 개발도상국은 아직도 합리적인 국가 동질성, 공동의 가치, 사회적 결집 의식이 부족하다. 이런 조건에서 그들이 효율적인 사회·행정 하부 구조를 갖춘 복지국가가 되기 위해서는 제한된 재정 자원의 확보와 함께 많은 것을 이루어내야 한다.

경제성장과 사회 정치 역동

이 이슈와 관련된 문제는 어떻게, 누구에 의해, 어디에서 효율적인 복지 체계를 만들어야 하거나 만들 수 있는가 하는 것이다. 이것은 인구 1인당 경제가 어떤 수준에 도달할 만큼 성장해야 자동적으로 출현할 수 있거나 출현할 목표인가? 많은 나라들은 경제성장과 함께 기대여명의 큰 향상을 보여왔다. 하지만 한편으로 이것은 모든 곳에서 모든 이에게 긍정적인 영향을 미치지 않았다. 따라서 무엇보다 급속하고 큰 변화의 시기에 상황 악화를 최소화시킬 수 있는 정책이 환영을 받았다. 두 번째로 인구당 평균 소득의 절대 수준과는 독립적으로 인구집단 내부의 분포가 평등할수록 그 집단 전체 구성원 모두의 건강 수준이 높아진다는 리처드 윌킨슨과 동료들의 주장이 사실이라면,[54] 부를 더 골고루 나누는 것을 목적으로 했던 정책은 모든 이들의 건강과 기대여명에 긍정적인 영향을 미쳤을 것이다.

물론 그런 정책에는 지배 엘리트들에게 동기를 부여하는 이데올로기가 필요하다. 사이먼 스레터가 말한 것처럼,[55] 기본적인 자원을 가진 사람이 가지지 못한 사람과 좋은 삶을 나누려는 용의를 가지고 있어야 한다. 이에 더해 지속 가능한 사회 내 조화와 발전을 위해서는 상당한 수준의 신뢰와 효과에 기반을 둔 좋은 거버넌스가 있어야 한다. 역사가 보여주듯, 건강은 기본적으로 지역에 의해 이루어져 왔기 때문에 지식, 자각, 기술, 신뢰를 가지고 있는 지방정부가 절대적으로 중요하다. 핵심적인 요인으로는 모든 수준에서 보건의료 시설에 대한 접근, 안전, 지역 주민에 대한 최선의 교육, 주민 간의 신뢰(연결형 사회 자본), 주민과 지방정부 간의 신뢰(연계형 사회 자본) 등이 있다. 광범위한 빈곤, 심각한 수준의 불평등, 많은 이주민에 의해 망가진 공동체, 말라리아와 에이즈 같은 오래되거나 새로운 전염병으로 고통받고 있는 사회가 그런 사회적 인프라를 위한 조건들을 만드는 것은 큰 도전이 아닐 수 없다.

평화

스웨덴의 공중보건 역사는 상대적으로 행복했지만, 이것이 스웨덴 정부가 특별히 똑똑하거나, 미래에 대한 혜안을 가졌거나, 문제들이 저절로 해결되었기 때문은 아니다. 몇 가지 긍정적인 요인이 운 좋게 함께 있을 수 있었던 것이 매우 주효했다. 거기에는 상대적으로 동질한 사회, 낮은 문맹률, 안정적인 지방 행정, 그리고 19세기 말 새로운 사회 환경에 부합하는 새로운 대중운동의 출현 등이 있다.

우리는 19세기 스웨덴 논평자의 말을 이용하여 가장 지속적으로 사망률이 감소했던 시기의 시작에 영향을 준 요인들을 '평화, 백신, 감자'로 요약해서 말했다. 감자는 국민이 건강하기 위한 물질적 자본을 대표하며, 백신은 과학적 발견과 아이디어가 성공적으로 시행된 것의 상징이다. 그런데 평화가 스웨덴 사례의 중요한 측면이라는 것을 종종 잊어버린다. 스웨덴은 19세기 초 높은 사망률을 보인 유럽 나라 중 하나였지만, 그 후 1900년까지 사망률이 가장 낮은 나라가 되었고, 이후로도 그 위치를 지키고 있다. 외부의 침략도 없고 내부의 사회 갈등도 거의 없이 이러한 양상을 가졌던 유럽의 이웃 국가로는 스위스가 거의 유일하다. 전쟁은 병사의 죽음뿐 아니라 병사와 일반 시민의 질병 확산을 가속화하고 물질적 자원을 파괴하며 시민이 필요로 하는 많은 것들을 소진해버린다. 더 나아가 심리적 스트레스와 상처를 안기고 좋은 사회 제도가 만들어지지 못하게 한다. 스웨덴은 1914년 나폴레옹 전쟁의 종전과 평화협정 전에 엄청난 갈등을 경험했다. 다른 유럽 나라들은 20세기 후반까지 전쟁과 몇 차례의 정치적 소용돌이를 겪어야 했고, 세계의 많은 인구가 아직도 그 영향 때문에 고통받고 있다. 그런 상황에서는 '피할 수 있는 죽음'이 거의 없어 부유하고 건강한 사회가 출현할 수 없다.

권력과 역량 강화

정의에 따르면, 전쟁은 물리력을 동원한 극도로 집단적인 권력의 표출이다. 하지만 권력은 다른 목적을 위해 다른 방식으로 사용될 수 있다. 스웨덴 공중보건의 역사에는 강제적인 방법들이 동원되곤 했다. 예를 들어 근대 초기 흑사병의 유행을 막기 위해 노골적인 강제력을 동원해서 검역과 방역선을 시행했다. 19세기 천연두 예방접종과 성매매 여성에 대한 규제도 국가에 의해 강제적으로 이루어졌다. 20세기 초 정부는 부모에게서 충분한 돌봄을 받지 못하거나 사회적으로 삐뚤어진 어린이들을 교육기관으로 보내는 것에 더 많은 노력을 기울였다. 자유로운 술 구매로 인한 의학적·사회적 손실을 줄이기 위해 술 판매를 제한했다. '사회 위생주의'가 만들어낸 과학적으로나 윤리적으로 모호한 산물로서, 두 세계대전 사이 시기에 정신·신체장애인이나 사회적으로 '비정상적'인 시민에 대한 강제 불임을 허용하는 법률이 통과되기도 했다. 권력은 편익이 있다는 이유로 합법성을 주장하며 국민(일부 또는 전체) 의사에 반하는 여러 가지 정책을 시행했다.

'인민의 집'이라는 단어를 이상적인 사회의 이미지로 사용한 스웨덴의 정치가 페르 알빈 한손은 '국가라는 집National Home'의 거주자들은 책임과 권리 모두를 가지고 있지만 시민의 권리보다 국가에 대한 책임을 더욱 강조하고 있다. 1930년대에 이루어졌던 사회적 논쟁은 의무와 권리 사이의 경계를 어떻게 정할 것인가에 대한 시도라 볼 수 있다. 사회 체계의 편익을 요구할 권리를 가지기 위해 시민은 무엇을 해야 할까? 인민의 집이 잘 유지되도록 하기 위해 사회가 시민의 의견에 반하는 것을 시행할 수 있는 권력은 어떤 권력인가? 이러한 논쟁 과정에서 '사회민주주의적' 유토피아 사회에 호의적인 어떤 이들은 사업을 위해 사적 공간 내의 깊숙한 곳까지 들어가는 것을 '사회 엔지니어'라는 말로 표현해오고 있다. 하지만 제2차 세계대전 후에 이루어진 많은 개혁은 유토피아적이기보다는 실용적인 것이었다. 다른 정치적 운동들에서는 그 원칙 면에서보다는 복지국가의 구성 요소들의 구체성에 대해 더 빈번히 의문을 제기한다. 권력은 여전히, 그리고 언제나 어느 정도 복지와 공중보건 정책에서 행사되는데, 그 예는 오늘날 교통 통제나 공공장소에서 금연할 권리를 제한하는 것과 같은 것이다. 하지만 실제로 현대 복지 정책에서 주된 접근 방식은 '역량 강화'로, 예를 들어 개입주의적 방식으로 그 목적을 달성하기보다는 모든 시민에게 좋고 건강한 삶에 필요한 자원을 제공하는 것이다.

우리가 보아온 것처럼, 사회적 이행기에 어떤 집단은 건강상의 문제와 높은 사망률이라는 형태로 대가를 지불하는 경향이 있었다. 이것은 종종 정보와 새로운 지식에 대한 접근이 안 되어 일어났고, 새로운 세계에 적응하기 위한 물질적·심리적 힘이 모자라서 일어나기도 했다. 사회가 이런 취약 집단을 보호하고 자원을 늘려 부정적 효과를 최소화시키는 능력은 시민의 건강 수준을 결정할 것이다. '역량 강화'도 새로운 형태의 집단적 주체들의 자발적 동원을 통해 성취될 수 있을 것이다. 19세기 말 스웨덴에서 대중운동이 사회 이슈를 이해하고 다루는 새로운 접근으로 도입된 것이 그 예 중 하나이다. 가장 취약한 집단에 초점을 맞추는 것은 집단 전체를 대상으로 하는 사업보다 국가의 평균 기대여명을 늘리는 데 수학적으로 덜 유리할 수 있다. 그러나 이 두 가지 중 하나를 택하는 것은 단순히 수학적 문제가 아니다. 이것은 윤리적·이데올로기적 숙고의 문제이기도 하다.

개인과 국가의 권리와 책임 사이의 균형은 사회 환경이나 가치가 변할 때 언제나 논쟁의 대상이 될 것이다. 건강과 사회구조 간의 관계에 대한 각기 다른 해석, 이데올로기에 기초한 가치 체계와 사회 각 층들 사이의 이해 갈등은 언제나 존재할 것이다. 스웨덴 역사에서 (어떤 이들은 이를 옛날에 대한 향수라고 말하겠지만) 사회적 갈등보다 '인민의 집에 대한 이미지'와 '합의의 아이디어'는 복지와 보건 정치를 만들어낸 두 가지 아이콘이었다.

건강은 부를 가져온다

마지막으로 잊지 말아야 할 것이 있다. 이성과 역사적 증거들은 우리에게 한 국가의 부와 건강 사이에는 양의 상관관계가 있다고 말하고 있다. 사회가 취약한 사람들의 고통에 대해 관심을 가진다면 엘리트라 할지라도 (그로 인해) 편익을 얻는다. 강하고 건강한 국민이 강하고 부유한 국가를 만드는 데 필수적이라는 18세기의 생각은 주로 지배 엘리트의 이해에서 도출된 것이고, 인도주의적 가치에 대해서는 별로 고려하지 않은 것이다. 그러나 핵심은 그 결론이 아직도 유효하다는 것이다.

8장 참고문헌

[1] Sundin J, Willner S. The History of Social Determinants and Health in Europe. A Swedish Example. In: Social Determinants of Health: Global histories, contemporary debates and future directions to be published by Orient Longman India Ltd, New Delhi, and Sangam Books UK, London forthcoming 2008.

[2] Inge G. Den ofärdiga välfärden [Incomplete welfare]. Stockholm: Tiden/Barnängen; 1967.

[3] Låginkomstutredningen [Government commission on low-income earners]. Stockholm: Allmänna förlaget; 1970~1973.

[4] Black D (chair of committee). Inequalities in Health. Report of a Research Working Group ("The Black Report"). DHSS; 1980. Published electronically at: http://www.sochealth.co.uk/history/black.htm.

[5] Marmot M, Wilkinson R. Social determinants of health. Oxford: Oxford University Press; 1999.

[6] Shkolnikov VM, Evgueni MA, Leon DA, McKee M, Meslé F, Vallin J. Mortality reversal in Russia: the story so far. Hygiea Internationalis 2004;4(1):29~80. Published electronically at: http://www.ep.liu.se/ej/hygiea/.

[7] Hogstedt C, Lundgren E, Moberg H, Pettersson B, Ågren G, eds. The Swedish Public Health Policy and the National Institute of Public Health. Scandinavian Journal of Public Health 2004;32(Suppl 64).

[8] Ågren G. Sweden's new public health policy. National public health objectives for Sweden. Stockholm: Swedish National Institute of Public Health; 2003:58. Also available at: http://www.fhi.se/shop/material_pdf/newpublic0401.pdf.

[9] Frank JP. System einer vollständigen medicinischen Polizey. 6 Volumes, 1779~1819.
[10] Hardy A. The epidemic streets: infectious disease and the rise of preventive medicine, 1856~1900. Oxford: Clarendon Press; 1993.
[11] Sheard S. Nineteenth century public health: a study of Liverpool, Belfast and Glasgow. Liverpool: University of Liverpool; 1993.
[12] Sheard S, Donaldson L. The nation's doctor: the role of the Chief Medical Officer 1855~1998. Abingdon: Radcliffe; 2006.
[13] Sheard S, Power H, eds. Body and city: histories of urban public health. Aldershot: Ashgate; 2000.
[14] Bourdelais P, ed. Les Hygiénistes. Enjeux, modèles et pratiques. Paris: Éditions Belin; 2001.
[15] Bourdelais P. Les épidémies terrassées. Une histoire de pays riches. Paris: Éditions de LaMartinière; 2003.
[16] Chopra M, Sundin J, Willner S, eds. Health and Social Change. Past and Present Evidence. Hygiea Internationalis 2004;4(1). Published electronically at: http://www.ep.liu.se/ej/hygiea/.
[17] Carlson P. An unhealthy decade: a sociological study of the state of public health in Russia 1990~1999. Diss. Stockholm: Almqvist & Wiksell International; 2000.
[18] Cockerham W. Health and Social Change in Russia and Eastern Europe. New York: Routledge; 1999.
[19] Cornia GA, Paniccià R, eds, The Mortality Crisis in Transitional Economies. Oxford: Oxford University Press; 2000.
[20] Dzúrova D. Mortality differentials in the Czech Republic during the post-1989 socio-political transformation. Health and Place 1999;6(4):351~362.
[21] Meslé F, Vallin J. Évolution et variations géographiques de la surmortalité masculine. Du paradoxe français à la logique russe. Population 1998;53(6):1079~1102.
[22] Shkolnikov VM, Cornia GA, Leon DA, Mesle F. Causes of the Russian Mortality Crisis: Evidence and Interpretations. World Development 1998;26(11):1995~2011.
[23] Walberg P, McKee M, Shkolnikov VM, Chenet L, Leon DA. Economic change, crime, and mortality crisis in Russia: regional analysis. BMJ 1998;317:312~318.
[24] Chopra M, Sanders D. From Apartheid to Globalisation: Health and Social Change in South Africa. Hygiea Internationalis 2004;4(1):153~174. Published electronically at: http://www.ep.liu.se/ej/hygiea/.
[25] Barbarin O. Mandela's children: growing up in post-apartheid South Africa. New York: Routledge; 2001.

[26] Bassett MT. The pursuit of equity in health: reflections on race and public health data in Southern Africa. American Journal of Public Health 2000;90(11):1690~1693.
[27] Bhorat H, Leibbrandt M, Maziya M, van der Berg S & Woolard I. Fighting poverty: Labour markets and inequality in South Africa. Cape Town: University of Cape Town Press; 2001.
[28] Bond P. Elite transition: from apartheid to neoliberalism in South Africa. London: Pluto; 1998.
[29] Glantz L, Spiegel A, eds, Violence and family life in contemporary South Africa: research and policy issues. Pretoria: HSRC, no 96; 1996.
[30] Loewenson R. Globalization and occupational health: a perspective from southern Africa. Bulletin of World Health Organization 2001;79(9):863~868.
[31] London L. The 'dop' system, alcohol abuse and social control amongst farm workers in South Africa: a public health challenge. Social Science and Medicine 1999;48(10): 1407~1414.
[32] Midgley J. South Africa: the challenge of social development. International Journal of Social Welfare 2001;10(4):267~275.
[33] Möller V. Quality of Life in South Africa: Post-Apartheid Trends. Social Indicators Research 1998;43(1-2):27~68.
[34] Parry C, Bennetts AL. Alcohol policy and public health in South Africa. Cape Town: Oxford University Press; 1998.
[35] Pillay AL, Sargent CA. Relationship of age and education with anxiety, depression, and hopelessness in a South African community sample. Percept Mot Skills 1999;89: 881~884.
[36] Studies on the social dimensions of globalization. South Africa. Geneva; ILO; 2001.
[37] Unterhalter B. Inequalities in Health and Disease: The case of mortality rates for the City of Johannesburg, South Africa, 1910~1979. International Journal of Health Services 1982;12(4): 617~636.
[38] South African Health Review 1995~2006.
[39] Statistics South Africa Adult mortality 1997~2004.
[40] Bassett MT. Keeping the M in MTCT: women, mothers, and HIV prevention. American Journal of Public Health 2001;91:701~703.
[41] Jaffrey Z. AIDS in South Africa: the new apartheid. London: Verso; 2001.
[42] Ackerman L, de Klerk GW. Social factors that make South African Women vulnerable to HIV infection. Health Care Women International 2002;23(2):163~172.
[43] Campbell C. Selling sex in the time of AIDS: the psycho-social context of condom use by sex workers on a Southern African mine. Social Science and Medicine 2000;50:

479~494.

[44] Dolby N. Constructing racialized selves: youth, identity and popular culture in South Africa. New York: State University Press; 2001.

[45] Jewkes R et al. Relationship dynamics and teenage pregnancy in South Africa. Social Science and Medicine 2001;52:733~744.

[46] Kaler A. "It's some kind of women's empowerment": the ambiguity of the female condom as a marker of female empowerment. Social Science and Medicine 2001;52: 783~796.

[47] MacPhail C, Campbell C. "I think condoms are good but, aii, I hate those things": condom use among adolescents and young people in a Southern township. Social Science and Medicine 2001;52:1613~1627.

[48] Maharaj P, Cleland J. Women on top: the relative influence of wives and husbands on contraceptive use in KwaZulu-Natal. Journal of Women and Health 2005;41(2):31~41.

[49] Maharaj P. Condoms become the norm in the sexual culture of college students in Durban, South Africa. Reproductive Health Matters 2006;14(28):104~112.

[50] Ramphele M. Teach me how to be a man: An exploration of the definition of masculinity. In: Das V, Kleinman A, Ramphele M, Reynolds P, eds. Violence and subjectivity. Berkley: University of California Press; 2000.

[51] Reddy SP. Sense and sensibilities: the psychosocial and contextual determinants of STD-related behaviours. Diss. Maastricht: Tygerberg; 1999.

[52] Wood K, Maforah F, Jewkes R. "He forced me to love him": putting violence on adolescent sexual health agendas. Social Science and Medicine 1998;47(2)233~242.

[53] South African Medical Research Council: National fatal injury profile for 2004.

[54] Wilkinson RG. The impact of inequality: How to make sick societies healthier. New York: The New Press; 2005.

[55] Szreter S. The state of social capital: bringing back in power, politics and history. Theory and Society 2002;31(5):573~621.

부록

스웨덴의 성·연령보정 사망률과 사망률에서의 성비
(1750~2000년)

자료: [1750~1900] Sundbärg. Fortsatta bidrag till en svensk befolkningsstatistik för åren 1750–1900 (Further contributions to Swedish population statistics, 1750–1900). Statistisk Tidskrift 1909. (Statistics Sweden). [1901~2000] Bidrag till Sveriges Officiella Statistik A. Befolkningsstatistik (Population statistics) 1901–1910; Befolkningsrörelsen (Vital statistics) 1911–1960; Folkmängdens förändringar (Population changes) 1961–1966; Befolkningsförändringar (Population changes) 1967–1990; Befolkningsstatistik (Population statistics) 1991–2000. Statistiska centralbyrån (Statistics Sweden).

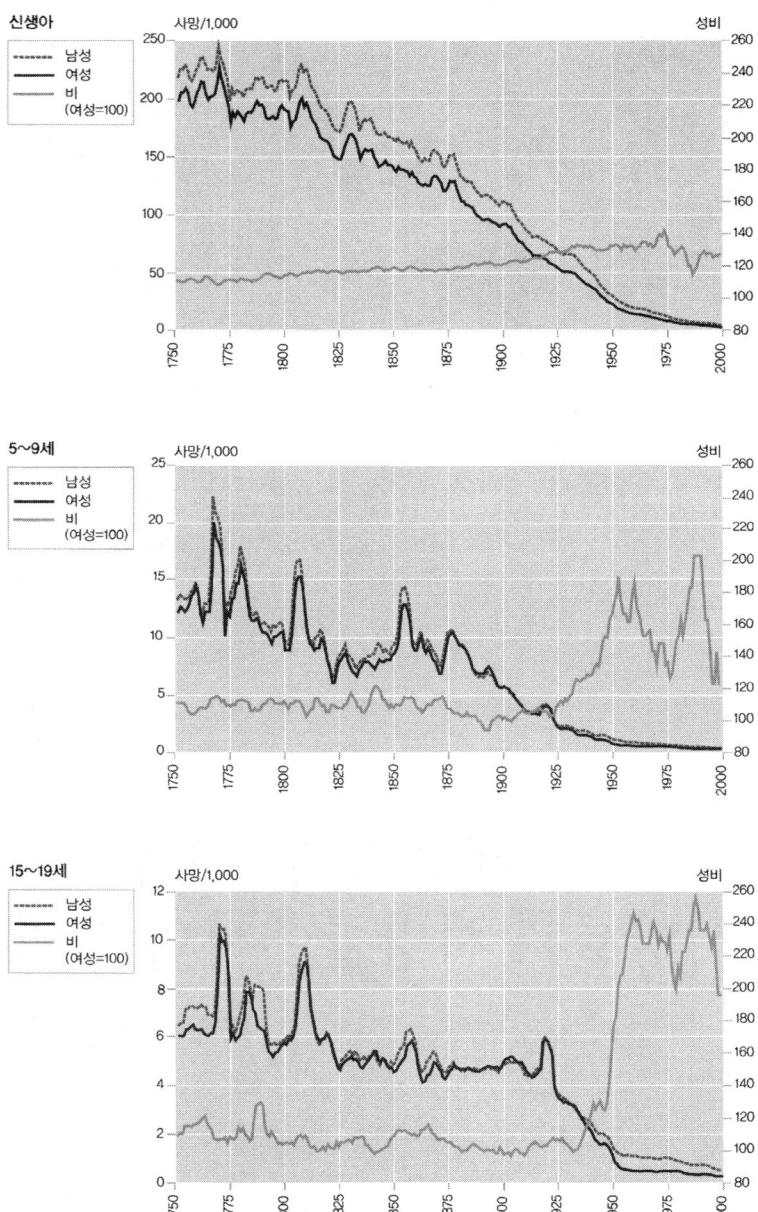

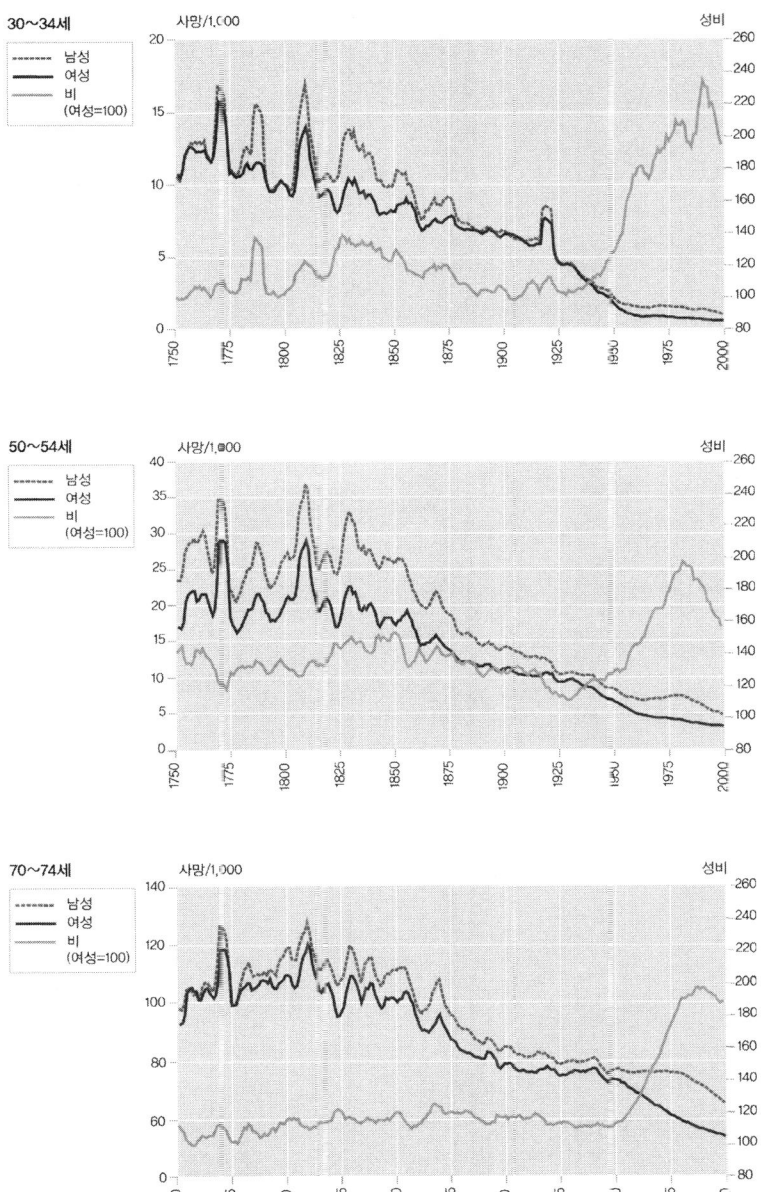

부록: 스웨덴의 성·연령보정 사망률과 사망률에서의 성비(1750~2000년)

옮긴이 후기

아직도 북방의 빛은 빛나는가?

하나, 신동엽의 「산문시 1」, 그리고 스웨덴

얼마 전까지만 해도 스웨덴은 나에게 너무 먼 나라였고, 그저 시인 신동엽의 시를 통해서나 만날 수 있었던 나라였다. 물론 그 시에 등장하는 '석양의 대통령'이 되고 싶어 했던 한 사나이의 이미지와 함께.

스칸디나비아라든가 뭐라구 하는 고장에서는 아름다운 석양 대통령이라고 하는 직업을 가진 아저씨가 꽃리본 단 딸아이의 손 이끌고 백화점 거리 칫솔 사러 나오신단다. 탄광 퇴근하는 鑛夫들의 작업복 뒷주머니마다엔 기름묻은 책 하이덱거 럿셀 헤밍웨이 莊子 휴가여행 떠나는 국무총리 서울역 삼등대합실 매표구 앞을 뙤약볕 흡쓰며 줄지어 서 있을 때 그걸 본 서울역장 기쁘시겠소라는 인사 한마디 남길 뿐 평화스러이 자기 사무실문 열고 들어가더란다. …… 애당초 어느쪽 패거리에도 총쏘는 야만엔 가담치 않기로 작정한 그 知性 그래서 어린이들은 사람 죽이는 시늉을 아니하고도 아름다운 놀이 꽃동산처럼 풍요로운 나라, 억만금을 준대도 싫었다 자기네 포도밭은 사람 상처내는 미사일기지도 땡크기지도 들어올 수 없소 끝끝내 사나이나라 배짱 지킨 국민들, 반도의 달밤 무너진 성터가의 입맞춤이며 푸짐한 타작소리 춤 思索뿐 하늘로 가는 길가엔 황토빛 노을 물든 석양 大統領이라고 하는 직함을 가진 신사가 자전거 꽁무니에 막걸리병을 싣고 삼십리 시골길 시인의 집을 놀러 가더란다.

- 신동엽, 「산문시(散文詩) 1」 중

둘, 알란다 공항과 잉그리드 베리만

2007년 겨울, 처음으로 스웨덴 땅을 밟았다. 스톡홀름 알란다 공항에 도착해 걸어 들어가노라니 환영 인사와 함께 그윽한 미소를 머금은 한 여인의 사진이 나를 반겼다. "나의 고향에 오신 것을 환영합니다." 그 사진의 주인공은 잉그리드 베리만Ingrid Bergman(1915~1982)◆이었다. 그녀가 죽은 지언 30년이 다 되어가지단 그녀의 잔잔한 미소는 여전히 아름다웠다.

에스파냐 내전을 배경으로, 반전주의자 헤밍웨이Ernest Miller Hemingway가 쓴 유일한 전쟁소설을 영화화한 〈누구를 위하여 좋은 울리나For Whom the Bell Tolls〉에서 그녀는 프랑코파인 팔탕혜 당원들에게 성폭행을 당하고 부모까지 잃은 가련한 여인 마리아로 나온다. 하지만 그녀는 우리에게 전쟁과 어떠한 폭력도 인간의 순수한 사랑과 아름다움을 완전히 빼앗을 수는 없다는 것을 보여주었다. 작품의 마지막에서 그녀를 사랑했던 로버트 조던(게리 쿠퍼Gary Cooper)은 다리를 폭파하는 데 성공하지만 적의 총탄에 맞아 부상을 입는다. 마리아와 동료 대원을 떠나보내고 홀로 남아 적들을 향해 총을 겨누며 그는 이렇게 중얼거린다. "난 지난 1년 동안 내가 믿어온 신념을 위해 싸워왔다. 만일 우리가 여기서 이긴다면, 우리는 어디에서나 이길 것이다." 하지만 에스파냐 내전은 이탈리아 무솔리니 정권과 독일 나치 정권의 지원을 받은 프랑코파의 승리로 끝나고, 프랑코의 장기 독재가 이어진다.

알란다 공항 입구, 잉그리드 베리만의 사진 앞에 잠시 멈추어 서서 사랑하는 마리아를 떠나보니야 했던 조던의 마음은 어떠했을까 생각했다. 또 프랑코 파쇼 정권에 대항하기 위해 에스파냐로 한걸음에 달려왔던 전 세계

◆ 영어식으로는 버그먼이지만, 스웨덴어로는 베리만이다.

의 진보주의자들, 그들 속에 섞여 있었을 노먼 베순 Henry Norman Bethune (1890~ 1939),◆ 그리고 그 내전 중에 죽어간 수많은 무명의 시민군을 생각했다. 존 던 John Donne(1572~1631)의 시구절과 함께.

······ 어느 사람의 죽음도 나를 감소시킨다. / 왜냐하면 나는 인류 속에 포함되어 있기 때문이다. / 그러니, 누구를 위하여 종이 울리는지를 알고자 / 사람을 보내지 말라! / 종은 그대를 위해서 울린다.

- 존 던, 「누구를 위하여 종은 울리나」 중

[2007년 겨울]

셋, 세 가지 질문

스웨덴을 다녀왔다고 하면 사람들이 꼭 물어보는 세 가지 질문이 있다. 하나는 "'오로라 aurora' 또는 '북방의 빛 northern light'을 보았느냐" 하는 것이다. 태양풍을 따라 지구 근처로 온 전자 또는 양성자가 지구 자기장에 이끌려 대기로 진입할 때 지구의 공기 분자와 충돌하면서 빛을 낸다는 오로라는 스웨덴의 북쪽 지방에서나 볼 수 있다. 스웨덴 국토의 60%를 차지하는 노를란드 Norrland(북부 지역)에는 전체 인구의 10%만이 살 뿐이고, 90%는 중부와 남부 지역에 산다. 물론 수도 스톡홀름과 웁살라 같은 유명 도시도 남쪽

◆ 캐나다 출신의 외과 의사이자 의료 개혁가로, 스페인과 중국의 전장을 누비며 인도주의적인 의료 활동을 펼쳤다. 그가 사망한 직후 마오쩌둥(毛澤東)은 「베순을 기념하며(紀念白求恩)」라는 글을 발표하여 그를 기렸고, 그의 유해는 허베이 성 스자좡 혁명열사능에 묻혔다. 지린 성에는 그의 이름을 딴 의과대학이 세워졌다. 중국에서는 그를 '바이추언 의사(白求恩大夫)'로 칭송하여 '중국 인민의 영원한 친구'로 기념한다. 위키피디아(www.wikipedia.org) 참조.

에 있다. 따라서 특별히 작정하고 북쪽 지역을 여행하지 않는 한 오로라를 보기는 어렵다.

두 번째 질문은 "스웨덴 복지 모형은 어디에서 온 것인가?"이다. 나 역시 스웨덴을 방문해서 관련 전문가를 만날 때마다 같은 질문을 반복했다. 의외로 대답은 한결같았다. 바로 '노르딕의 정신'이라는 것이다. "그러면 그 '노르딕의 정신'은 어디에서 왔는가?"라고 물으면 또 같은 대답이 돌아왔다. 바로 '역사'에서 왔다는 것이다. 이것이 내가 『스웨덴 공중보건 250년사』를 번역하기로 마음먹은 이유이다. 물론 이 질문과 관련한 연구 논문과 책이 많이 나왔고, 최근 국내에서도 관련 번역서와 저서가 속속 출간되고 있다. 하지만 이 책은 복지국가라는 큰 그림이 아니라 그 내용을 채우는 중요한 영역 중 하나인 '건강', '보건', '의료' 영역의 역사를 다룬다는 점에서 자칫 추상적인 논의로 끝날 수 있는 '복지국가' 논쟁에 한층 구체적이고 실증적인 예를 제공할 수 있을 것이라 생각한다.

세 번째 질문은 "아직도 북방의 빛은 빛나는가? Are the Northern Lights Still Bright?"이다.

> "그래서 나는 거기에 진정 북방의 빛이 있다고 믿는다. 그것은 아름답다. 또한 그것은 우리 사회가 나아갈 방향을 보여준다."

이 말은 미국의 유명한 경제학자이자 사회과학자인 올손 Mancur Olson이 스칸디나비아 연구의 결론 부분에서 언급한 표현이다. 그는 스칸디나비아형 사회·경제 시스템을 '북방의 빛'이라 불렀다. 그리고 이 은유를 빌려 브롬-한센 Jens Blom-Hansen 교수는 자신의 논문에서 "아직도 북방의 빛은 빛나는가?"라고 묻는다. 여전히 스칸디나비아 모델이 건재하고 작동하는지를 묻는 것이다. 그것이 궁금한 사람은 브롬-한센 교수만이 아니다. 전 지구적으로 신자유주의의 광풍이 불고 있고 최근 보수 연합의 연이은 집권을 바라보면서 많은 이들이 이 질문의 답을 궁금해하고 있다.

하지만 이 책의 번역은 이 세 가지 질문 중에서 두 번째 질문에 대한 답을 얻기 위해 이루어졌다. 그리고 현재 스웨덴의 보건의료 체계가 어떻게 작동하고 있는지에 대한 자세한 설명도 이 책에는 포함되어 있지 않다.

그런 점에서 특히 세 번째 질문에 관심이 있거나 최근 스웨덴 보건의료 체계의 변화를 알고 싶은 독자는 다소 실망할지도 모른다. 그런 아쉬움을 가질 독자들을 위해서, 옮긴이 후기의 성격을 조금 벗어나기는 하지만, 스웨덴 보건의료 체계의 개괄과 최근의 변화에 대해 간략히 '부연'으로 첨부했다.

넷, 이 책에 대하여

이 책은 2005년 스웨덴 국립보건원이 발행한 『Svenska folkets hälsa i historiskt perspektiv』를 다시 얀 순딘 교수와 샘 빌네르 교수가 2007년에 영어판으로 발간한 『Social change and health in Sweden: 250 years of politics and practice』을 번역한 것이다. 스웨덴어판은 487쪽에 달하는 두꺼운 책이지만, 영어판은 252쪽으로 요약된 것이라 번역의 수고를 다소 덜 수 있었다. 마침 스웨덴 방문 길에 책의 저자인 얀 순딘 교수와 샘 빌네르 교수를 만날 수 있었던 것도 번역의 계기가 되었다. 두 사람은 매우 따뜻한 마음의 소유자였고, 나의 집요한 질문에도 기꺼이 많은 시간을 내어 끝까지 조목조목 설명해주었으며, 고령의 나이에도 얀 순딘 교수는 손수 자기

차를 몰아 우리 일행을 역까지 배웅해주었다. 이러한 우정은 이후에 서로 한국과 스웨덴을 오가며 지속되고 있다.

책의 구성과 내용

한국어판 서문에서 저자들이 밝힌 것처럼, 이 책은 20세기 동안 스웨덴이 '스칸디나비아 복지국가'라는 명칭을 어떻게 얻게 되었는지에 대한 이야기를 풀어내고, 18세기 이래 스웨덴 사회의 뿌리와 그 발전 과정을 탐색한다. 특히 저자들이 보여주려는 것은 한 사회가 복지, 건강, 약자를 돌보는 수단을 어떻게 조직하고 관리하는가에 따라 급격한 사회적·경제적 변화가 야기하는 긍정적·부정적 영향의 정도가 달라진다는 것이다.

이 책에서 저자들은 1749년 이래 계몽주의 시대 이전, 중상주의와 계몽주의 시대, 19세기 사회 전환기(1800~1870년), 산업화와 위생주의 시기(1870~1920년), 복지국가를 향해 나아갔던 제1·2차 세계대전 사이 시기(1920~1945년), 복지 정책과 의학 발전의 수확기(1945~2006년)로 시기를 나누어 당시 주요한 사회 변화와 이에 따른 인구, 건강 수준이 어떻게 변화했는지를 기술하고 있다.

역사적 사건에 대한 풍부한 설명을 기대하는 사람들은 저자들이 역사가라는 사실을 기억해야 한다. 이들은 역사가답게 역사적 사실을 체계적으로 기술하는 데 더 충실하다. 특히 이 책은 상상이 아니라 구체적인 근거에 기반을 두고 쓰였는데, 그 근거를 제공한 대표적 자료는 1749년 이래 모든 주민의 성경 읽기 시험 관리를 위해 작성되어온 기록부이다.

하지만 그렇다고 역사적 사건에 대한 해석과 설명이 불충분하다는 것은 아니다. 예를 들어 저자들은 스웨덴이 만들어낸 연대 정신의 기원과 발달을 설명하면서 '사회 자본'이라는 개념을 사용하는데, 그러한 예를 잘 보여주는 것이 다음과 같은 기술이다.

> 대중적 운동의 출현은 노동자 계급에게 새로운 사회 네트워크를 제공했고 연대와 집단적 사회 보호의 정신을 제공했다. 물론 노동조합은 '결속형 사회 자본'의 생산자로서의 역할을 했다. '자유교회운동'과 절제운동은 중하 계급과 노동자 사이의 '연결형 사회 자본'을 창출했다. 인도주의 단체들과 공공 당국은 어느 정도 그러한 활동을 촉발시켰고, 이것은 수직적으로 만들어지는 형태인 '연계형 사회 자본'의 출현을 가져왔다(8장).

독자들은 이 책이 스웨덴 국립보건원과 긴밀한 협력하에서 만들어졌다는 것 역시 염두에 두어야 한다. 그래서인지 우생학과 같이 일부 심각한 역사적 사건에 대해 다소 추상적인 표현으로 기술되고 있는 것이 다소 아쉽다. 하지만 저자들이 하고 싶은 말을 감춘 것 같지는 않다. 특히 이들은 스웨덴이 복지국가로 성장할 수 있었던 이유에 대해 자신들의 입장을 표명하는 것에 주저하지 않는다.

무엇보다 복지국가는 다양한 야망과 목표를 가지는 모든 이데올로기적 경향에 의해 지지되는 정치적 구조 안에서 발전했지만(6장), 스웨덴을 복지국가로 이끈 새로운 대중운동에서 그들의 '더 큰 계급의식'은 단지 당국과 고용주 가운데서 반대자를 찾는 것이 아니라 미래를 위한 자신의 독자성, 일관성, 연대와 희망을 요구하는 것이었다고 주장한다(5장). 또한 비록 많은 사회 개혁이 국가적 차원에서 설계·도입되었다고 하더라도 요구와 실천 사례들은 빈번히 개별 기초 자치단체와 도시 지역구의 풀뿌리 수준에서 일하는 이들로부터 나왔다. 복지국가는 실제로 이렇게 만들어졌다. 국민의 행동은 복잡한 이데올로기나 이론적 근거에 대한 지나친 고려가 아니라 실용적인 이유에 근거하고 있었다는 기술(6장)은 스웨덴 복지국가를 향한 진전을 이끈 동력에 대한 이들의 분명한 입장을 보여준다.

  이 책은 현재 복지국가 스웨덴이 하루아침에 만들어지지 않았다는 점을 잘 보여준다. 거기에는 수많은 위기와 도전이 있었고 얼마든지 실패할 수 있었다. 저자들은 복지국가로의 발전이 어떻게 가능했는지 설명하기 위해 '감자'(식량 증대), '백신'(의학 기술의 발전), '평화'(중립 정책)라는 말과 함께 '인민의 집', '사회 엔지니어링' 등 다양한 단어와 개념을 사용하고 있다. 또 스웨덴에서 국가와 상대적으로 평등주의적인 지방 공동체 간의 협상 문화는 어느 정도는 지리적 요인에 의한 것이고, 한편으로는 국민과 지배자 간의 신뢰에 기인한 것이라 주장하며 지리적 요인, 신뢰 등의 개념도 가져온다. 심지어 저자들은 그들 사회가 가졌던 '행운'에 대해서도 이야기한다.

> 스웨덴의 공중보건 역사는 상대적으로 행복했지만, 이것이 스웨덴 정부가 특별히 똑똑하거나, 미래에 대한 혜안을 가졌거나, 문제들이 저절로 해결되었기 때문은 아니다. 몇 가지 긍정적인 요인이 운 좋게 함께 있을 수 있었던 것이 매우 주효했다. 거기에는 상대적으로 동질한 사회, 낮은 문맹률, 안정적인 지방 행정, 그리고 19세기 말 새로운 사회 환경에 부합하는 새로운 대중운동의 출현 등이 있다(8장).

마지막으로 저자들은 스웨덴의 경험을 무비판적으로 다른 나라에 적용해서는 안 된다는 점을 수차례에 걸쳐 강조하고 있다. 하지만 한편으로는 그들의 경험을 다른 나라와 공유하고 싶어 하며 이를 위해 도움이 될지도 모른다고 생각하는 자신들의 경험을 책의 마지막 부분에서 매우 상세하게 설명하고 있다(8장).

다섯, 감사

책 하나가 번역되어 나오기까지 얼마나 많은 이들의 수고가 있어야 하는지 책을 번역해본 분들은 잘 알 것이다. 이 책도 예외가 아니다. 단순히 저자의 역할을 넘어, 잘 이해되지 않는 부분에 대한 질문에 꼼꼼히 답해준 얀 순딘 교수와 샘 빌네르 교수, 특히 책에 나오는 수많은 인명의 스웨덴어 발음 기호를 정리해 보내준 얀 순딘 교수는 내게 따뜻한 스웨덴 사람의 이미지를 깊이 심어주었다. "Jag är uppriktigt tacksam för att Dr. Jan Sundin och Dr. Sam Willner(얀 순딘 교수와 샘 빌네르 교수에게 진심으로 감사드린다)."

스웨덴 연구 프로젝트에 함께 참여하기도 했고 스웨덴 방문 때마다 큰 도움을 준 최연혁 교수 내외분의 도움도 빼놓을 수 없다. 또 스웨덴에서 오랫동안 임상의사로 활동하며 스톡홀름에 방문할 때마다 풍성한 저녁 식사로 환대해준 한기숙 선생님에게 들은 스웨덴 보건의료의 현실도 이 책을 번역하는 데 도움이 되었다.

도서출판 한울과는 특별한 인연이 계속되고 있다. 벌써 여섯 권을 함께 했는데, 그 과정에서 윤순현 님의 한결같은 배려는 큰 힘이 되었다. 지난 『리처드 레빈스의 열한 번째 테제로 살아가기』에 이어 이 책의 편집을 기꺼이 맡아준 배은희 님은 우리 번역 실력의 부족함을 늘 메워주었다.

특별히 감사를 표할 일이 있다. 원래 스웨덴어판 책에는 사진과 예술적인 그림이 많이 실려 있다. 하지만 그것들의 판권을 확보하는 데 드는 비용이 너무 커서 사진과 그림 모두를 한국어판에 실을 수는 없었다. 그런데도 그중 많은 사진을 상당한 액수를 들여 한국어판에 싣기로 결정해준 도서출판 한울에 진심으로 고마움을 전한다.

여섯, '북방의 빛'을 만나다

결국 제자리로 돌아올 것임을 잘 알면서도, 한 해 동안 '대안사회'를 찾아 이곳저곳을 기웃거렸다. 그중에서 스웨덴의 경험은 남달랐다.

스웨덴은 '인간의 존엄'과 '연대'라는 기치 위에 세워진 나라이지만, 가서 만난 스웨덴은 세계화의 거센 파드에 맞서 바로 그 '옛 가치'를 지키기 위해 고전분투하고 있었다. 세계 여러 나라 사람들이 그들을 찾아와 묻는 질문은 한결같다. "아직 북방의 빛은 빛나는가?" 스웨덴에서 만난 이들은 나의 이런 질문에 북유럽인 특유의 침착함으로 "그렇다"라고 고개를 끄떡였다. 하지만 이제 세계 곳곳에서 찾아오는 관광객들을 위한 기념품 상점들로 가득 찬 감라스탄 Gamla Star 거리와 그 상점들에 포위되어 버린 왕궁의 모습은 어쩌면 오늘과 미래의 스웨덴의 모습인지도 모른다는 생각이 들었다. 생각이 거기에 이르자 왠지 마음이 스산해졌다.

그래도 3시만 되면 어둑해지는 오후, 사람들은 약속이나 한 듯이 자기 집 문 앞에 작은 촛불을 켜서 내놓았다. 또 중앙역 앞에서는 앰네스티 회원들이 세상 곳곳에서 억압으로 고통받는 이들과 함께하려는 집회를 진행하면서 여러 개의 촛불을 켜놓고 있었다. 그 등잔 속의 촛불들은 이 시대의 어둠을 물리치려는 그들의 '소망'인 양 하늘거리며 묘한 정취를 자아냈다.

문득, "이 촛불들이 오늘의 스웨덴을 만든 것이 아닌가? 그리고 바로 이

촛불들이 그 '북방의 빛'이 아닌가? 여러 가지 암울한 전망을 내놓고 있는 새해에 우리가 해야 하는 일 역시, 우리 방 앞에 조그마한 촛불 하나를 켜 놓는 일이 아닌가?" 하는 생각을 했다.

[2007년 12월]

일곱, 한손 총리의 무덤 앞에 서다

스톡홀름에 머무는 동안 잠시 시간을 내어 도시 북쪽에 있는 북부 공동묘지Norra Begravningsplatsen◆를 찾았다. 한창 가을의 북부 공동묘지는 그 이름과 달리 참 아름다웠다. 한적한 공동묘지의 한구석에서 아흔 살도 넘어 보이는 두 부부가 아마도 그들의 어머니이거나 자식의 것으로 보이는 무덤가의 흙을 어루만지며 나지막이 대화를 나누는 모습은 그 뒤로 펼쳐진 붉고 노란 낙엽의 정취와 어우러져 애잔한 심정을 자아냈다.

간혹 마주친 사람들에게 한손 총리의 무덤이 어디 있는지를 물어보았지만 '모른다'는 대답만이 돌아왔다. 결국 스스로 찾는 것을 포기하고 묘지 관리사무소를 찾았다. 직원들 역시 한참이 걸려서야 그의 묘지 위치를 알려주었다. 하지만 묘지 번호를 손에 들고도 한참 만에야 그의 묘지를 찾을 수 있었다. 그의 묘지 앞에 서서야 비로소, 왜 묘지를 찾지 못하고 한 시간

◆ 스톡홀름 전철역 중 하나인 에릭스프랑(Sankt Eriksplan) 역에서 내려, 토르스가탄(Torsgatan) 북쪽 방향으로 카롤린스카 의과대학과 카롤린스카 대학 병원 사잇길을 지나, 200m 전진 후 우회전하면 좌측에 있는 것이 북부 공동묘지이다. 200m 정도 더 가면 입구가 있다(대입구가 여러 개이다. 가는 길의 오른쪽에 있는 솔라 교회(Solna kyrka)의 묘지와 혼동하지 않길 바란다). 이 묘지에는 한손 총리 외에도 린네, 노벨, 미르달 부부 등 수많은 유명인이 묻혀 있다. 참고로 한손 총리의 묘지 위치는 Kvarter(block) 12E, 묘지 번호는 424이다.

넘게 헤맸는지 알 수 있었다. 복지국가의 상징이자 총리라는 화려한 경력과 무관하게 한손의 묘지는 다른 이들의 것과 별 차이가 없는 모습으로 후미진 곳 나무 그늘 아래 있었다. 한손 총리는 일반 시민들에 섞여 기차를 타고 퇴근하던 중에 심장마비로 쓰러져 생을 마감했다. 이제 그의 곁에는 애인인 시그리드 한손과 딸 안나 리사도 함께 묻혀 있었다.◆ 가족은 죽어서까지도 함께하는 것이 스웨덴의 전통이다. 이것은 스웨덴에서 가족이 가지는 의미가 얼마나 특별한지 잘 보여준다. 그렇기에 한손 총리가 스웨덴 복지 모형의 키워드로 사용했던 '인민의 집'이라는 단어 속의 '가족이 함께하는 집'이 스웨덴에서 매우 특별한 의미를 갖는다는 사실을 새삼 깨닫게 되었다.

> 집의 토대는 공동체이다. …… 좋은 집은 개인들이 특권을 가지거나 경시당하는 것을 인정하지 않고, 선호하는 자식이나 의붓자식도 없다. 한 사람이 다른 이를 깔보지도 않는다. 누구도 다른 사람의 희생으로 이득을 취하지 않으며, 강자는 약자를 억압하거나 약탈하지 않는다. 좋은 집에는 평등, 이해, 협력, 도움이 있다. 인민과 시민의 위대한 집이 실현될 때, 현재 시민들을 특권 계층과 경시 계층으로, 지배자와 예속자로, 억압자와 피약탈자로 구분하고 있는 모든 사회적·경제적 장애물은 파괴될 것이다(6장).

한손은 1932~1946년 두 차례에 걸쳐 총리를 지내면서 1930년대 초의 경

◆ 한손은 1906년부터 1918년까지, 그리고 1926년 이후 시그리드 베스트달(Sigrid Vestdahl)과 결혼하지 않고 함께 살았으며(이를 스웨덴에서는 삼보(Sambo)라 한다), 이 둘 사이에 안나 리사(Anna Lisa)와 페르 군나르(Per Gunnar)를 두었다. 한손은 1918년 엘리자베스 프리크베리(Elisabeth Fryckberg)와 결혼해 1926년까지 함께 살았고, 둘 사이에 엘사 브리타(Elsa Brita)와 카린(Karin)을 두었다. '삼보'는 결혼신고를 하지 않은 사실상의 배우자를 말하며, 이는 스웨덴의 독특한 문화 중 하나이다.

제 불황을 극복하고 중요한 사회복지 법안을 제안했으며, 제2차 세계대전 때 스웨덴이 중립을 유지하고 전쟁의 포화 속에서 나라를 지키는 데 결정적인 역할을 함으로써 이른바 '스웨덴 모델'의 기초를 만든 사람이다. 무덤 앞에서 나는 그에게 말을 걸었다.

"한손 총리님, 저는 당신이 만든 복지국가 모형을 배우기 위해 멀리 한국이란 나라에서 왔습니다. 당신이 기초한 스웨덴 모델은 괄목할 만한 많은 성과물을 만들어내어 스웨덴은 이제 세계 어느 나라보다 풍요하고, 안전하며, 아름다운 나라가 되었습니다. 하지만 요즘 어떤 이들은 '앞으로 스웨덴 모델은 더 이상 존재하지 못할 것이다'라고 이야기합니다. 또 어떤 이들은 스웨덴 모델이 '일국적 모형'에 불과하다며 당신의 성과를 폄하하기도 합니다. 그럴 때면 꼭 나오는 이야기가 있습니다. 제2차 세계대전 초기에 스웨덴은 연합군과 나치 독일 모두에 철광석을 공급했지요. 그리고 당신은 1940년 독일과 통과조약을 체결하고 14만 독일 군대가 스웨덴을 지나 형제 국가인 노르웨이와 핀란드로 쳐들어가도록 길을 비켜주었지요. 이런 당신의 실용적 중립 노선은 결국 스웨덴의 경제를 살리고 평화를 가져다주었으며, 이것이 스웨덴 복지의 중요한 토대가 되었습니다. 하지만 그것을 바라보는 이들의 마음 한편이 그리 편하지 않은 것도 사실입니다. 그것이 최선의 선택이었을까요?"

이런 질문을 던지고 돌아서는 내 등 뒤에서 그가 이렇게 묻는 것 같았다.

"당신은 어떻게 생각합니까? 그리고 당신이라면 그때 어떻게 했겠습니까?"

그의 무덤가를 떠나며 올려다본 9월의 스톡홀름 하늘은 우리나라의 가을 하늘만큼이나 눈부시게 푸르렀다.

[2008년 9월]

여덟, 말뫼, 스웨덴의 끝이자 시작인 곳

2011년 7월 스웨덴 고틀란드 Gottland에 열린 정치 박람회와 코뮌(기초 자치단체)을 돌아볼 기회를 가졌다. 몇 년 만에 찾은 스웨덴은 변하고 있었는데, 그중 하나가 이른바 '이민자' 문제였다. 한국으로 돌아온 직후 노르웨이에서는 극우 인종주의자인 안데르스 베링 브레이비크 Anders Behring Breivik가 집권 노동당 청년 캠프에 참석한 학생들에게 무차별 총격을 가해 90여 명이 사망한 사건이 벌어졌다. 다음 글은 당시 스톡홀름 민박집에 머물며 ≪한겨레신문≫에 투고했던 글이다. "아직도 북방의 빛은 빛나는가?"라는 질문에 대한 나의 답변이기도 하기에 이 글을 함께 싣는다. ◆

> 김 형, 저는 지금 스웨덴을 여행 중입니다. 몇 차례 다녀간 적이 있지만, 이번에는 해마다 여름이면 고틀란드 섬에서 열리는 알메달렌 정치 박람회에 참가했습니다. 연인원 수십만 명이 참여하는 이 행사는 총리를 포함한 많은 정치인과 700여 개의 시민단체·기관이 참여하는 행사입니다. 무려 1,500개의 공식 세미나에 더하여 곳곳에서 즉석 토론회가 열렸습니다. 참가자들은 홍보물을 나누어 주며 열심히 자신들의 주장을 펼쳤습니

◆ 2011년 7월 스톡홀름에 머무르며 ≪한겨레신문≫에 투고했던 글을 일부 수정한 것으로, 최종적으로 실린 내용과 약간 다를 수 있다.

다. 참가 조건은 모든 사람에게 열려 있어야 하고, 무료여야 하며, 특정 소수 집단에 대한 차별이 없어야 한다는 것이 전부였습니다. 프레드리크 레인펠트 총리와 여러 장관·시장들이 길가 식당에서 일반 참가자들과 함께 식사를 하고 즉석에서 토론을 벌이는 장면은 제 평생 상상하기 어려웠던 모습이었습니다. 또 많은 이들이 자녀들을 데리고 참가했습니다. 이른바 살아 있는 민주주의 교육장이기도 한 셈입니다. 무엇보다 정치가 진지하지만 축제일 수 있음을 보여주었습니다.

이번 여행에서 만난 노르셰핑, 고틀란드, 베스테르비크의 시장과 지방의회 의원들은 모두 보수 연합의 정치인들이었습니다. 저는 그들을 만날 때마다 집요하게 똑같은 질문을 했습니다. "북방의 빛(북유럽 복지 모형)은 앞으로도 계속 빛날까요?" 제 질문에 보수 정치인들은 뜻밖에도 한결같이 "예"라고 대답했습니다. 그 이유도 같았습니다. 바로 "국민이 그것을 원하기 때문"이라는 것입니다.

하지만 3년 만에 다시 찾아간 스웨덴은 많이 변했습니다. 특히 남쪽 끝 말뫼는 더욱 그랬습니다. 말뫼는 조선업이 중심이었던 도시였지만, 한국 조선업에 밀려 공장들이 문을 닫고 2003년 말뫼 조선업의 상징이었던 '골리앗'을 한국 기업에 1달러에 팝니다. 당시 신문은 그것을 '말뫼의 눈물'이라고 보도했습니다. 그 후 말뫼는 변하기 시작했습니다. 많은 외국 기업의 본사와 지점을 유치했고, 주민의 30%가 이주민입니다. 25개국 다양한 형태의 고급 빌라촌도 들어서고 발트 해를 가로질러 덴마크로 이어지는 17km 외레순 다리와 터널도 만들어졌습니다. 이제 스웨덴은 고립된 반도가 아니라 유럽 본토와 이어진 것입니다.

저는 심사가 복잡해졌습니다. 그리고 이렇게 중얼거렸습니다. "이것은 스웨덴이 아니다!" 하지만 새 도시 설계자 중 한 명이었던 올슨으로부터 도시의 탈바꿈 과정을 전해 듣고 생각이 달라졌습니다. 조선 산업의 쇠퇴 이후 말뫼 시민들은 스웨덴 특유의 수많은 민주적 토론을 통해 말뫼의 미래를 설계했습니다. 기존의 튼튼한 복지 체계에 더하여 지식 산업을 육성함과 동시에 모든 생명체가 공존할 수 있는 환경을 만들고, 넓은 직선 도로는 오히려 좁고 구불구불한 길로 바꾸었습니다. 도시 에너지는 100% 조력·풍력·태양열만으로 조달하는 등 '지속 가능한 도시'를 만들기 위해 혼신의 힘을 다하고 있었습니다.

보수 정치인의 단언에도 불구하고, 스웨덴 모형이 국영 의료 체계와 같은 특정 제도, 단일한 인종에 기반을 둔 연대 의식, 상대적으로 고립적 지형에 기반을 둔 정치·경제 등을 의미하는 것이라면 앞으로 스웨덴은 많이 변할 것 같습니다. 하지만 참여와 토론에 기초한 강력한 민주주의, 평등의 가치를 지키면서도 변화하는 상황에 실용적으로 유연하게 대응하는 것을 스웨덴 모형이라 정의한다면, 스웨덴 모형은 그 외형적 틀의 변화에 상관없이 오래 지속되리라는 것이 이번 여행의 교훈입니다.

그런 점에서 말뫼는 지형적으로 스웨덴의 끝이지만 어쩌면 새로운 시작의 장소일지도 모른다는 생각을 했습니다. 1885년 '스웨덴 모델'의 기초를 닦았던 한손 총리가 이곳에서 태어났고, 1914년 말뫼 협정을 통한 영세 중립국 선언으로 평화의 시대를 열어 스웨덴 복지의 초석이 되었던 것처럼 말입니다. 말뫼의 시도가 성공할지 실패할지 아직 잘 모르겠습니다. 하지만 저는 말뫼의 성공을 기원합니다. 말뫼의 성공적 미래가 우리나라의 미래이기도 하다고 믿기 때문입니다. 곧 한국에서 뵙겠습니다.

[2011년 7월]

뱀 꼬리(蛇足)

옮긴이 후기를 끝내기 전, 독자들에게 한 가지 고백할 것이 있다. 2008년 9월, 사실 나는 한손 총리의 묘지를 찾기 위해 북부 공동묘지를 찾았던 것이 아니었다. 그곳을 들른 이유는 잉그리드 베리만의 묘지◆가 바로 거기에 있었기 때문이다. 오스카상을 세 번이나 탄 세기의 여배우인데도, 그녀 역시 여느 사람들처럼 가족과 함께 묻혀 있었고 묘비의 그녀 이름도 가족의 이름 중 하나로 새겨져 있었다. 그것이 못내 아쉬웠는지 'Ingrid'라고 새겨진 조그마한 석판이 무덤 위에 놓여 있었다.

나는 마치 옛 애인의 무덤인 양 주변의 잡초를 뽑고 낙엽을 치우며 묘비의 먼지를 털어냈다. 그것은 배우 잉그리드 베리만에 대한 순정 때문만이 아니라 전쟁과 폭력에 상처 입은 마리아에게 바치는 나의 조그마한 사죄와 경의의 표시였다.

2011년 가을 문턱 심정풍헌深淨風軒에서
옮긴이를 대표하여 신영전

◆ 잉그리드 베리만의 묘지 위치는 Kvarter(block) 11F, 묘지 번호는 228이다.

부연

스웨덴 보건의료 체계와 최근의 정책 변화

지난 250년간 스웨덴 공중보건의 역사를 돌아보고 나서도 여전히 최근 스웨덴의 보건의료 체계와 변화에 대해 궁금해하는 독자를 위해 옮긴이의 정리를 간략하게 덧붙인다.

스웨덴 의료 체계의 성과

2000년 WHO가 전 세계 191개국의 의료 체계를 평가한 결과에 따르면, 스웨덴은 다른 북유럽 국가와 함께 매우 좋은 성적을 보이고 있고 보건의료 체계의 목표 달성 면에서 세계 4위를 기록하고 있다. OECD 통계 자료에 따르면, 스웨덴의 기대여명은 81.0세로 8위에 해당하고(한국은 79.4세), 신생아 사망률은 10만 명 출생당 2.5명으로 3위를 기록하고 있다(한국은 4.1명). 또 다른 조사에서는 국민의 67.3%(매우 만족 13.1%, 대체로 만족 54.2%)가 현재의 의료 체계에 만족한다고 대답하고 있는데, 이것은 유럽연합 15개국의 평균인 50.3%(매우 만족 8.8%, 대체로 만족 41.5%)를 크게 상회하는 수치이다. 이 밖에도 대부분의 보건의료 관련 지표에서 세계 최고 수준을 지속적으로 유지하고 있다.

스웨덴의 의료 체계

스웨덴 의료 체계가 지향하는 목표는 '스웨덴 건강과 의료 서비스에 관한 법률'에서 잘 드러나는데, 이 법은 스웨덴 보건의료 부문의 운영 원칙에 관해 ① 필요에 따라 평등한 방식으로 돌봄이 제공되어야 하며, ② 보건의료 서비스는 연대의 기반을 둔 민주적 통제와 재정 운영을 해야 하고, ③ 모든 치료와 돌봄은 가능한 환자의 동의와 협력하에서 이루어져야 한다고 명

시하고 있다.

스웨덴의 의료 체계는 국영 의료 체계National Health Service이다. 간단히 말해 국영 의료 체계는 세금으로 의료 서비스의 재원을 마련하고 병원, 의원과 같은 의료 서비스 공급 기관도 원칙적으로 국가가 운영하는 체계를 말한다. 흔히 국영 의료 체계를 운영하는 대표적인 나라인 영국과 스웨덴의 차이는 영국이 중앙 집중적인 방식을 택한 반면, 스웨덴에서는 보건의료 서비스의 책임을 광역 자치단체(란드스팅)가 가지는 '분권형 국영 의료 체계'이다(스웨덴에는 20개의 광역 자치단체가 있다). 따라서 스웨덴에서는 원칙적으로 모든 병원, 의원, 약국을 국영으로 운영하고 있고, 따라서 그곳에서 일하는 의사, 약사, 간호사 등 보건의료 종사자의 신분은 공무원이다.

스웨덴의 의료 체계는 초기에 병원 서비스를 중심으로 발달하여 상대적으로 1차 의료의 영향력이 낮았으나, 최근 주치의 제도 실시를 계기로 그 역할이 커지고 있다. 보통 보건 센터에 근무하는 1차 의사는 하루에 15~20명의 환자만을 본다. 앞서 언급한 바와 같이 의사는 공무원 신분이며 연간 4~5주의 휴가를 가진다. 1980년 이래 스웨덴 의료 제공 체계에서 이슈가 되었던 것은 긴 대기 시간 문제였다.✦ 이 때문에 일부 민간 의료 공급자가 생겨났고, 정책적으로는 당일 지역 간호사와 연결되며 7일 내에 1차 의사와 만나고 필요시 최대 90일 내에 2차 병원으로 가고 이후 90일 내에 치료가 이루어지도록 국가가 보장하는 '0-7-90-90 Rule'(2005) 같은 제도를 만드는 등 대기 시간을 줄이려는 시도를 지속적으로 해오고 있다.

재원은 지방세(71%), 중앙정부(16%), 환자 부담(3%), 기타(10%)로 이루

✦ 이는 주로 급하게 치료가 필요하지 않은 사례(예컨대 백내장 수술 등)에 해당하는 내용이다. 스웨덴의 응급 의료 체계는 세계 최고 수준이다.

어진다(2005년 기준). 중앙정부 예산은 주로 지역 간 의료 서비스의 격차를 줄이는 데 쓰인다. 스웨덴에도 사회보험이 있어 보험료를 걷으나, 이는 상병 수당과 장애 사고에 대한 재정적 지원을 위한 것이다. 이 보험료는 고용주가 내고 있고 시기에 따라 피고용자의 일부 부담이 있었다 없었다를 반복하고 있다. 지불 방식은 보건의료인에 대해서는 봉급제, 인두제, 행위별 수가제가 혼합된 방식을 택하고 있고, 보건 센터나 병원 등에 대해서는 기관마다 일정한 연간 예산을 할당하는 기관 총액 예산제를 택하고 있다.

병원 입원 시 환자 본인 부담금은 1일당 정액제로 80SEK(1만 3,300원)◆이고, 외래 진료 시 환자 부담금은 각 광역 자치단체가 결정하는데, 보통 1차 의료 의사 상담 시 환자 부담금은 100~150SEK(1만 6,600~2만 4,900원)이다. 물론 전문의 진료의 경우에는 더 비싸다. 특히 스웨덴에는 진료비 상한제가 있는데, 아무리 중한 병에 걸려도 환자는 연간 진료비 900SEK(약 15만 원), 의약품 1,800SEK(약 30만 원), 합계 2,700SEK(약 45만 원) 이상을 부담하지 않는다. 치과 진료도 20세까지는 무료이다. 전체 진료비 중 본인이 부담하는 비율은 15% 정도이다. 이는 우리나라 40~50%와는 비교도 안 되는 수치이다. 또한 한국에서는 시행하지 않는 상병 수당을 실시하고 있어, 아파서 일하지 못할 경우 병이 나을 때까지 월평균 소득의 80%에 해당하는 상병 수당을 지급하고 있다.

◆ SEK는 스웨덴 화폐 단위로, 스웨덴 크로나를 의미한다. SEK가 SKr보다 국제적인 단위이므로, 여기에서는 스웨덴 화폐 단위를 SEK로 했다. 그리고 1SEK는 166.38원으로 환산했다(외환은행의 2011년 연평균 매매기준율을 이용).

스웨덴 공중보건 정책

스웨덴 공중보건 정책의 가장 큰 특징은 포괄적 접근이다. 2003년 중앙정부는 '공중보건 목표'란 이름의 법안을 채택하고, 국가 공중보건 정책의 새로운 방향을 천명했다. 그 내용은 건강한 라이프스타일을 위해 건강 친화적인 조건을 조성하는 것인데, 이는 음주, 마약, 담배, 도박의 유해한 영향을 예방하고 육체적 활동과 건강한 식습관, 성 건강 및 재생산 건강을 개선하는 것을 비롯해 기존의 고식적인 보건 정책을 넘어 보건부뿐 아니라 정부 모든 부처가 함께 협력하여 국민 건강을 보호하고 증진하려는 포괄적 시도를 담고 있다.

최근의 변화

스웨덴 보건의료 정책의 변화를 야기하는 요소는 크게 세 가지이다. 첫째는 어떤 정당이 집권하는가이고, 둘째는 1990년대 초 경제 위기와 같은 국가 경제 상태이며, 셋째는 1982년대부터 시작된 신자유주의와 세계화이다. 1970년대 중반까지 스웨덴은 사민당을 제1당으로 하는 진보 연합이 장기 집권하고 있었다. 경제가 잘나가던 1970년 초 7크라운 이내의 환자 부담만으로 의료 서비스를 받을 수 있게 하겠다는 이른바 '세븐 크라운 개혁 Seven crown reform'이 시행되고 이 약속을 지키기 위해 모든 병원, 의원, 약국을 국유화하는 조치가 이루어졌다. 1982년에는 보건의료 서비스에 대한 책임을 광역 자치단체로 이관하고, 1992~1995년에는 노인, 장애인, 정신장애인 등에 대한 복지 서비스의 책임을 기초 자치단체로 이관했다. 1980년대 신자유주의와 세계화의 영향에 스웨덴도 자유스러울 수 없었다. 더욱

시기별 스웨덴 보건의료 정책의 변화

연도	집권	특징	주요 정책
1970년대 (~1976년)	진보 연합	국영 의료 체계화 시기	• '세븐 크라운 개혁' - 환자의 부담금을 7SEK 이내로 정함 • 병원, 의원, 약국 등의 국영화
1980년대 초반 (1976~1982년)	보수 연합	과도기	• 스웨덴 건강과 의료 서비스에 관한 법률(1982년) - 보건의료 서비스에 대한 책임을 광역 자치단체에 이관

1980년대 후반
~1990년대 초반
(1982~1991년)
	진보 연합	신자유주의적 개혁기
		(1990년대 초 경제 위기)
			• 노인, 장애인, 정신장애인 등에 대한 복지 서비스의 책임을 기초자치단체로 이관
			  - 노인 관련 개혁(1992년)
			  - 장애인 관련 개혁(1994년)
			  - 정신과 개혁(1995년)
			• 경쟁과 시장 기전 도입
			  (예: 공급자와 구매자의 분리)

1990년대 후반
~2005년
(1994~2005년)
	진보 연합	복원기, 절충기	• 환자 대기 시간을 줄이는 정책
			  - '0-7-90-90 Rule'(2005년)
			• 선택의 자유 제도(2003년)
			  - 어느 광역 자치단체에서나 진료 가능

2006년 ~현재	보수 연합	친시장적 정책 가속화	• 급성 병원의 민영화 시도 • 선택의 자유 제도 강화 • 민간 개업의 확대 • 행위별 수가제적 요소 강화

자료: 신영전 외, 「북유럽 국가 건강보장체계 변화가 한국에 주는 시사점」(국민건강보험공단, 2007), 일부 변형.

이 1990년부터 시작된 경제 침체는 이러한 경향을 강화시켜, 1970년대 말과 1980년대 초에 의료 체계의 핵심 가치로 간주되던 '질', '효과', '평등', '연대'를 '효율', '생산성', '시장 기전', '경쟁', '민영화' 등으로 대치시켰다. 급성 병원, 약국의 민영화 시도가 이루어지고 있고, 어느 광역자치 단체의 병원에서도 진료를 받을 수 있도록 하는 '선택의 자유Free Choice 제도'는 스톡홀름과 같은 대도시로 환자를 집중시켜 지역 간 격차 문제를 야기하고 있다.

아울러 민간 개원의와 민간 보험의 규모도 지속적으로 성장하고 있다. 더욱이 2006년 이래 보수 연합이 연속해서 집권하면서 이러한 양상은 가속화되고 있다.

이러한 변화를 두고 다양한 해석이 나오고 있다. 그중 하나는 일부 시장 친화적 변화가 일어났지만 스웨덴 모형의 근간이 흔들리고 있는 것은 아니다는 주장이다.◆ 구체적으로 최근 보수 연합의 민영화 전략에도 불구하고 스웨덴은 국영 의료 체계의 분권적이고 포괄적이며 충분한 의료 급여를 통해 연대와 평등에 기초한 건강권의 가치를 잘 방어하고 있는 것으로 판단된다고 평가한다. 또 어떤 이들은 이제 더는 스웨덴 고유의 보건의료 체계가 유지되지 못하고 영미식으로 전환될 것이라고 주장한다. 그 밖에도 다양한 주장이 존재하는데, 안데르센Ronald Andersen 교수와 같은 이들은 1990년대에 이루어진 스웨덴 보건의료 부문의 변화는 기본적으로 '시장 기전'에 의한 것이 아니라 정부의 예산 조정과 서비스 제한에 의한 것이었다고 주장한다.◆◆ 또 어떤 이는 이러한 보건의료 체계의 변화가 비용절감 부문에서 의미 있는 성과를 이루었지만 의료에 대한 평등한 접근 또는 연대에 부정적인 영향을 미쳤다고 평가한다. 그리고 최근 변화는 오히려 국내외 정치적·경제적 변화에 늘 유연하고 합리적으로 대응해왔던 스웨덴식 사민주의의 모습이라는 주장도 있다. 그 밖에도 어떤 이는 원래부터 스웨덴식 모델이란 존재하지 않았으며 1970년대의 한시적 시도였을 뿐이라고 주장한다.◆◆◆

◆ 김경희, 「제도적 맥락에서 본 의료체계의 특성: 영국과 스웨덴의 의료체계 비교 고찰」, ≪연세사회과학연구≫, 7: 91~118(2001).
◆◆ Andersen, R., B. Smedby. et al, "Cost containment, solidarity and cautious experimentation: Swqdish dilemmas," Soc Sci Med, 52(8): 1195~204(2001).
◆◆◆ 신영전 외, 「북유럽 국가 건강보장 체계 변화가 한국에 주는 시사점」(국민건강보험공단, 2007).

이런 주장들을 객관적으로 평가하기 위해서는 실증적이고 과학적인 분석이 필요하다. 그러나 한편으로 이런 변화의 결과와 향후 전망을 예측하기에는 고려해야 할 변수가 너무 많다. 그러나 그동안 스웨덴 사회와 보건의료 체계의 변화는 다음과 같은 사실들을 지지하고 있다. 첫째, 보건의료 부문 평등과 연대의 가치와 관련해 스웨덴 국민은 대부분 일부 변화가 있더라도 여전히 이것들을 핵심적인 가치로 여긴다는 것이다. 둘째, 병원의 민영화가 지속적으로 이루어져 일부 훼손되고 있으나, 아직까지 민간 부문이 차지하는 비율이 상대적으로 낮고 재원은 여전히 공적 재원이 절대적인 양상을 유지하는 등 공적 재원과 국영 의료 체계를 통한 보건의료 서비스 제공이라는 스웨덴 보건의료 체계의 기본적인 성격을 유지하고 있다. 셋째, 스웨덴 보건의료 체계에 대한 국민 만족도와 관련해 긴 대기 시간에 대한 불만이 있기는 하나 전반적으로 높은 만족도를 유지하고 있다. 넷째, 친시장적 전환을 주도하는 정치 세력도 기존의 스웨덴 보건의료 체계를 전적으로 바꾸려 하지 않고 있으며 고소득자에 대한 우회로에 주된 관심을 가지고 있다. 또한 기존 스웨덴 보건의료 체계를 지지하던 사민당이 여전히 30~40%의 국민 지지율로 제1당을 유지하고 있다. 따라서 이러한 소견들은 현재까지 기존 스웨덴 보건의료 체계에 큰 변화가 이루어졌다고 보기 어려우며, 단기간 안에 스웨덴 보건의료 체계에 커다란 변화가 있을 것으로 보이지 않는다는 주장을 지지하는 측면이 강하다. 하지만 그럼에도 의료 이용의 형평성이 다소 훼손되고 있다. 또한 향후 국내외 정치적·경제적 상황의 변화에 따라 다양한 변화가 지속될 것으로 보인다.◆

하지만 이러한 변화에도 불구하고 세계 최고의 건강 수준, 높은 보장성,

◆ 앞의 글.

보건의료 체계에 대한 국민의 높은 만족도를 보이고 있는 스웨덴 보건의료 체계의 성과는 우리나라를 비롯한 세계 많은 나라에 여전히 참고할 만한 좋은 모델을 제공하고 있다.

| 지은이 |

얀 순딘 Jan Sundin

스웨덴의 역사학 및 비교분석학자로, 사회사 및 공중보건사, 복지 및 건강과 사회 변동 간의 비교 분석 등을 주 관심사로 연구를 진행하고 있다. 현재 스웨덴 남동부에 있는 린셰핑 대학의 보건의료학과 내 건강과 사회학부의 명예 교수로 재직 중이다.

≪생명과학의 역사와 철학History and Philosophy of the Life Sciences≫ 저널의 편집위원과 독일 ≪의사학Medizinhistorisches≫ 저널의 고문위원을 맡고 있으며, 건강과 복지 정책을 주제로 하는 유럽의 네트워크인 포에닉스PHOENIX에서 집행위원을 맡고 있다. 현재는 '유럽의 공중보건사' 및 '복지, 건강과 사회변동의 비교 분석' 프로젝트를 수행 중이다.

저서로는 『사회 스트레스, 사회 자본과 건강: 과거와 현재의 복지 및 사회 변동Social stress, socialt kapital och hälsa: Välfärd och samhällsförändring i historia och nutid』(공저)이 있으며, 그 외 다수의 논문을 썼다.

샘 빌네르 Sam Willner

스웨덴 남동부에 있는 린셰핑 대학의 보건의료학과 내 건강과 사회학부의 교수로 재직하고 있다. 사회사와 사회역학이 그의 주요 연구 분야이며, 특히 사회 변동과 건강, 사회적·경제적 환경과 건강, 젠더, 건강의 지역 간 차이와 같은 주제를 역사적 관점에서 다루는 연구를 수행해왔다. 현재는 '19세기 스웨덴의 복지와 건강' 프로젝트를 진행하고 있다.

저서로는 『취약한 성?: 1800년대 스웨덴의 젠더와 성인 사망률Det svaga könet?: Kön och vuxen dödlighet i 1800-talets Sverige』을 비롯해 『생명의 가치: 복지 체계, 사회 네트워크, 경제성장 The Price of Life: Welfare Systems, Social Nets and Economic Growth』(공저), 『사회경제적 조건과 건강의 공간적 불평등: 20세기 스웨덴의 경험Spatial inequality in socioeconomic conditions and health: experiences from 20th century Sweden』(공저) 등이 있으며, 다수의 논문을 썼다.

| 옮긴이 |

신영전

한양대학교 의과대학 교수(사회의학)
서울대학교 보건대학원 박사
하버드 대학교 방문학자(2002~2004)
주요 저서로는 『보건의료개혁의 새로운 모색』(공저) 등이 있고, 주요 역서로는 『리처드 레빈스의 열한 번째 테제로 살아가기』(공역), 『건강 불평등을 어떻게 해결할까?』(공역), 『보건의료개혁의 정치학』, 『사회 역학』(공역) 등이 있다.

박세홍

서울대학교 의과대학 박사과정(인문의학)
서울대학교 보건대학원 석사
한양대학교 지역사회보건연구소 연구원(2007~2011)

한울아카데미 1455

스웨덴 공중보건 250년사
복지국가 스웨덴을 낳은 노르딕 정신의 역사

ⓒ 신영전·박세홍, 2012

지은이 ǀ 얀 순딘·샘 빌네르
옮긴이 ǀ 신영전·박세홍
펴낸이 ǀ 김종수
펴낸곳 ǀ 한울엠플러스(주)

초판 1쇄 발행 ǀ 2012년 7월 20일
초판 2쇄 발행 ǀ 2022년 11월 30일

주소 ǀ 10881 경기도 파주시 광인사길 153 한울시소빌딩 3층
전화 ǀ 031-955-0655
팩스 ǀ 031-955-0656
홈페이지 ǀ www.hanulmplus.kr
등록 ǀ 제406-2015-000143호

Printed in Korea.
ISBN 978-89-460-4611-5 93510

* 책값은 겉표지에 있습니다.